Vorwort

Das strahlende Blau der Kathedralfenster erzeuge man durch Beimengung von zerstoßenen Saphiren, mutmaßten Zeitgenossen des Mittelalters. So sagenumwoben die Leuchtkraft transparenten Glases einst erschien, so viel Zauberhaftigkeit barg es auch all die Jahrhunderte danach. Farbigen Gläsern haftete immer etwas Geheimnisvolles an, Traumbilder von märchenhaften Schätzen. Gold, Rubin, Alabaster, Aventurin, Kristall liehen dem Glas ihre Namen.

›Der Gläserne Wald‹ – das große Waldgebirge, das sich östlich von Passau bis nach Waldsassen hinaufzieht – ist in sechs Jahrhunderten aus endlosen dunklen Wäldern zu einem gläsernen Reich erwachsen, in dem sich eine fast unübersehbare Vielfalt an Glas entwickelt hat. In dieser malerischen Landschaft, wo sich heute Vergangenheit mit lebendiger Gegenwart verbindet, konzentrieren sich einzigartige Museen, vornehmlich drei Glasmuseen, die zusammen einen lükkenlosen Überblick über das ostbayerische Glas vermitteln. Hier trifft der Reisende auf traditionelles Glashandwerk, laufen andererseits hinter großen Fabrikanlagen die modernsten glastechnischen Verfahren ab, oder findet der Sammler im Verborgenen anspruchsvolle Kunstwerke aus Glas.

Dieses Buch, ein Reiseführer im weitesten Sinne, soll durch die Vielfalt geleiten, möchte Nachschlagewerk und Anregung gleichermaßen sein. Für die Initiative zum ›Gläsernen Wald‹ ist dem Fremdenverkehrsverband Ostbayern und seinem Direktor Klemens Unger besonders zu danken, der sich mit großangelegten touristischen Förderungsaktivitäten für die Beachtung des Glasreichtums dieser Region eingesetzt hat. Dank gesagt sei auch den Autoren, die engagiert bei der Verwirklichung dieser Idee mitgearbeitet haben, sowie Herrn Georg Höltl in Tittling für seine vielfache Unterstützung, den Glaswerken und -hütten des Bayerischen und Oberpfälzer Waldes, die informatives Bildmaterial beisteuerten und mir wertvolle Auskünfte gaben, den Museen, die bereitwillig ihre Sammlungen und Archive öffneten, den Buchautoren des Bayerischen Waldes, die mir mit zahlreichen Hinweisen zu ihren Fachgebieten behilflich waren und nicht zuletzt den Fotografen, die das Buch um außergewöhnliche, seltene Aufnahmen bereicherten. All ihre Namen sind im Anhang nachzulesen.

Dieses Buch möge den Freunden Ostbayerns das Glas nahe bringen und allen Freunden des Glases ein wertvoller Wegweiser sein.

Christiane Sellner

1 *Vasen der Glashütte Ferdinand von Poschinger, Buchenau-Spiegelhütte, um 1900.*

Adalbert Pongratz

Die Glasmacher

Sie sind schon ein besonderes Volk, diese Glasmacher in den kleinen und großen Hütten des Bayerischen Waldes. Beinahe ist man versucht, bildhaft altbayrisch, zu sagen ›eine Rass' für sich‹. Jeder der Meister auf dem Bankl vor der Glut des Glasofens ein Original, ein Unikat wohl, um in der Sprachwelt des Glases zu bleiben. Eingebunden in eine ungeschriebene Ordnung, nicht ohne strenge Hierarchie, zu der der ›Ofanger‹, der ›Kölblmacher‹, der ›Stengelzieher‹ ebenso gehören wie der Eintragbub auf der untersten Sprosse der kleinen Leiter. Eine Werkstatt ist das, deren Arbeitsleistung und -erfolg nur im Zusammenspiel aller möglich wird. Der Meister gibt den Ton an, bestimmt das Tempo, ist Patriarch, Kollege, Mitarbeiter in einem.

Glasmacher im strengen Sinne sind eigentlich nur die Leute am Ofen, aber gern und berechtigt – und das ist der Beweis für die Faszination, die von diesem Kunsthandwerk ausgeht – rechnen sie sich alle ein wenig dazu, die Hüttenleute, ob sie nun als Schleifer, Kugler und Graveure auf dem Bock vor dem singenden Rädchen sitzen, als Maler den Pinsel schwingen, als Designer die gerade aktuelle Form und Linie zu finden haben oder als Techniker rund um die Uhr dafür sorgen, daß der Betrieb läuft, die Räder greifen. Die Schmelzer, einst stets geheimnisumwitterte Gesellen, heute chemotechnisch hochqualifizierte Fachleute, rechnen sich ebenso dazu wie die Glasverkäufer, denen mit steigenden Produktionszahlen, in den großen Hütten vor allem, immer mehr Gewicht zuwächst, ja selbst die Führungskräfte in der Direktionsetage praktizieren ganz gern einmal das zeitgerechte ›Understatement‹ und meinen von sich, im Grunde seien sie ganz einfach nur Glasmacher. Ein Ehrentitel also: Heute und im Bayerischen Wald zumindest.

Ich habe wichtige, weil junge Jahre unter Glasmachern verbracht. Wo hätte dies intensiver geschehen können als im Zwieseler Winkel, in Frauenau vor allem, dem Dorf unterm Rachel, in dem damals wie heute Leben und Arbeit tiefgreifend vom Glas bestimmt werden. Ich war weder einer der ihren, noch habe ich so richtig dazugehört. Das schafft nur einer, dem der Hüttenrauch unter die Haut geht, der vor der immerwährenden Ofenglut bestehen kann und bei dem, so wie es ein altes Glasmachersprüchl sagt, wenn er stirbt, abtritt aus der Glaswelt und seinen letzten Atemzug getan hat, die Hände extra stillgelegt, zur Ruhe gebracht werden müssen, weil sie halt sonst auch in der Ewigkeit nicht aufhören können, die Glasmacherpfeife zu drehen – was, wie

die Eingeweihten wissen, weit wichtiger ist für das Werden eines Glases, als das so viel bestaunte Blasen.

Ich habe mit den Glasleuten unterm Rachelberg gefeiert, und es gab dafür immer wieder einen guten Anlaß. Ich habe mit ihnen gesungen im ›Gesangverein‹, der vor gar nicht allzu langer Zeit noch zu jeder Hütte gehörte, die romantischen Lieder von der

›Waldnatur‹, die die Glasleute lieben. Und ich habe erfahren, welch stramme Tenöre und grimmige Bässe da ihren Mann stehen, nach Feierabend in der geselligen Runde der Werkskantinen. Musik gehört zum Leben und zur Arbeit der Glasmacher. Die Ofenarbeit – dieses geordnete Chaos, das jedem seinen Platz, seinen Weg, seinen Arbeitstakt zudiktiert, das, wenn man lange und genau hinschaut, schwingenden Rhythmus hat, der eine stets gleichbleibende Melodie des Zusammenfindens trägt –, das ist Musik, die man zwar nicht hören, aber sehen, noch besser erfühlen kann. Und das packt auch den, der nur interessiert zuschaut und bald bemerkt, daß hier auch das Zuwarten, das Atemholen seine strengen Regeln hat, daß es auf das rechte Maß genauso ankommt wie auf den tausendfach geübten millimetergleichen Schwung, mit dem der Meister einem Krug den Henkel ansetzt, formvollendet, sicher, mit einer Leichtigkeit, die dieser aus dem Feuer geborene Werkstoff verlangt und die nicht von den Händen, nicht vom Kopf her, sondern aus der Seele kommt.

Den Glasmacher prägt die Gemeinschaft. Einer allein ist gar nichts, nur im Verbund sind sie erfolgreich. Wenn's hinter dem Bankl nicht klappt, ist der Meister aufgeschmissen. Die Werkstattgemeinschaft ist zwingend. Es gibt kein Ausscheren. Einordnen, nicht so sehr unterordnen, das ist die Devise. Jede Hütte hat ihr ganz eigenes Arbeitsklima, das nicht von der Temperatur in Celsiusgraden, sondern vom Gefühl der Zusammengehörigkeit bestimmt wird. Dabei hat die Konkurrenz der Werkstätten untereinander durchaus ihren Platz. Da man in den alten Tagen meist eng in Glaserhäusern rund um die Hütte zusammenwohnte, blieb man vor Feindschaften und Streit nicht verschont. Aber das blieb auf die Welt draußen, die Familien beschränkt, am Glasofen, während der Zeit der Zusammenarbeit, war dafür kein Raum. So ist das auch heute

2 *Selten sind Darstellungen von Glasmachern auf Glas wie in dieser Gravur von Rudolf Wagner.*

3 *Überaus großen körperlichen Einsatz, aber auch ausgeprägte Sensibilität für das glühende Material erfordert die Glasmacherarbeit.*

4 *Der Meister am ›Bankl‹, der Glasmacherbank, beim Anfertigen des Kelchbodens.*

5 *In der traditionellen Mundblashütte scheint die Zeit nur den Gesetzen der emsig im Raume schwingenden Glasmassen zu folgen.*

noch, da die Glasmacher in großer Zahl Eigenheimbesitzer geworden sind, Freude haben mit dem ›eigenen Sach‹, mit Haus und Hof und Garten.

Es geht fröhlich zu am Glasofen. Mürrische Glasmacher sind selten. Bei aller Konzentration, die von ihnen zu jeder Arbeitsstunde des langen, heißen Tages gefordert wird, haben sie sich Sinn für Humor, für eine handfeste Gaudi bewahrt. Und sie sind meist auch große Erzähler, Fabulierer, denen man stundenlang zuhören kann, wenn sie von alten Zeiten berichten, da man in der Poschingerhütte einmal 99 Stunden lang auf das Ende der Glasschmelze warten mußte, weil nasses Holz die notwendige Ofentemperatur nicht hochgebracht hat, oder von der schrecklichen ›Weihaz‹ und dem alles überstrahlenden ›Liacht‹, die sich ihnen an einem noch nachtdunklen Morgen auf dem Gang zur Hütte in den Weg stellten.

Welche Künstler sie im Geschichtenerzählen sind, das erlebten ein paar hundert Besucher im Glasmuseum an einem Sommersamstag des Jahres 1987, als vom ›Jahr des Glases‹ in Ostbayern schon die Rede war und man ein Buch vorstellte, das sich in Text und Bild mit dem Glasmacherbrauch, der ungeschriebenen Hüttenordnung, beschäftigt, für den die letzten Zeugen gerade noch unter uns sind. Verleger und Autor sagten Gescheites zu diesem Buch, dann aber holte man den 89jährigen Glasmachermeister Josef Linsmeier an den Tisch vor dem Rednerpodium, und er hat ihnen allen mit seinen Geschichten aus der Welt der Glasmacher, in die er ein schweres Arbeitsleben lang eingebunden war, ganz einfach die Schau gestohlen. Er hat Hüttenleben lebendig gemacht, weil er, wahrlich begnadet dafür, einfach frei und frisch von der Leber weg fabulierte, da einen Schnörkel setzte, dort ein Kranzl, hier ein Batzl, so wie sie das auch bei den für den eigenen Bedarf in den Arbeitspausen gemachten, ›geschundenen‹ Gläsern tun.

Wer den Liedern der Glasmacher nachspürt, wird schnell erkennen, daß sie nicht, wie dies wohl im Alpenländischen der Fall ist, die ›Liab‹ zu preisen verstehen, sondern die Arbeit, ihr Glas, ihre Hüttengemeinschaft, die Kunstfertigkeit, die sie nun einmal auszeichnet, heraushebt aus dem Kreis des nur Handwerklichen. Darauf sind sie immer stolz gewesen und dazu haben sie in den letzten Jahren vor allem – als Glaskunst, Glasgestaltung über die Studiobewegung her ein ganz neues, attraktives Image bekam – Selbstbewußtsein gewonnen, das stark auch in das private Leben hineinreicht.

Mitreißende Geselligkeit, Freundschaft, Treue zur Hütte, das zeichnet heute Glasmacher des Waldgebirges aus, deren Vorfahren viel gewandert und in der Welt herumgezogen sind, weil sie bessere Verdienstmöglichkeiten suchten, lernen, sich umschauen wollten, und die es dann allemal irgendwann wieder heimgetrieben hat in ihren Wald, der ihnen unverzichtbare Heimat war, und ohne den sie nicht leben wollten und wohl auch nicht konnten.

Glasmacher waren die ersten in diesem

Grenzland, die sich im aufbrechenden Industriezeitalter gewerkschaftlich organisiert haben. Es war für sie nicht leicht, sich hier gegen die Hüttenherrn durchzusetzen. Sie haben es geschafft, mit zähem Beharren, Vertrauen auf ihr Können, aber sie haben sich, auch in den Anfangszeiten der ›Organisation‹, nie zu Exzessen hinreißen lassen oder in den Fanatismus verstiegen. Mir sind der Ernst unvergessen und die tiefe Betroffenheit in Erinnerung geblieben, mit der Glasmacher aus dem Bayerischen Wald den einzigen großen Streik in der Nachkriegsgeschichte – es war in einem blühenden Maimonat in den sechziger Jahren – durchgestanden und auch bestanden haben. Als alles vorbei war, da ging man wieder zur Tagesordnung über und es blieb auch nicht ein Rest von Ressentiment zurück. Das Glas des ersten Arbeitstages hatte den Kristallglanz wie all die Wochen zuvor.

Wer Glasmacher einmal bei einem Gang durch eine der Hütten während ihrer Arbeit beobachten kann – und die Zahl, die dieses Erlebnis haben, steigt ständig, denn endlich haben die Hütten ihre Tore für Werksbesichtigungen geöffnet –, wird Ehrfurcht bekommen vor diesen Männern in den weitgeschnittenen Hosen und bevorzugt bunten Hemden. Er wird staunen über das Geschick, mit dem sie in immer wieder neuen, auch Geduld erfordernden Arbeitsgängen aus einer glühenden, fließenden Masse mit ein paar, freilich zielsicher und geradezu traumwandlerisch gesetzten Griffen, dem Hantieren mit dem uralten, einfachen, eingespielten Arbeitsgerät der Pfeife, den Zangen, Hölzln und Modeln ihre Kelche, Vasen, Krüge wachsen lassen unter schwieligen, hornigen, so gar nicht schöpferisch grazilen Händen, als sei dies die selbstverständlichste Sache der Welt.

Blitzgescheite Leute sind dabei, die sich gern auch einmal ihre ganz ureigene Weltsicht zusammengezimmert haben, lustige, aufgedrehte Burschen, denen es schwerlich einmal zu rauh hergeht, aber auch Menschen, denen das Dienen, das bloße ›einfach Dasein‹, wenn man sie braucht, zum Lebensinhalt geworden ist. Glasmacher waren zu allen Zeiten gute, verläßliche, verständige Bürger ihrer Kommunen. Sie tragen in den Dorfschaften, Märkten und kleinen Städten des Waldlandes das Vereinsleben mit, sie sind, wie könnte dies anders sein, über ihren Beruf hinaus – der auch einmal harte Plackerei sein kann, Disziplin erfordert und Anpassungsvermögen – durchaus individuell künstlerisch begabt, vor allem als Musiker, manchmal auch als Maler, Zeichner, und sie lieben alles, was Natur ist, ihre Brieftauben, die sie so gern auf die Reise schikken, die Waldschwammerl, die goldenen Herbstfeuer der Mischwälder an den Berghängen ringsum, den springlebendigen Bergbach, die Frostnächte im Winter und den meterhohen Schnee, den ihnen der Böhmwind vor die Türen weht. Und sie haben einen Spruch, der da sagt, es sei ein unendliches Kreuz, Glas zu machen.

Ich meine, es ist dies auch eine unbändige Freude.

Ulrich Winkler

Waldglashütten

Glashüttengüter im Bayerischen Wald

Die ersten Glashütten. Das ostbayerische Grenzgebirge zählt zu den waldreichsten Mittelgebirgen Deutschlands. Das Kerngebiet des Bayerischen Waldes, der erheblich größere Höhenunterschiede als der Oberpfälzer Wald aufweist, wurde erst vom 11. bis zum 14. Jahrhundert besiedelt. Den Waldreichtum des vom Urwald bedeckten, über 650 Meter hoch gelegenen Berglandes, das sich wegen des rauhen Klimas für bäuerliche Siedlungen nicht eignete, nutzten Glasmacher.

Im Oberpfälzer Wald wird seit fünf und im Bayerischen Wald seit sieben Jahrhunderten Glas hergestellt. Während in der Oberpfalz das Berg- und Hüttenwesen, das im 15. und im 16. Jahrhundert in höchster Blüte stand, die tragende Säule der Wirtschaft war, förderten im Bayerischen Wald die Glashütten, die sich entlang der bayerisch-böhmischen Grenze in den Wäldern zwischen Osser und Lusen ansiedelten, das wirtschaftliche und kulturelle Leben des Waldlandes ganz entscheidend. Mit Recht darf daher dieser Teil des ostbayerischen Grenzgebirges als die Wiege der Glaserzeugung in Bayern bezeichnet werden. Während die früheste Glaserzeugung, die in die Zeit der Besiedlung des Inneren Bayerischen Waldes im hohen Mittelalter fällt, mangels Quellen überhaupt nicht mehr ausgelotet werden kann, haben wir in die Geschichte der Waldglashütten vom späten 14. zum 16. Jahrhundert schon so tiefen Einblick, daß wir auch die Gründe für ihr Entstehen klar erkennen können.

Die Anfänge der Glaserzeugung im Bayerischen Wald reichen zurück in die Zeit der mittelalterlichen Siedlungstätigkeit der Grafen von Bogen und der Benediktinerklöster Niederalteich und Rott am Inn. Sie lassen sich nurmehr durch Ortsnamen nachweisen, denen eine Glashütte ihren Namen gegeben hat oder die eine Hütte in ihrem Namen führen.

Glashütt bei Sankt Englmar im *Landkreis Straubing-Bogen* zählt zu den ältesten Glashüttenorten. Es lag im Herrschaftsbereich der mächtigen Grafen von Bogen, die die Klöster Oberalteich (um 1080) und Wind-

6 *Emailverzierte Fundstücke der Lusenhütte (um 1600) lassen auf eine der Glashütte angegliederte Glasmalerei schließen.*

7 *Keltische Armreife gehören zu den frühesten gläsernen Zeugnissen aus dem ostbayerischen Raum.*

8 *Farbige Zierknöpfe und ›Pläderlein‹ aus Altglashütte (17. Jh.). Die grünliche Farbe der Waldgläser rührt von Eisenverunreinigungen der Rohstoffe her.*

berg (in der ersten Hälfte des 12. Jahrhunderts) gründeten. Zur Gründungsausstattung von Windberg gehörten die Pfarreien Schüttenhofen und Albrechtsried in Böhmen. Die Pröpste dieses Prämonstratenserklosters dürften das Glasmachergewerbe in Böhmen kennengelernt haben. Der Bedarf an Fensterglas war groß, und in Glashütt waren alle Voraussetzungen zum Glasmachen gegeben. Diese Tatsachen lassen Heimatforscher vermuten, daß das Kloster schon im 13. Jahrhundert einen Glasmacher beschäftigte.

Im *Lamer Winkel* weist der Ort **Engelshütt** auf eine ehemalige Glashütte hin. Dieser fromme Ortsname entwickelte sich aus ›Nünleinshütt‹ (1330), ›Undelshütt‹ (1462) und im 16. Jahrhundert ›Englashütt‹, worin deutlich die Glashütte erscheint, die dem Ort ihren Namen gab: ›Eine Glashütte‹. Es besteht kein Zweifel, daß mit der Mitbezeichnung ›Hütte‹ der älteren Schreibweise des Ortsnamens ebenfalls eine Glashütte gemeint ist. Nünleinshütt ist 1330 als ›villa‹, als Hof, beschrieben und die Glashütte nicht erwähnt. Nachdem das Benediktinerkloster Rott am Inn die Rodung des Urwaldes im Lamer Winkel im letzten Drittel des 13. Jahrhunderts begonnen hatte, kann es durchaus sein, daß die am Eingang des Tals errichtete Hütte ihren guten Zweck um 1330 bereits erfüllt hatte und zu jener Zeit schon wieder eingegangen war. In den Bestimmungswörtern ›Nün‹ und ›Undel‹ wird der Name des Glasmachers vermutet. Diese seltenen Namen brachten einen findigen Kopf auf die Idee, daß sich dahinter ein venezianischer Glasmacher namens ›Ondula‹ verbergen könnte. Glashüttenorte, die nach einem Hüttenmeister benannt sind, kommen ab dem 16. Jahrhundert häufiger vor, so Zadlershütt (Zwieselau), Riedlhütte, Jungmaierhütte, Altposchingerhütte und Mooshütte, deren Name nicht von Moos, sondern vom Hüttenmeister Moser herrührt.

In Engelshütt legt nicht nur der Ortsname Zeugnis für die längst vergangene Glasmacherzeit ab, hier fand man auch einen ›Glaserbauerhof‹, den Hofnamen von Haus Nr. 5, der als Urhof der Glaserzeugung im Lamer Winkel angesehen wird.

Im ehemaligen *Landkreis Grafenau* soll in **Grafenhütt** schon sehr früh Glas gemacht worden sein. Wenn die Vermutung stimmt, daß die gräfliche Hütte bei der Erbauung

9 *Glasperlen, ›Patterln‹, fädelte man zu Rosenkränzen auf; sie dienten ebenso Schmuckzwecken.*

10 *Der Hohlbalusterschaft mit Löwenmaskaronen (Mitte) und das Stielfragment eines Flügelglases (rechts) beweisen das hohe Niveau von Gläsern aus Althütte bei Frauenau (17. Jh.).*

11 *Nuppengläser wie diese gehören zu den zahlreichen Waldglasfunden aus dem mittelalterlichen Regensburg.*

des nahe gelegenen Schlosses Bärnstein entstand, wurde hier schon vor 1200 Glas hergestellt.

Ursachen ihrer Entstehung. Zu den bekannten Gründen für das Entstehen der Waldglashütten gehört die Tatsache, daß der Rohstoff *Holz* nirgends reichlicher vorhanden war als im Bayerischen Wald. Holz wurde sowohl zur Feuerung der Hüttenöfen als auch zur Herstellung der zum Glasmachen unentbehrlichen Pottasche in großen Mengen benötigt. Auch der *Quarz*, der etwa ein Drittel der Glasmenge ausmachte, fand sich im kristallinen Waldgebirge in ausreichenden Mengen. Aus pegmatitischen Gängen konnte er sogar in sehr reiner Qualität abgebaut werden. Bekannte Quarzbrüche, im Volksmund Kiesbrüche genannt, sind das *Hörndl* und die *Stanzen* im Lamer Winkel und der *Hennenkobel* bei Zwiesel. Von auswärts mußten nur der *Kalk*, der mit etwa zehn Prozent an der Glasmasse beteiligt war, der *Ton* für die Schmelzhäfen und einige, nur in kleinen Mengen benötigte Mittel beigeschafft werden. Da Holz und Quarz die Hauptrohstoffe bildeten, heißt es mit Recht, daß die Glasindustrie im Bayerischen Wald ursprünglich ideale Standortbedingungen hatte.

Ein wesentlicher Grund für das Entstehen der Waldglashütten wird in dem Bestreben der Grundherrschaften gesehen, die entlegenen und unerschlossenen Urwälder einer *wirtschaftlichen Nutzung* zuzuführen. Wenn man das Holz der Wälder weder als Stammholz, noch in Blöchern, noch aufgescheitert an Flüsse und auf dem Wasserweg ins Land schaffen konnte, dann war das in der bergigen Waldwildnis in Massen stockende Holz nur durch eine Glashütte zu verwerten, andernfalls mußte es liegen bleiben und nutzlos verfaulen. Nur die Hüttenmeister waren dann in der Lage, diese großen Urwaldgebiete, die für eine Besiedlung nie in Frage kamen, wirtschaftlich zu erschließen und zu nutzen. Die Grundherrschaft überließ ihre Wälder den Hüttenmeistern aber nicht nur, um die Einnahmen zu mehren. Ihr war auch sehr daran gelegen, daß die Wälder forstordnungsgemäß bewirtschaftet wurden. Der Oberste Jäger- und Falkenmeister in Bayern begründete den erbrechtsweise vorgenommenen Verkauf großer Teile der Eisensteiner Waldungen von der Hohen Zell oberhalb von Bodenmais über den Großen Arber hin bis zum Zwercheck mitsamt dem Stangen- und Sauruckenwald an den Sommerauer Hüttenmeister Sebastian Hainz im Jahre 1652 damit, daß »mit ihm [Hainz] den Wäldern mehr zum Nutzen gehaust [gewirtschaftet] würde, als wenn sie unterschiedlichen Leuten von einem Jahr zum anderen überlassen blieben.« Es hatte sich bereits die Erkenntnis durchgesetzt, daß die Wälder erbrechtsweise besser bewirtschaftet wurden, als wenn sie stift- oder pachtweise vergeben waren. Das Erbrecht gab den Hüttenmeistern Anreiz, die Wälder zu einer dauerhaften Wirtschaftsgrundlage zu machen.

Bisher wenig beachtet blieb die sehr häufige Entstehung von Glashütten im Zuge der Durchführung von *Siedlungsmaßnahmen*. Es besteht nicht nur ein enger zeitlicher, sondern auch wirtschaftlicher Zusammenhang zwischen der Errichtung einer Siedlung und einer Glashütte. Dieser läßt sich klar bei der Besiedlung des Zwieseler Winkels im 14. Jahrhundert, noch deutlicher aber bei der Wiederbesiedlung im Lamer Winkel im 16. Jahrhundert erkennen.

Die ersten urkundlichen Nachweise von 1420 und 1421 über die Existenz zweier Hütten im Raum Zwiesel-Frauenau, dessen Besiedlung das Benediktinerkloster Niederalteich im zweiten Viertel des 14. Jahrhunderts in Angriff nahm, lassen keinen Zweifel

aufkommen, daß die beiden Hütten schon lange vor 1420 in Betrieb waren. Die Vermutung liegt sogar nahe, daß sie im Zuge der Besiedlung entstanden sind, zumal eine Urkunde von 1342 den Siedlern in diesem Waldland Steuerfreiheit und eine weitere Urkunde von 1345 auch noch das Erb- und Waldrecht auf ihre Höfe versprach. Bei diesem günstigen Angebot der Herrschaft werden mutige und entschlossene Hüttenmeister zugegriffen haben. Die Gründung der Glashüttengüter **Rabenstein** und **Frauenau** dürfte somit um die Mitte des 14. Jahrhunderts anzusetzen sein. Jahrhundertelang waren Rabenstein, Zwieselau und Frauenau die am weitesten gegen den Wald und gegen die Grenze zu Böhmen vorgeschobenen Glashüttenorte im Nordosten von *Zwiesel*. Vor den Hüttenorten lagen das besiedelte Land, hinter ihnen unermeßliche Wälder.

Im *Lamer Winkel* lebte die Glashüttentätigkeit im Zuge des Wiederaufbaues der in den Hussitenkriegen (1420–1434) und den herrschaftlichen Streitigkeiten in der zweiten Hälfte des 15. Jahrhunderts zerstörten Ortschaften wieder auf. Der Frauenauer Hüttenmeister Florian Frisch siedelte sich

12 *Der Geograph Apian erfaßte 1568 als erster die Glashütten des bayerisch-böhmischen Waldes: Im Bild ein Ausschnitt aus seiner 12. Bayerischen Landtafel. Ein rot umrandetes Spiegelsymbol verweist auf Spiegelglashütten, wie links oben bei ›Zadlershütt‹ und Frauenau (›U. F. Aw‹ heißt ›Unserer Frauen Au‹), ein grünes Nuppenbechersymbol zeigt eine Hohlglashütte an, so bei Reichenberg oberhalb von Grafenau.*

um 1537 in **Lohberg** an, das vor den Kriegszeiten 22 Herdstätten zählte, danach aber nur mehr aus einem Hof bestand. Er erwarb diesen Einödhof mit den bebauten und unbebauten Gründen des verwüsteten Dorfes und dazu den ausgedehnten Wald vom Osser bis zum Zwercheck. Vom Kloster Rott am Inn erhielt er 1555 das Erbrecht über sein Gut. Er errichtete in Lohberg seine Glashütte und wurde der Begründer der Glasindustrie im Lamer Winkel. Bei der Wiederbesiedlung des benachbarten Dorfes **Sommerau** um die Mitte des 16. Jahrhunderts entstand bei der Rodung dieser über hundert Jahre öd gelegenen Gründe eine weitere Glashütte. Wir finden sie erstmals auf Apians Landtafel Nummer 8 eingetragen. Der Straubinger Maler Michael Ersinger stellte sie noch 1569 in seiner bayerisch-böhmischen Grenzkarte dar, und dann ist sie für immer verschwunden, ohne eine weitere Nachricht über ihre Ge-

13 *Gläserne Vorratsbehälter und Apothekerfläschchen aus Bodenmais (18. Jh.).*

schichte zu hinterlassen. Es besteht kein Grund gegen die Annahme, daß Florian Frisch oder sein Sohn Christoph die Sommerauer Rodungshütte betrieb.
Wie in Sommerau entstand auch in **Schwarzenbach** bei der Wiederbesiedlung dieser bis auf ein Anwesen zerstörten Ortschaft im letzten Viertel des 16. Jahrhunderts eine Rodungshütte. Als ihren Betreiber vermuten wir den Hüttenmeister Thomas Klingseisen, der sich auf einem stattlichen Hof im benachbarten Eggersberg niederließ und das Eggersberger Hüttenrecht begründete. Rodungshütten hatten keine lange Lebensdauer. Sie stellten nach Abschluß der Rodung ihren Betrieb ein und begründeten keine Glashüttenrechte. Dies ist auch der Grund, daß über ihre Geschichte kaum etwas zu erfahren ist. Die Entstehung von Glashütten im Zuge von Siedlungsmaßnahmen zeigt jedoch deutlich, daß Rodungen Hüttenmeister anzogen. Die Gründe für diese Tatsache sind leicht erkennbar:
Erstens fand der Hüttenmeister sehr gute Voraussetzungen für den Betrieb einer Hütte vor, weil er in Überfluß anfallendes Holz und Asche von den Siedlern billig beziehen konnte. Aus dem Kreis der Siedler erhielt er auch willige Hilfsarbeiter, ohne die eine Hütte nie auskommen konnte. Wenn er dann auch noch einen stattlichen Erbrechtshof und ein Glashüttenrecht von der Herrschaft erwerben konnte, dann lagen optimale Verhältnisse für den Einstieg in das Glashüttenunternehmen vor. Die Lage der Glashüttenhöfe Rabenstein, Zwieselau und Frauenau deutet jedoch darauf hin, daß Hüttenmeister auch die Plage auf sich nahmen, selbst einen Siedlungshof aufzurichten.
Zum zweiten erleichterte eine Glashütte die Besiedlung und sicherte ihren Bestand. Das Roden erforderte einen sehr hohen und langwierigen Arbeitsaufwand, der viel Geld kostete und auf viele Jahre hinaus keine Einnahmen brachte. Auch für die Siedler erwies es sich als großer Vorteil, wenn sie Holz und Asche, die in Überfluß anfielen, in der Hütte absetzen konnten. Sehr willkommen war und blieb der Nebenerwerb durch Hilfsarbeiten in der Hütte.
Und schließlich dürften die Grundherrschaften bald erkannt haben, daß sich Glashütten- und Siedlungsunternehmen vorzüglich ergänzten. Das Waldland lebt auch heute noch gut mit seinen Glashütten. Was wäre es ohne sie!

Die Waldglashütten in Philipp Apians ›Bayerischen Landtafeln‹ Einen ersten umfassenden Situationsbericht über die Glashütten des Bayerischen Waldes verdanken wir dem Geographen, Kartographen und Mathematikprofessor an der Universität Ingolstadt Philipp Apian (1531 bis 1589), der im Auftrag Herzog Albrechts V. die erste bayerische Landesvermessung in der Zeit von 1554 bis 1561 durchführte. Apian legte das Ergebnis seiner Landesaufnahme in den berühmten 24 Landtafeln nieder, die er 1568 im Holzschnitt und Peter Weiner 1579 im Kupferstich herausbrachten. Er fertigte nachträglich zu seinem Kartenwerk auch noch eine Beschreibung Bayerns an, die nach Landgerichten geordnet ist. Diese landes- und kulturgeschichtlich sehr wertvolle Arbeit verfaßte er in der Gelehrtensprache der Zeit, in Latein. Auf der Tafel 12 führt Apian unter den »hervorstechenden Merkmalen Bayerns« an: »Nicht wenige Glas- und Spiegelhütten entlang dem Böhmerwald«. Wir finden sie auf den Tafeln 7, 8 und 12. Das Aufsuchen der Hüttenorte wird uns durch Glassymbole erleichtert. Ein genoppter Glasbecher weist auf eine ›Glashütte‹, ein Rundspiegel auf eine ›Spiegelhütte‹ hin.

Auf der Tafel 8 sind im Tal des Weißen Regen die Hüttenorte ›Sumeraw‹ und ›Lochperg‹ als Spiegelhütten angegeben. Die Sommerauer Hütte liegt unten im Tal; an ihr fließt der noch junge Weiße Regen vorüber. Die Lohberger Hütte beschreibt Apian als ›Glashütte‹. Bei den Hütten befindet sich jeweils ein Hof.

Besondere Aufmerksamkeit schenkte Apian der Paternoster- oder *Patterlhütte* ›Im Hammer‹, am Zusammenfluß von Moosbach und Böbrach. Er berichtet: »In ihr werden Kügelchen zum Zählen der Gebete [Paternosterkugeln oder Rosenkranzperlen] in verschiedener [bunter?] und vielfältiger Form und Größe hergestellt. Ein einziger Mann stellt gewöhnlich an einem einzigen Tag viele Tausende, sogar 30 000 und mehr solcher Kügelchen aus der gläsernen Materie her.« Der Patterlmacher im Hammer beherrschte die Technik der Glasperlenherstellung ganz vorzüglich.

Auf Tafel 12 gibt Apian die Hütten in der Herrschaft Zwiesel und im Landgericht Bärnstein (ehemaliger Landkreis Grafenau) an. Die Hütte in **Zwieselau** ist damals nach dem Namen ihres Hüttenmeisters benannt. Sie heißt ›Zadlershütt‹ und wird von Apian als »ein Hof und auch eine Spiegelhütte« beschrieben. Mehr erfahren wir über die Frauenauer Hütte: »Au ist ein Besitztum« – Apian verwendet hier nicht das sonst übliche Wort ›villa‹ (= Anwesen, Hof, Einöde oder Weiler), sondern ›possessio‹ – »mit einer Glashütte, in der die allerfeinsten Spiegel geblasen werden, am Kleinen Regen

14 *Früher Glasofentyp, bestehend aus dem Feuerungsraum A mit dem Schürloch, dem Schmelzraum C mit den Schmelzhafen und dem Abkühlraum F für die fertigen Gläser (E).*

15 *Dieser rund 3 m lange böhmische Ofentyp besitzt Roste (r) zur Luftzufuhr für eine bessere Verbrennung des Holzes (f = Schürkanal).*

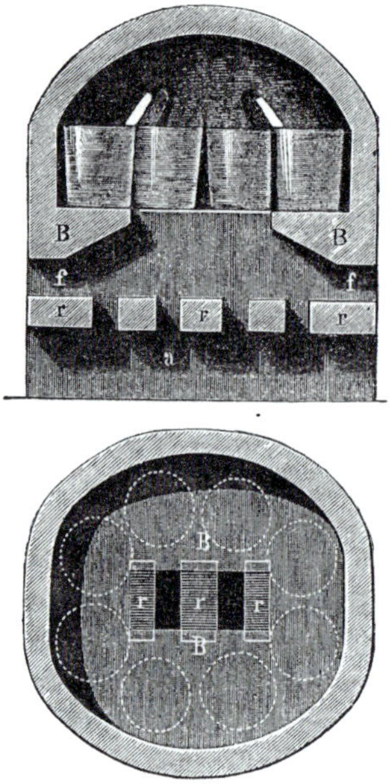

16 *Die Schmelzvorgänge in den frühen kaminlosen Glasöfen mögen den Zeitgenossen recht mystisch vorgekommen sein (Glasmalerei von Rudolf Schmid).*

17 *Einen noch intakten Schürkanal legte eine Ausgrabung der Lusenhütte (im Nationalpark Bayerischer Wald) frei.*

gelegen.« Nicht erwähnt ist die Rabensteiner Hütte, die zu jener Zeit vielleicht gerade nicht in Betrieb war.

Im Gebiet des ehemaligen Landkreises Grafenau sind aus Tafel 12 die Spiegelhütten **Spiegelau** und **Hierschlag** sowie die Glashütten **Reichenberg** und **Schönau** zu ersehen. Den Hüttenort **Klingenbrunn** beschreibt Apian mit ›Hof und Glashütte‹. In der Tafel fehlt das Zeichen. In Reichenberg findet er »Höfe und eine Glashütte am Seebach« vor. Hierschlag ist nach der Beschreibung keine Spiegel-, sondern eine ›Glashütte‹.

Aus Apians Landesbeschreibung können wir leicht ersehen, daß um die Mitte des 16. Jahrhunderts das Glashüttengewerbe im Bayerischen Wald mit zehn Glashütten bereits voll entwickelt ist. Seine gute Konjunktur hängt offenbar mit dem Aufstieg des Bürgertums in jenem Jahrhundert zusammen. Der steigende Wohlstand förderte den Absatz von Fenster- und Spiegelglas, das in der Produktion an erster Stelle steht. Wenn Apian die Frauenauer Hütte rühmt, daß in ihr die allerfeinsten Spiegel geblasen würden, so dürfen wir annehmen, daß auch andere Hütten des Bayerischen Waldes feine Spiegel herstellten. Die Waldglashütten hatten den Kampf mit der Konkurrenz letzten Endes gewonnen, weil sie den Ansprüchen genügende und preiswerte Waren auf den Markt brachten. Die herzoglichen Hütten vom Ende des 16. Jahrhunderts in Landshut und München konnten ihre Marktstellung nicht ernsthaft gefährden, weil deren Produkte teuerer waren als die von Venedig importierten Waren. Sie gingen nach Jahren verlustreicher Produktion auch bald wieder ein.

Der Glashüttenhof als Lebensgrundlage. Nach Apians Beschreibung der Hüttenorte gibt es keine Hütte ohne Hof. Der *Glashüttenhof* war und blieb das Fundament der Glashüttenunternehmen bis weit in das 19. Jahrhundert hinein. Er diente der Unterkunft und Versorgung von Hüttenmeisterfamilie und Glasmachern sowie der unentbehrlichen Viehhaltung, den Zugtieren, Pferden, Ochsen und Kühen. Der Hof machte das Überleben in schweren Zeiten möglich und trug ganz wesentlich zur Sicherung und Stärkung der Wirtschaftskraft des Unternehmens bei. Dort lebten die Glasmacher in kleinen, hölzernen Häuseln, die ihnen der Hüttenherr mit einem kleinen ›Sacherl‹, ein paar Tagwerk Grund zum Anbau von Kraut und Kartoffeln und zur Haltung einer Kuh, überließ. Je größer das Hüttengut war, desto bedeutender und umfangreicher wurde der Gutsbetrieb. Die Hüttenmeister verstanden sich nicht nur auf das Glashüttengeschäft, sie betätigten sich auch als Bauern oder Gutsherren, trieben Handel und Gewerbe, übten Jagd und Fischerei aus. Die Größe der landwirtschaftlichen Betriebe reichte von 100 bis 500 Tagwerk. In der Viehzucht und im Viehhandel übertrafen die Glashüttenhöfe die bäuerlichen Betriebe bei weitem. 100 bis 200 Stück Vieh fanden auf den Weideplätzen im Hochwald, den

Schachten, gute Nahrung. Wie die Waldbauern riederten auch die Hüttenmeister in ihren ortsnahen Wäldern und ließen sich die vielfältigen Vorteile der uralten Feld-Wald-Wirtschaft nicht entgehen. Auch sie erweiterten damit ihre Feld- und Wiesengründe.
Mit dem Glashüttenhof waren verschiedene, sehr einträgliche *Gewerberechte* verbunden: das Zapfenrecht, der Bierausschank, der Brot- und Fleischverkauf und die Krämerei. Ein Hüttenwirtshaus konnte viel Geld einbringen. Noch mehr war allerdings die Brauereigerechtigkeit gefragt. Die Mühl-, Sag- und Schneidgerechtigkeit gestattete den Betrieb von Mühlen und Sägen.
Zum Hof gehörten ebenso verschiedene *handwerkliche Betriebe*, die für die Hütte arbeiteten. In der Pottaschensiederei wurde aus der Holz- und Ofenasche die zum Glasmachen unentbehrliche Pottasche hergestellt. Daneben dienten zahlreiche Räume den Formen- und Hafenmachern, den Spiegelschleifern, Wagnern, Sattlern und anderen Handwerkern als Lager und Werkstatt. Etwas abseits vom Hof stand der mit Wasserkraft betriebene *Pocher,* in welchem der aus oft weit entfernten Brüchen herbeigeschaffte Quarz zu feinstem Sand zermahlen wurde. Aus dem Glashüttenhof entwickelte sich im 18. Jahrhundert schließlich das *Glashüttendorf,* von dem das ›Miniatur-Glasmacherdorf‹ im Waldmuseum in Zwiesel einen guten Eindruck vermittelt.

Erbrechts- und Familienbesitz. Im Zwieseler Winkel gab es Mitte des 16. Jahrhunderts die Glashüttengüter *Rabenstein, Zwieselau* (seit 1587 *Ober- und Unterzwieselau)* und *Frauenau,* die spätestens zu Beginn des 15. Jahrhunderts, wahrscheinlich aber schon in der zweiten Hälfte des 14. Jahrhunderts angelegt worden waren. Im ehemaligen Landkreis Grafenau bildeten ebenfalls drei Glashüttengüter ein Zentrum – *Schönau, Riedlhütte* und *Klingenbrunn-Spiegelau* –, die in der ersten Hälfte des 15. Jahrhunderts, wahrscheinlich schon bald nach dessen Beginn, entstanden waren.
Die Glashüttengüter in der Herrschaft Zwiesel und im Landgericht Bärnstein wurden von ihrer Grundherrschaft mit durchschnittlich 10 000 Tagwerk großen Waldungen ausgestattet. Entlang der bayerisch-böhmischen Grenze vom Osser zum Zwercheck und vom Arber über den Rachel zum Lusen gehörten die Wälder in einer Tiefe von vier bis zehn Kilometern zu den Glashüttengütern. Über ihren Umfang ließ die Herrschaft erst Mitte des 18. Jahrhunderts genaue Kartenwerke erstellen. Die im Bayerischen Hauptstaatsarchiv in München unter der Signatur ›Plansammlung 1086‹ verwahrte historische ›Karte des Bayerischen Waldes vom Gericht Kötzting bis zur Donau und der Grenze des Hochstifts Passau mit Angabe der Glashütten an der bayerisch-böhmischen Grenze‹ vom Ende des 18. Jahrhunderts gibt einen vorzüglichen Überblick über die sechs Glashüttengüter und die Hofmark Bodenmais. Kulturhistorisch besonders wertvolle Karten über die Glashüttengüter mit vielen topographischen Einzelheiten und einer katastermäßigen Beschreibung der Güter, ihrer Hütten, Hüttenstandorte, Wohn- und Wirtschaftsgebäude, Felder, Wiesen und Wälder verdanken wir dem kurfürstlichen Geometer und Hoftheatermaler Josef Damian Stuber (1718–1787) aus München, der einer berühmten Malerfamilie entstammt. Seine umfangreichste Vermessung war das Glashüttengut *Oberzwieselau,* dessen Größe er mit 26 638 Tagwerk berechnete.
Den Erbrechtsbesitz über die Glashüttengüter begründete der Landesherr oder die Grundherrschaft. Der Grundherr überließ das Gut dem Inhaber »und allen seinen Erben und Nachkommen« erbrechtsweise. Über die Verleihung des Erbrechts fertigte er den Erbrechtsbrief aus, eine öffentliche Urkunde, in der der Inhalt und Umfang der Rechte genau beschrieben sind und dem Erbberechtigten zugesichert wird, daß er sein Erbrechtsgut »mit allen Rechten und Gerechtigkeiten«, insbesondere der Glashüttengerechtigkeit, »erbrechtsweise innehaben, besitzen und nutzen und gebrauchen soll und möge nach seinem Gefallen«. Das vererbliche und veräußerliche Erbrecht wurde zur Grundlage des Familienbesitzes.
Zu den ältesten Glasmacherfamilien im Zwieseler Winkel zählen die **Rabensteiner.** 1456 erhielt Wolf Rabensteiner den Erbrechtsbrief über Hof und Hütte, der er seinen Namen gab, weil sie die Rabensteiner schon immer besessen hätten. Sie blieben dort bis in den Dreißigjährigen Krieg. Die um 1500 am weitesten verbreitete Glasmacherfamilie sind die **Glaser,** die ihren Namen von ihrem Beruf haben. Wir treffen sie auf fast allen Hütten des Waldes an.

Mehr über ihre Herkunft, ihren Stand und ihre Verbindungen erfahren wir von den Inhabern der Hüttengüter in **Frauenau** und Zwieselau im 16. Jahrhundert, den **Frisch** und den **Poschinger.** Sigmund Frisch, im Jahre 1498 Inhaber des Frauenauer Hüttengutes, entstammt einem Passauer Ratsbürgergeschlecht. Er ist ein Vetter des reichen Grafenauer Bürgers und Glashändlers Erasmus Mospurger, dessen Tochter Anna sein Sohn Florian heiratet. Er erbt von Mospurger das Hüttengut **Klingenbrunn-Spiegelau.** Florian Frisch siedelt in den Lamer Winkel über und gründet dort das dritte Glashüttenunternehmen der Frisch. Hier begegnen uns vermögende Bürger und Handelsleute mit unternehmerischem Weitblick. Es lohnte sich, in das Glashüttengeschäft einzusteigen, vor allem mit einem stattlichen Glashüttengut als Rückhalt. Die Frisch blieben auf den Gütern Frauenau, Klingenbrunn und Spiegelau an die hundert Jahre. Auf dem Lohberger Hüttengut saßen sie sogar zweieinhalb Jahrhunderte.

Ahnherr der Glasherren *von Poschinger* ist Joachim Poschinger, der Pfleger von Altennußberg und Linden war. Er erwarb 1568 das Erbrechts-Glashüttengut Zwieselau von

18 *Das Gut Oberfrauenau existiert als einziges noch in seiner ursprünglichen Struktur eines Hüttenherrengutes.*

19 *Einen lebendigen Eindruck eines alten Glashüttendorfes vermittelt das raumgroße Modell im Zwieseler Waldmuseum.*

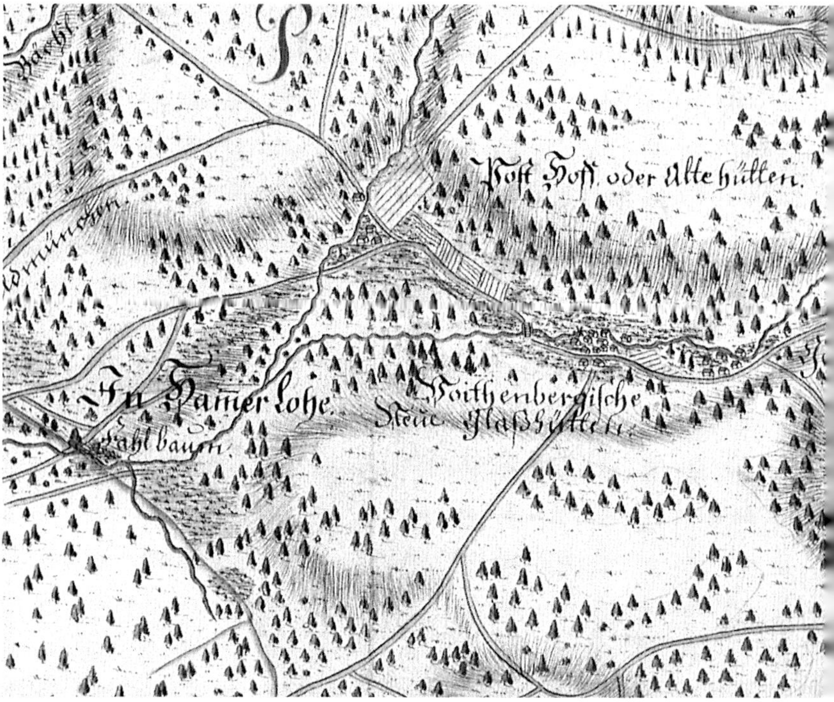

den Vormündern des jungen Hans Sigmund von Degenberg. Die Degenberger waren Herren der Herrschaft Zwiesel, die das Gut vierzig Jahre zuvor von einem ›Meister Martin Glaser‹ gekauft hatten. Die Poschinger wurden im Jahre 1605 die Nachfolger der Frisch auf dem Frauenauer Hüttengut. Seitdem sitzen sie in ununterbrochener Geschlechterfolge 383 Jahre auf diesem Gut. Seit 1785 im Adelsstand, betreiben sie neben der Land- und Forstwirtschaft die Glashütte, die eine 600jährige Geschichte aufzuweisen hat.

Zum mächtigsten Hüttenmeistergeschlecht entwickelten sich im 18. Jahrhundert die **Hilz.** Sie kauften Hüttengüter, auf die meisten jedoch heirateten sie ein. Am Ende des 18. Jahrhunderts waren die Hüttengüter Oberzwieselau, Klingenbrunn-Spiegelau, Riedlhütte und Schönau in ihrer Hand. Mit allen bekannten Hüttenmeisterfamilien des Waldes, mit den *Poschinger, Preißler, Stadler, Kiesling, Klingseisen, Hafenbrädl* und *Schmauß* waren sie verwandt. Rückblickend läßt sich feststellen, daß es Wechsel im Besitz der Hüttengüter in wirtschaftlich guten Zeiten relativ selten gab, am häufigsten erfolgten sie jedoch in den schlimmen Kriegs- oder Notzeiten, vor allem im 17. Jahrhundert.

Gab es ›Wanderhütten‹? Von der Idealvorstellung eines geschlossenen und nicht durch Siedlungen durchlöcherten Waldgebietes im Inneren Bayerischen Wald erfüllte Literaten verteufelten die Waldbauern und Glashütten zu Feinden des Waldes. Mit der Vorstellung, daß bei dem großen Holzbedarf der Hütten vom Wald nicht viel übrig geblieben sein könne, wurden Berichte über Waldmißwirtschaft der Hüttenmeister für wahr gehalten. Die plausiblen Gegenvorstellungen der Hüttenmeister aber beachtete man nicht. Diese wandten ein, daß der Wald die Grundlage ihrer Fabriken sei, die nun schon Jahrhunderte bestünden, und daß sie im ureigenen Interesse wie auch auf Grund des Erbrechtsvertrages nicht anders als forstordnungsgemäß wirtschaften könnten. Selbst auf die Tatsache, daß sie die schönsten Natur- und Kulturwälder hinterließen, richtete sich kein Augenmerk.

Die alten Glashütten des 16. Jahrhunderts sollen noch »recht eigentliche, primitive Hütten gewesen sein, die einfach abgebrochen wurden, wenn das umstehende Holz aufgebraucht war«. Diese Wanderhütten, auch ›Fliegende Hütten‹ genannt, beflügelten die Phantasie ganz außerordentlich. Ihre Bauweise soll so einfach und leicht gewesen sein, daß man ganz übersah, wie solche Hüt-

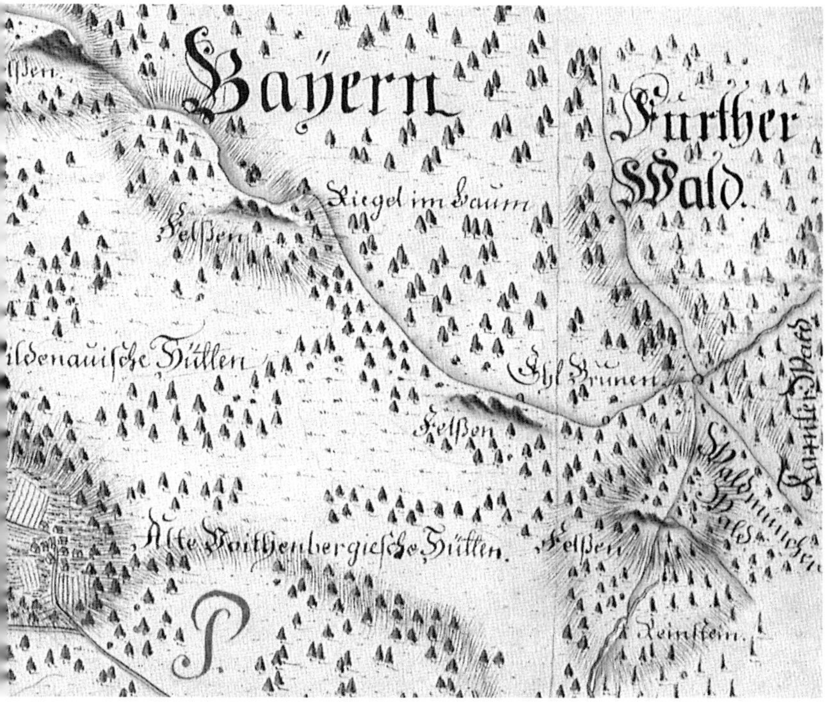

20 *Alte Landkarten zeigen deutlich die Erschließung der Waldgebiete durch die Glashütten. Im Bild die Voithenberghütte 1789 nahe der bayerisch-böhmischen Grenze.*

ten einen Sommer, geschweige denn jene schneereichen Winter überdauern konnten. Diese holzfressenden Hütten sollen sogar die Asche in ihrem Umfeld gebrannt und alle Edelhölzer wegen ihrer Ergiebigkeit an Pottasche vollständig aus den Wäldern geschlagen haben. In der Tat wissen wir, daß der Holzverbrauch der Hütten für die Pottasche das Drei- bis Vierfache des Holzbedarfs für die Hüttenöfen ausmachte. Wir wissen aber auch, daß die Holzasche 200mal leichter ist als das Holz, und folglich auch aus großer Entfernung leicht zur Hütte zu schaffen war. Auch die Hüttenmeister wußten darüber Bescheid. Darum haben sie sich auch schon im 16. Jahrhundert sogar weit außerhalb ihrer Erbrechtswaldungen Aschenbrandrechte in kurfürstlichen Wäldern gesichert.

Oben wurde bereits auf die Zusammenhänge zwischen der Besiedlung und der Entstehung der Waldglashütten hingewiesen und mit der Landesaufnahme Philipp Apians in die Entwicklung der Waldglashütten bis zur Mitte des 16. Jahrhunderts eingeführt. Es gibt keine Zweifel darüber, daß die Hütten fest gebaut waren und beim Glashüttenhof standen. Aus den Quellen wissen wir, daß sie an ihrem ursprünglichen Standort so gut mit Holz versorgt waren, daß sie sich dort auch noch Mitte des 17. Jahrhunderts befanden. Wir finden also in der Geschichte der Waldglashütten zwischen Osser und Lusen nicht den geringsten Anhaltspunkt für ›Wanderhütten‹ und insofern müssen diese Thesen für unhaltbar angesehen werden.

Hütten- und Aschenwaldungen. Die Glashütten standen entweder beim Glashüttenhof oder an geeigneten Plätzen (Wechselplätzen) in den Erbrechtswaldungen, an denen sie möglichst lange mit Holz versorgt werden konnten. So befand sich die *Rabensteiner Hütte* bis 1670 im Ort Rabenstein. Dann stand sie achtzig Jahre in Althütte, und 1750 wurde sie nach Regenhütte verlegt. Nach Rabenstein kam sie nicht mehr. Auch die *Lohberger Hütten* produzierten an die hundert Jahre in Lohberg, bis die Schweden sie 1633 niederbrannten. Die 1685 tiefer drinnen im Lohberger Wald in Altlohberghütte errichtete Hütte war hier an die achtzig Jahre in Betrieb.

Die großen Hüttengüter hatten durchschnittlich drei Hüttenstandorte, an die die Hütte abwechslungsweise dann verlegt wurde, wenn das schlagbare Holz am Standort zur Neige ging und es am alten oder einem Wechselhüttenplatz wieder nachgewachsen oder überständig war. Die Hüttenmeister plenterten in ihren Wäldern sehr geschickt. Gegen die von der kurfürstlichen Forstverwaltung 1789 angeordneten Schläge wandten die Hüttenmeister Kiesling und Hilz von Rabenstein bzw. Oberzwieselau ein, daß die schlagweise vorgenommene Waldwirtschaft sie zum häufigeren Umbau ihrer Hütten zwingen würde, was sie gegenüber der böhmischen Konkurrenz benachteiligen würde, die auch Plenterwirtschaft treibe. Sie wiesen darauf hin, daß sie das auf einem Schlag anfallende Holz auch nicht bräuchten, sie würden sich lieber nur die Bäume aus dem Wald holen, die sie zu ihrer Arbeit gerade benötigten. Auch führten sie nähere Gründe für die ›Untunlichkeit‹ der Schläge in ihrem Revier an. Dabei galt ihre Sorge dem ohne Bedeckung durch andere Bäume aufkommenden Jungwuchs.

Den *Aschenbrand* übten die Hüttenmeister vor allem in den herrschaftlichen Waldungen aus, die zu nichts anderem als zum Aschenbrennen geeignet waren. Die Aschenbrenner verrichteten ihr hartes Handwerk in den entlegensten Wäldern, sie räumten das Urwalddickicht aus, verbrannten die liegenden Urwaldriesen, die umgestürzten, gipfeldürren und faulen Bäume; sie schafften Wind- und Schneebrüche beiseite. Mit dem Aschenbrennen kam Licht und Luft in den Urwald, und dem jungen Holz wurde Platz zum Nachwachsen geschaffen. Der Lohberger Hüttenmeister Frisch sah im Aschenbrennen eine sehr zweckmäßige, dem Wald nicht schadende, sondern höchst nützliche Maßnahme.

Die Hüttenmeister verheizten die Aschenwälder nicht, wie in der Forstliteratur häufig zu lesen ist, im Gegenteil, sie schufen mit dem Aschenbrand Natur- und Kulturwälder, die in Kurbayern einmalig waren. Dazu zählt der *Kameralwald* nördlich von Zwiesel, dessen erbrechtsweise vorgenommene Nutzung Kurfürst Karl Theodor den Hüttenmeistern Hilz und Kiesling 1781 mit der Begründung eines öffentlichen Staatsbedürfnisses entzog. Das Unwesen in den kurfürstlichen Aschenwäldern kam erst nach der Mitte des 18. Jahrhunderts auf, als die kurfürstliche Verwaltung das Geschäft mit der Pottasche selber zu machen versuchte. Die freien, gewerblichen Aschenbrenner, die mit Konzessionen in die von den Hüttenmeistern gepflegten Aschenwälder kamen, beuteten diese so gründlich aus, daß bald nichts mehr zu brennen war.

Nicht weniger als das wilde Aschenbrennen schadete den Hüttenmeistern der zwar verbotene, aber hektisch betriebene Zwischenhandel mit der Pottasche, deren Preis immer weiter in die Höhe kletterte. Die kurfürstliche Verwaltung bekämpfte diese Mißstände, die sie selbst hervorgerufen hatte, wirkungslos.

Man braucht sich nicht darüber zu wundern, daß die kurfürstlichen Waldungen am Ende des 18. Jahrhunderts infolge ihrer schlechten Verwaltung heruntergekommen waren. Die Hüttenmeister des Bayerischen Waldes dagegen hinterließen ihre Erbrechtswaldungen in bestem Stand. Die Baumarten setzten sich wie im natürlichen Zustand aus Fichten, Tannen und Buchen zu gleichen Teilen zusammen. Nur ein Drittel der Wälder war bis zu 80 Jahre alt, fünfzig Prozent zwischen 80 und 160 Jahre und ein Sechstel über 160 Jahre alt. Ihr Holzvorrat betrug etwa 300 m^3/ha. Die Wälder wurden nicht übernutzt und blieben nicht unbewirtschaftet. Sie sind aus einer verantwortungsbewußten Waldwirtschaft hervorgegangen, die von dem Grundsatz geleitet war, den Wald der Hütte und die Hütte den Nachkommen zu erhalten.

Die Hüttenmeister des Bayerischen Waldes haben glänzende wirtschaftliche und kulturelle Leistungen aufzuweisen, und ihre Manufakturen waren die gesündesten und langlebigsten in Bayern. Ohne Hilfe des Staates überstanden ihre Hütten in einem abgelegenen, verkehrsmäßig völlig unzureichend erschlossenen Waldland fürchterliche Kriege und wirtschaftlich elende Zeiten. Sie brachten das wirtschaftliche Leben des Waldlandes immer wieder zum Blühen. Höchste Anerkennung verdienen ihre Leistungen in der Erschließung des Urwaldes, in der Schaffung und Erhaltung eines Natur- und Kulturwaldes, der seinesgleichen in Kurbayern nicht hatte.

21 *Ende des 18. Jahrhunderts beherrschten die Glashüttenherren von Poschinger und Hilz die Wälder zwischen Zwiesel und Grafenau.*

Glas
Hütte
Mühlbach
glashütten Straß
Hirschbach
Klein Regen Flus
Frauenau
Mühlbach
Hofmarch
Hütten
Fra
Frauenauer
Poschingische
Glas
Kloster Rinichnas Wald
Hilzische Glas Hütten
Johan Michael oder Riedlische Glashü
Schachten
Schachten
Faisten berg
Frau Brucken
Reisch Fleck
Spieglau Stier Wiesen
Haus Wald
Kreutzberg
Hirschlag
Oh flus
St Oswald
Reichenberg
Grafenau
alte glashütten
alte Hütten
Rachel Schachten
Klein Rachel
Schmal Filz
obere schachten
untere schachten
Riedlhütten

Walter Spiegl

Böhmische Einflüsse

Im Schatten Venedigs. In den Jahrhunderten, die auf die ersten urkundlichen Erwähnungen von Glashütten im Böhmerwald folgten, gab es in der Produktion auf beiden Seiten des Gebirges keine Unterschiede. Die wirtschaftlichen und technischen Voraussetzungen waren dieselben, die Hütten wechselten ihre Standorte und mit ihnen die Glasmacher, stilistische Veränderungen der Formen und Dekors fanden mehr oder weniger gleichzeitig ihren Niederschlag.

Von Anfang an stand das Waldglas der Böhmerwaldhütten im Schatten Venedigs und der seit dem 16. Jahrhundert mit Hilfe venezianischer Glasmacher nördlich der Alpen gegründeten Venezianerhütten. 1570 verbot der Rat von Nürnberg den dortigen Glasern, »schlechte Behemische schiltles und waldscheuben« in die Fenster einzusetzen, weil »solch scheubenglas inn den stuben bei der werhm khain bestand« habe und »solch boes glass die gemach verfinstern unnd denselben ein scheuchlichs aussehen machen ... auch ein boes enndt nemen ...« Nur »guett Venedisch scheuben« durften verkauft werden, und hier war man auf Importe aus Murano angewiesen oder, wie zum Beispiel in Nürnberg, auch auf Erzeugnisse der Venezianerhütte Hall in Tirol.

An diesem Zustand und den qualitativ minderwertigeren Gläsern änderte sich in den nächsten hundert Jahren sowohl auf bayerischer wie auch böhmischer Seite nichts, denn die Bestrebungen zur Verbesserung der Glaserzeugnisse konzentrierten sich hier wie dort auf die Residenzen. Albrecht V. (1550–1579) und Wilhelm V. (1579–1597) förderten die Glaserzeugung nach venezianischer Art in Landshut und München, nicht zuletzt zum Nachteil der Glasmeister in den Hütten im Wald. Ja, man sorgte sogar dafür, daß sie von der Entwicklung abgeschnitten blieben, denn als es dem Hüttenmeister von Schönau unter dem Lusen gelungen war, einen »welschen Glasmachergesellen aus Murano« in München abzuwerben, erging gegen diesen Haftbefehl, und er wurde in die »Fronvest dess Valkhenthurms« gebracht.

Die Münchner Hütte hatte dennoch keinen langen Bestand. Sie ging schon zu Zeiten

23 *Ganz dem Stil böhmischer Gläser von 1730 entspricht dieser Becher mit einer Darstellung des Hans Michael von Poschinger aus Oberfrauenau.*

Wilhelms V. ein, weil die Produktion wegen der hohen Transportkosten der über weite Entfernungen herangeführten Rohstoffe – spanische Soda aus Mailand, Scherben zum Gemenge aus Venedig und Hall über Augsburg – zu teuer war und die importierten venezianischen Gläser billiger als die eigenen ›christallinen gleser‹. Von der Möglichkeit, mit einheimischen Rohstoffen ›Grob Glaswerckh‹ zu erzeugen, riet die Hofkammer ab, als es unter Herzog Maximilian darum ging, die Münchner Hütte neu zu errichten, »zumalen ohnedis viel dergleichen Glashütten… sonderlich vorm Waldt vorhanden sein, die behelfen sich gar schlechtlich und khönden schwerlich also erhalten werden«. Schuld an diesem Zustand der Böhmerwaldhütten waren unter anderem auch Ratsbeschlüsse, zum Beispiel in Nürnberg und Straubing, die den Verkauf venezianischen Glases förderten, indem es das ganze Jahr über und ausschließlich von venezianischen Händlern angeboten werden durfte. Hingegen war das Hausieren mit »gemeine[n] Wald- und schlechte[n] trinkgläser[n]«, also mit Erzeugnissen auch des Böhmerwalds, untersagt. Sie konnten nur auf Messen und Jahrmärkten feilgehalten werden.

Von böhmischer Seite waren damals noch keine belebenden Impulse zu erwarten. Auch hier stand venezianisches Glas in höherem Ansehen als im eigenen Land erzeugtes, und die 1598 in Bubeneč gegründete »besondere glasshuetten« arbeitete nur für die Bedürfnisse Rudolfs II. und der kaiserlichen Hofwerkstätten.

Solange also Bayern als auch Böhmen gegenüber dem venezianischen Glas benachteiligt waren, kann man mögliche Einflüsse böhmischer auf bayerische Hütten und umgekehrt ausschließen und eine gemeinsame Entwicklung auch im 17. Jahrhundert annehmen. Eine Zäsur machte sich erst bemerkbar, als im letzten Drittel des 17. Jahrhunderts in verschiedenen Teilen Böhmens und

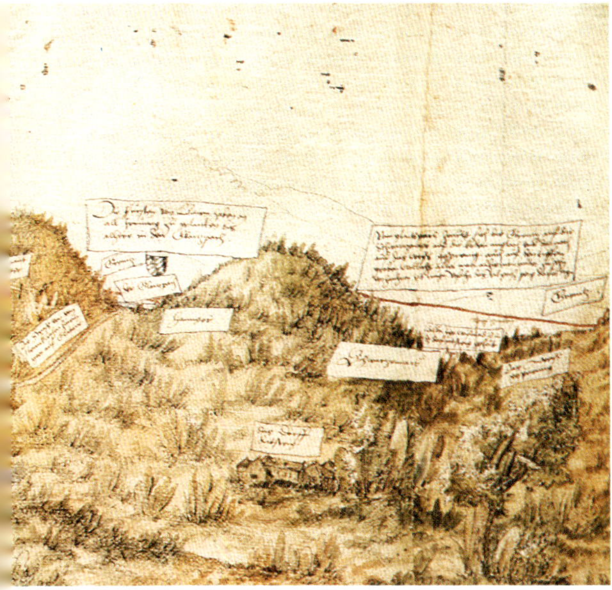

22 *Alte Verbindungsstraßen zwischen Bayern und Böhmen sorgten für Austausch von Arbeitskräften und Waren. Ausschnitt aus der Böhmerwaldgrenzkarte von 1514 mit Neukirchen (vorne).*

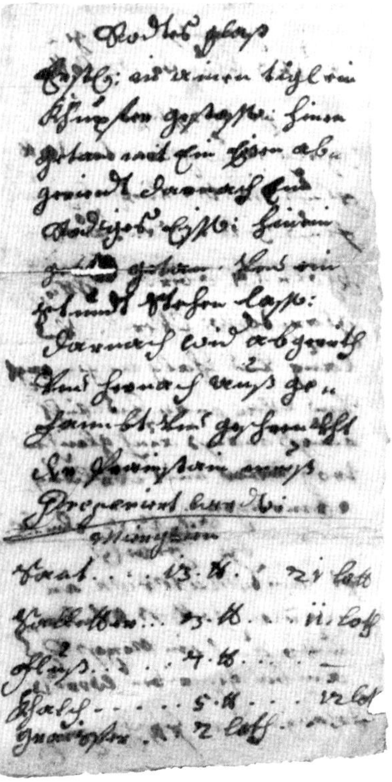

24 *Die Kenntnis der Rezeptur für rubinrotes Glas wurde vom Schmelzer oft lebenslang geheimgehalten. Hier das Rezept der Poschinger-Hütte von 1712.*

ziemlich gleichzeitig eine ›Erfindung‹ gemacht wurde, die die vorrangige Stellung des venezianischen Glases erschütterte und sogar dazu führte, daß nun böhmisches Glas nach Italien ausgeführt werden konnte, was vorher undenkbar gewesen wäre.

Kristallglas aus Böhmen. Schon 1679 hatte der böhmische Historiograph Balbinus berichtet, daß es in der Gegend von Falkenau bei Kreibitz in Nordböhmen Gläser gebe, »welche an Durchsichtigkeit und Glanz beinahe dem Kristall glichen«. Auf der Helmbachhütte bei Winterberg arbeitete seit 1671 der Glasmeister Michael Müller (1639–1709). Er war von »der Seewis in der königischen Freiheit« mit seinem »Freundt Henrich Pokh« (Sohn des Hans Puk in Seewiesen) dorthin gekommen. Obwohl die Verhältnisse sehr ungünstig waren (»kein rechter Kislstein vorhanden, die Aschenwaldt gar schlecht und schon ganz ausgebrendt«), hat Müller, wie es in einem zeitgenössischen amtlichen Bericht heißt, »das Kreydenglas... hier in Böhmen eingeführt, dessen umb eine große Summe Gelts in unterschiedlichen Glassorten und pätterlen verfertigen und in fremde Ländern lifern lassen...« An diesem einträglichen Geschäft war maßgeblich der Winterberger Bürger und Glashändler Johann Müller, ein Sohn des Helmbacher Hüttenmeisters, beteiligt. Die Glasausfuhr nach Italien, gegen die die venezianische Regierung mehrmals Maßnahmen ergreifen mußte, lief über den mittleren Strang des ›Goldenen Steigs‹ von Winterberg nach Passau.

Das Müllersche – und auch anderer böhmischer Glasmeister – *Kreideglas* hatte den Vorzug vor dem dünnwandigen venezianischen *Cristallo,* daß es auch in dicken Wandungsstärken kristallklar und für die Veredelung durch Schliff und Schnitt geeignet war. Daher eröffnete es der Glasveredelung Bereiche, die bis dahin nur dem Bergkristall und anderen edlen Steinen vorbehalten gewesen waren, und ermöglichte neuartige, schwere Gläserformen, die barockem Geschmack weitaus mehr entsprachen als die noch in der Renaissance wurzelnden Formen der venezianischen Gläser.

Über die Auswirkungen der Erfindung des böhmischen Kreideglases auf bayerischer Seite lassen sich bestenfalls Vermutungen anstellen, denn zuverlässige Quellen haben sich bis heute nicht gefunden. Müller hat sein Rezept nicht preisgegeben. Sein »Freundt« und Schwager (Müller war in erster Ehe mit Pokhs Schwester Franziska verheiratet) soll zwar die Helmbachhütte nach kurzer Zeit wieder verlassen haben, aber über seine Schwester ergaben sich gewiß nicht nur familiäre Verbindungen zwischen der Helmbachhütte und Seewiesen sowie zu anderen Mitgliedern der weitverzweigten Familie Pock. Mit Müllers zweitem Sohn Jakob, der 1689 als Hüttenmeister in *Klingenbrunn* bei Grafenau genannt wird, könnte Müllers Kreideglasrezept nach Bayern gelangt sein, wiewohl auch Jakob es geheimgehalten haben dürfte.

Weitreichende Verflechtungen. Schon früher waren durch einen Zweig der vor allem im Riesengebirge wirkenden Familie Preißler ›böhmische‹ Erfahrungen nach Bayern gekommen. Nikolaus Preißler »aus dem Fürstenthume Bayern« hatte um 1600 die Kaltenbrunner Hütte über Oberplan erbaut und unter anderem durchsichtige und gewöhnliche Butzenscheiben, Wein- und Biergläser ins Krummauer Schloß geliefert.

25 *Im Biedermeier folgte auch der Glas-Stil des Bayerischen Waldes den reichveredelten böhmischen Schliffgläsern.*

1602 heiratete er in zweiter Ehe die Witwe Hans Poschingers vom Oberzwieselauer Hüttengut, zu dem die ›Zadlerhütte‹ gehörte, die er 1615 seinen Stiefsöhnen abkaufte. Bei Nikolaus Preißlers Sohn Johann, der *Oberzwieselau* mit der Preißlerhütte, wie sie inzwischen hieß, erbte, war Michael Müllers »Freundt Henrich Pokh« Hüttenmeister, bevor er 1671 zur Helmbachhütte ging. Solche Verflechtungen zwischen Glasmachergeschlechtern haben dazu beigetragen, daß Techniken, Kenntnisse und Rezepte von Böhmen nach Bayern kamen, auch wenn keine konkreten Beispiele angeführt werden können.

Ausgedehnte Reisen und Aufenthalte in Böhmen sind für den ›kurfürstlich bayerischen Christallmeister‹ Hans Christop Fidler belegt. 1687 und 1688 hielt er sich im nordböhmischen Reichstadt auf, das damals, zusammen mit Schlackenwerth, dem Herzog von Sachsen-Lauenburg gehörte. Von Johannes Kunckel wissen wir, daß einer seiner Kristallmacher auf der Pfaueninsel sich mit dem Geheimnis des Goldrubinglases nach Schlackenwerth abgesetzt hatte. In Reichstadt hat Fidler – angeblich ohne Erfolg – Versuche zur Erzeugung des Goldrubinglases angestellt. Nachdem er wieder in München war, übergab er seinem Kurfürsten zwei Gläser aus *Goldrubin*. Ein Jahr später, 1691, begegnen wir Fidler auf der Hütte *Eisenstein* des Grafen Heinrich Nothaft von Wernberg auf Runding, wo er bis 1695 blieb. In München soll er anschließend Erzeugungsverfahren eingeführt haben, die er möglicherweise hier und in Böhmen kennengelernt hatte.

Unsicherheit der Provenienz. In Bestands- und Sammlungskatalogen sucht man, von ganz wenigen Ausnahmen abgesehen, vergeblich nach Gläsern aus dem Bayerischen Wald. Von den über 1000 katalogisierten Gläsern des Bayerischen Nationalmuseums in München ist für drei Flakons mit aufgeschmolzenen weißen Fäden die Provenienz »Vielleicht Tirol oder Bayerischer Wald? 17./18. Jahrhundert« angegeben. Im allgemeinen behilft man sich mit den Bezeichnungen ›deutsch‹ oder ›süddeutsch‹ und umgeht somit die problematische Festlegung auf den Bayerischen Wald, zu der sich Robert Schmidt in zwei Fällen bekannt hatte. Beim ersten handelt es sich um einen konischen Becher auf hohem Hohlfuß, in bunten Emailfarben bemalt mit der Jahreszahl 1603 und den Wappen der bayerischen Familien von Tettenbach und von Hautzenberg (ehemals Schloßmuseum, Berlin, Kriegsverlust, Abb. 98 in Robert Schmidt: *Das Glas*, Berlin 1922). Die Glasform ist venezianisch in gröberer Ausführung. Böhmischer Einfluß ist ebensowenig auszuschließen wie Tiroler oder Münchener. Das zweite ›Bayerwaldglas‹ bei Schmidt ist eine Stange von 1556 im Bayerischen Nationalmuseum mit den Wappen der Grafen von Ortenburg (bei Passau) und des Tiroler Geschlechts der Spaur. Die Zuschreibung dieses Glases und einiger weiterer mit Ortenburg-Wappen an eine Hütte im Bayerischen Wald hat Schmidt als Hypothese eingeführt, von der Rainer Rückert, der den Ursprung der Stange in Hall in Tirol vermutet, abrückt. Auch in einigen anderen Fällen gibt es ähnliche widersprüchliche Meinungen. Solange also schon hinsichtlich der Herkunft von Gläsern aus dem Bayerischen Wald Unsicherheit besteht, läßt sich über Art und Auswirkungen böhmischen Einflusses keine Gewißheit erlangen.

Zweifellos gingen von den südböhmischen Hütten schon wegen ihrer geographischen Nähe, der familiären Beziehungen und des Wanderns der Glasmachergesellen starke Impulse aus. Die Helmbacher Hütte unter Michael Müllers Leitung ist hier an erster Stelle zu nennen. Ihren Ruf als die führende Hütte Böhmens verdankte sie nicht allein der Qualität ihres Glases. Auch ihre Erzeugnisse, teilweise durch Schliff und Schnitt veredelt, gefielen und fanden regen Absatz. Zusätzlich ergaben sich aus den weitverzweigten Handelsbeziehungen ›modische‹ Anregungen. Das kann auf bayerischer Seite nicht unbemerkt geblieben sein. Früher oder später, jedenfalls sobald man hier ein gutes Kreideglas erzeugen konnte, mußte man sich auf die neue Situation einstellen, genau so wie der venezianische Glasmacher Giuseppe Briati. Er hatte sich drei Jahre lang in einer böhmischen Hütte aufgehalten, und 1736 erteilte ihm der Rat der Zehn ein Privileg für die Erzeugung von Kristallglas »ad uso in Boemia«.

Abgrenzungspolitik im Böhmerwald. Die Chancen, die das dem Zeitgeschmack entsprechende böhmische Glas den bayerischen Hütten bot, scheinen hier und da genutzt worden zu sein. In Böhmen fürchtete man offensichtlich nicht nur die Konkurrenz der preußisch gewordenen schlesischen, sondern auch die der bayerischen Hütten. 1752 wurden die Auswanderung inländischer Glasmachergesellen und 1767 »die Vorteile der Glasmacherei [einem Fremden] zu offenbaren« unter Strafandrohung verboten, was einen weiteren Erfahrungsaustausch stark beeinträchtigte.

Während der böhmische Glashandel die Weltmärkte eroberte, blieben die Gläser der bayerischen Hütten im Inland. Der ›Export‹ ging vor allem nach Nürnberg und nach Franken auf die Spiegelschleifen der Oberpfalz. Auf die Inlandsmärkte wurden die Glasmeister Altbayerns auch durch einen 1765 erlassenen Maut- und Accistarif verwiesen, der zwar den Binnenhandel durch Freigabe des Verkehrs und Beseitigung von Inlandszöllen erleichterte, andererseits aber die Glasausfuhr mit hohen Kosten belastete. Darüber beschwerte sich das Glaserhandwerk in Nürnberg bei der kurfürstlich bayerischen Regierung. Ihre Lieferanten, bei denen sie »seit einigen Jahrhunderten ... redlich ausgehalten«, könnten nun nicht mehr zu den festgesetzten Preisen liefern, was einen Abbruch der langjährigen Verbindungen nach sich ziehen müsse. In diesem Zusammenhang erfahren wir, was man in Nürnberg aus dem Bayerischen Wald bezogen hatte: Ungeschliffene Glas-

waren, Krüge, Flaschen, Trinkgläser und Apothekergeschirre, »auf Krystall-Art« geschliffene Hänge- und Wandleuchter und allerlei Trinkgläser. Zumindest die geschliffenen Gattungen dürften böhmisch beeinflußt gewesen sein.

Die ruinöse Abgabenordnung von 1765 machte das bis dahin Erreichte zunichte. Zwar wurde der Mauttarif 1799 aufgehoben, aber inzwischen lieferten fast alle bayerischen Hütten nur noch ›gemeine Ware‹. Nach einer Erhebung von 1792 gab es in Altbayern zehn Glashüttenmeister und acht Schleifer. In Böhmen zählte man 1786 insgesamt 64 Glashütten, 306 Schleifer, 496 Kugler, 260 Graveure sowie 231 Maler und Vergolder.

Ostbayerisches Glas gelangt zu Ruhm. Es war kein Glasmacher, auch kein Glasveredler, der entscheidend dazu beitrug, daß Bayerns Glasindustrie im 19. Jahrhundert eine nicht unbedeutende Stellung erlangen konnte, sondern ein Händler. Schon 1797 hatte *Franz Steigerwald* aus Prag das Herzogtum Baden bereist. 1809 hielt er sich als Glashändler in Mannheim auf, zusammen mit seiner Familie und einem ›Handwerksgenossen‹, dem Glasschneider Johann Stumpf aus Landek in der Grafschaft Glatz, und ab 1812 in Würzburg, wo Franz Steigerwald schon 1810 als ›Glasschneidekünstler‹ um das Bürgerrecht nachgesucht hatte. Von Würzburg aus betrieb er das Saisongeschäft in Wiesbaden und Bad Ems und verkaufte seit 1821 auch auf den beiden Frankfurter Messen. Die Gläser bezog er zum überwiegenden Teil aus Böhmen, bestimmte Gattungen aus Frankreich.

Nach dem Tod Franz Steigerwalds 1829 übernahm sein gleichnamiger Sohn die Verkaufsräume am Markt in Würzburg mit den Saisongeschäften. Die wichtigsten Lieferanten waren, wie schon zu seines Vaters Zeiten, die Harrachsche Hütte in Neuwelt und die Meyrschen Hütten im Böhmerwald.

In den Jahren 1836/37 errichtete Steigerwald die *Königlich privilegierte Krystallglasfabrik Theresienthal,* nicht zuletzt »zu Ersparung des hohen Einfuhrzolls auf [böhmische] Luxusgläser«, wie Steigerwalds langjähriger Lieferant Johann Meyr von der Adolfhütte 1836 in einem Beschwerdebrief an das böhmische Gubernium darlegte. Nach dem Stand von 1839 stammten zwei Drittel der Hüttenarbeiter in Theresienthal aus Böhmen. Ihre Zuwanderung war wieder legal geworden, denn 1833 beziehungsweise 1836 hatten Bayern die Grenzsperre gegen Böhmen außer Kraft gesetzt und Österreich das Auswanderungsverbot von 1767 widerrufen.

In *Theresienthal* und in der Glashütte *Schachtenbach*, die Steigerwald ab 1844 gepachtet hatte, wie auch in *Regenhütte,* wohin er den Betrieb von Schachtenbach 1863–1865 verlegte, folgte man böhmischem Vorbild.

26 *Einen großen Einfluß übten vor allem die Gläser der böhmischen Glashütte Harrach in Neuwelt auf die bayerische Schachtenbachhütte aus.*

27 *Mit veredelten Alabastergläsern erlebte die Glashütte Schachtenbach um 1860 ihre Blütezeit.*

28 *Die Lithographien von Römisch aus Steinschönau mit ihren vielfältigen Formdarstellungen dienten um 1835 auch den bayerischen Glashütten als Vorbild.*

29 *Noch heute begegnet man diesem Stil in nach dem Krieg zugewanderten böhmischen Veredelungswerkstätten wie bei Emil Rimpler in Zwiesel.*

Seit 1832 gab es zum Beispiel das lithographierte Musteralbum von Josef Franz Römisch aus Steinschönau mit einer Fülle von Vorlagen und Anregungen. Diese Blätter könnte Rudhart gemeint haben, als er 1835 schrieb, man habe bereits Lithographien an die bayerischen Glashütten gesandt, damit »auch der bessere Geschmack sich unter unseren Glasfabrik-Arbeitern mehr verbreiten« könne. Daneben forcierte man die Erzeugung von Farbengläsern und machte von Egermanns Rubinätze ebenso ausgiebig Gebrauch wie von ornamentaler Malerei und Vergoldung. Auf der Berliner Gewerbeausstellung 1844 konnte man feststellen, daß sich inzwischen auch Michael von Poschinger in Frauenau dieser Richtung angeschlossen hatte.

Ein Prager Meistergraveur im Bayerischen Wald. Schon in den dreißiger Jahren engagierte Franz Steigerwald böhmische Graveure für die Saisongeschäfte in Wiesbaden und Bad Ems, zum Beispiel Karl Günther aus Steinschönau, der für Steigerwald in Haida tätig gewesen war und 1841 in München eintraf, wo er sich vier Jahre lang aufhielt. Daß er für Steigerwald Gläser graviert hat, ist zu vermuten – von einem anderen böhmischen Graveur wissen wir es genau. *Franz Paul Zach* aus Prag kam 1843 über Bad Kissingen, wo Steigerwald 1836 einen Verkaufsbazar errichtet hatte, nach München und wohnte bei Steigerwald. In den fünfziger Jahren hielt er sich in Würzburg und Schachtenbach auf. Von Zach, der häufig signiert hat, stammen hervorragende Gravuren in Kristall und in blauem und rotem Überfang. Gleiches gilt für Karl Pfohl aus Steinschönau, der Anfang der fünfziger Jahre ebenfalls in Schachtenbach gewesen sein soll.

Bayerische Graveure begegneten der ›böhmischen Herausforderung‹, indem sie Stil und Techniken (zum Beispiel das Gravieren in der Überfangschicht) übernahmen. *Michael Schmitzberger* gravierte für Schmid in Schachtenbach Gläser, die dieser 1830 zum Wettbewerb schickte. Auf der Münchener Industrie-Ausstellung 1834 sah man von Schmitzberger unter anderem Überfanggläser mit »erhabenen Buchstaben«. Ähnliches – auf farblosem Glas – hatte Johann Baptist Eisner aus Bergreichenstein schon 1829 in Prag ausgestellt. In den fünfziger Jahren findet man häufig Namen bayerischer Graveure in den Ausstellerlisten: Gebrüder Treutlein mit »Lichtbildern und Rubin- und Kobaltüberfanggläsern mit Jagdbildern, Pferden, Würzburger Ansichten und Blumen« (Local-Industrie-Ausstellung Würzburg 1851), Wenzeslaus Schmitzberger und seine Söhne Eduard und Ludwig mit Transparentbildern von Glas, Fenstervorsätzen, Glaslichtschirmen und Lichtbildern (München 1854), August Burghart mit »in blauem Glas erhaben gearbeiteten Bildern« (München 1858). Zwei Lichtschirme von (wohl blau) »platiertem Beinglas mit auf Lithophanie-Art eingeschliffenen« Motiven hatte die Harrachsche Hütte erstmals 1831 in Prag vorgestellt.

Im letzten Drittel des 19. Jahrhunderts stand die Produktion der böhmischen und bayerischen Hütten unter dem Eindruck wiederentdeckter Stilrichtungen. Bei der Formgebung zeigte man sich auf böhmischer Seite eher etwas konservativ, bodenständig. In Bayern suchte man die Vorbilder zwar ebenfalls in Museen (München, Nürnberg), gab sich aber gestalterisch freier, vielleicht weil man glaubte, etwas nachholen zu müssen. Stilelemente des deutschen Mittelalters und venezianischer Glaskunst, zeitgenössischen Arbeiten aus Köln-Ehrenfeld

30 *Dem böhmischen Genre der Lichtbilder in farbigem Überfangglas widmete sich die Grafenauer Graveurfamilie Schmitzberger.*

und von Salviati abgeschaut, gingen im Bayerischen Wald eine späte Symbiose ein, manchmal mit recht kurios anmutenden Ergebnissen. Der Historismus begünstigte besonders die Emailmalerei, die in Böhmen Tradition hatte, im Biedermeier als ›Kleckmalerei‹ vorübergehend verpönt gewesen war und nun eine neue Blüte erlebte, wobei sie in Bayern bei der Ausführung der ›altdeutschen‹ Motive weitere Verbreitung und mehr Anerkennung fand als je zuvor.

Böhmische Impulse wirken fort. Für beide Erzeugungsgebiete neu waren irisierende Gläser nach dem von Pántotsek für J. G. Zahn in Zlatno (Ungarn) 1856 entwickelten Verfahren *(Hütteniris)*. Auf der Wiener Weltausstellung 1873 wurden sie von Zahn, Meyr's Neffe und J. E. Schmid, Annathal, gezeigt, 1876 von Lobmeyr in München »in einer Schönheit.., die das bezaubernd Leuchtende, magisch Spielende einer Seifenblase noch überbietet...« Ebenfalls aus Böhmen kam das *Barock-* oder *Auflagenglas* mit seinen vollplastischen Verzierungen, das erstmals bei Loetz erzeugt wurde, aber in großem Umfang auch bei Kralik in Eleonorenhain und Meyr's Neffe in Adolf. Im Erzeugungs- und Verkaufsprogramm bayerischer Hütten spielte es keine große Rolle, wohl weil die wichtigsten Absatzmärkte ohnehin in böhmischer Hand waren und man auch preislich nicht hätte mithalten können. Hingegen wurde diese Verzierungstechnik – neben anderen und mit den gerade zur Verfügung stehenden Mitteln – von den bayerischen Glasmachern häufig praktiziert, wenn sie in ihrer Freizeit Schinderware für den eigenen Bedarf und Gebrauch herstellten.

Die Iris- und Lüsterdekors lösten um 1900 einen wahren Farbenrausch aus, der die meisten böhmischen Hütten erfaßte und die bayerische Produktion von Kunstgläsern nicht unberührt ließ. So fanden die Lüstergläser von Loetz eine bayerische Entsprechung in Ferdinand von Poschingers zart irisierenden Überfanggläsern nach Entwürfen von C. Schmoll von Eisenwerth, München, mit gekämmten Fadeneinlagen (›Chamäleonglas mit gezogenen Fäden‹) oder mit geätztem, geschliffenem und geschnittenem Dekor, aber diese Luxusgläser stehen denen Tiffanys beziehungsweise lothringischer Hütten zumindest ebenso nahe wie den vergleichbaren von Loetz.

Im allgemeinen läßt sich feststellen, daß die nach den Prinzipien des Jugendstils und der Art Déco gestalteten und dekorierten Gläser noch deutlicher, als dies im Historismus der Fall war, in böhmischen Hütten weitgehend auf Entwürfe aus Künstler- und Architektenkreisen in Wien und der Fachschulen Steinschönau und Haida zurückgehen, während man im Bayerwald Ideen Münchner und anderer deutscher Kunstgewerbler realisierte. Zusätzliche künstlerische und technische Impulse kamen seit 1904 von der Glasfachschule Zwiesel – nach dem Vorbild der Glasschulen von Haida und Steinschönau aufgebaut –, deren Lehrbetrieb auf die Ausbildung des Nachwuchses, die bisher bei den Hütten und Veredelungsbetrieben gelegen hatte, verstärkt einzuwirken begann.

Und noch einmal erlebte die Glasindustrie des Bayerischen Waldes – wie schon so oft in der Vergangenheit – die befruchtende Wirkung böhmischer Traditionen und ihrer praktischen Anwendung, als nach dem Zweiten Weltkrieg ein Zustrom von Glasarbeitern und Veredlern aus der Tschechoslowakei einsetzte.

31 *Die im Böhmen des 19. Jahrhunderts weitverbreiteten Auflegearbeiten fanden durch Einwanderung böhmischer Glasmacher...*

32 *...ihren Niederschlag in den ›geschundenen‹ Gläsern des Bayerischen Waldes. Im Bild ein Salzfaßl mit Blumen-Auflagen.*

33 *Die edlen, irisierenden Gläser der Hütte Loetz' Witwe in Klostermühle erregten nach 1895 weltweite Bewunderung...*

34 *...und beeinflußten die Glashütte Buchenau, deren Gefäßformen mit ihren unregelmäßigen Fadendekoren einen eigenen Stil vertraten.*

Elianna Gropplero di Troppenburg

Historismusglas

Theresienthal und die Neorenaissance

Ein Glashändler auf Standortsuche. Unter den zahlreichen im 19. Jahrhundert vorhandenen und zum Teil auch heute noch bestehenden Hütten ist Theresienthal durch zahlreiche Gläser am besten dokumentiert. Der aus Böhmen stammende Glashändler Franz Steigerwald besaß florierende Geschäfte in Frankfurt (ab 1831) und Würzburg (wohl ab 1824). 1830 wandte er sich wegen der Gründung einer eigenen Glasfabrik an König Ludwig I. Wie sehr die Gründung einer solchen Fabrik auch im wirtschaftlichen Interesse Bayerns lag, bezeugt ein Brief des Königs an den Freiherrn von Schenck: »Den von hier wieder wegreisenden, in Würzburg wenn ich nicht irre ansässigen Besitzer Böhmischer Glasmanufaktur, der Steigerwald heißt, lassen Sie heut noch zu sich kommen, ad referendum nehmend, unter welchen Bedingungen er in Bayern Glashütten errichten würde (wozu er wenigstens vor Jahren geneigt war), was in staatswirtschaftlicher Hinsicht wichtig wäre...« Drei Tage später schrieb Franz Steigerwald an Schenck: »...die einzige Gegend Bayerns, die zu einem derartigen Betriebe günstig ist, findet sich im Unterdonaukreise, in der Gegend von Zwiesel, wo sich die nöthigen Materialien, Quartze, Kiesel und Holz in hinreichender Güte und Menge finden.«

Der Standort von Glasfabriken wurde also selbst im 19. Jahrhundert noch, wie seit Beginn der Glasherstellung, vom Vorkommen des Rohmaterials bestimmt. Bis der endgültige Platz für die Fabrik gefunden worden war, dauerte es aber immer noch fast sechs Jahre. Zuerst wurde von Steigerwald ein Standort im Forstrevier Zwiesel, »in der Gegend des Kolberbaches oberhalb der Lindenberger Mühle« in Aussicht genommen und vom Finanzministerium auch sehr befürwortet. Das Forstamt Zwiesel hingegen hielt in einem Gutachten diesen Platz in der Größe von etwa 60 Tagwerk aus geographischen und rechtlichen Gründen für ungeeignet und schlug ein 90 Tagwerk großes Waldstück an der Ochsenreuthe vor. Dies wiederum paßte Steigerwald nicht, weil der Kolberbach zu weit entfernt sei, dessen Wasser man zum Betrieb einer Schleiferei benötigte. Die Förderung, die man von staatlicher Seite dem Fabrikprojekt entgegenbrachte, wird daraus ersichtlich, daß beide fraglichen Standorte auf Staatsgrund gelegen waren, die man Steigerwald zu günstigen Konditionen überlassen hätte. Am 3. August 1831 erhielt Franz Steigerwald die Konzession zur Errichtung einer Glashütte in der Gemeinde Lindberg. Als schwerwiegendes Hindernis erwies sich nun der Bezug von möglichst reinem Quarz, der die Erzeugung von hochwertigem Kristallglas gewährleistete. Die beiden wichtigsten Quarzbrüche aber waren an die Poschinger in Frauenau und Kiesling in Rabenstein verpachtet, und diese verwehrten dem Konkurrenten die Ausbeutung. Schließlich fand man in der Nähe von Zwiesel einen geeigneten Standort, wo Steigerwald nun in größerem Umfang als geplant zu bauen gedachte, nämlich mit »drey Oefen«. Die Transferierung der ›Conzession zur Errichtung einer Crystall-Hohl-und Tafelglasfabrik in der Gemeinde Lindberg‹ wurde am 26. März 1836 gestattet. Als Namen wählte er ›Theresienthal‹, eine Hommage an die Gemahlin Ludwigs I., Therese von Sachsen-Hildburghausen, aber auch, weil sich in nächster Nachbarschaft die 1828 gegründete Spiegelglashütte Ludwigsthal befand, die nach dem König selbst benannt war. Am 19. September 1836 erhielt Steigerwald die Genehmigung, seine Hütte so zu benennen.

Im Wettbewerb mit Böhmen. Einen Anreiz für die Gründung der Glasfabrik bot sicherlich auch der 1830 ausgeschriebene Wettbewerb für die Herstellung geschliffener und geschnittener selbsterzeugter Kristallgläser in ausländischer Qualität, zu dem

sich Steigerwald angemeldet hatte. Es gab damals nur zwei Hütten, die im Stande gewesen wären, diese Bedingungen zu erfüllen, nämlich die von Joseph Schmid betriebene Schachtenbachhütte und die Neuhütte des Michael von Poschinger in Frauenau. Ein Grund mehr für Steigerwald, eine Fabrik für hochwertiges Kristallglas zu planen. »Ich würde, wenn ich alle Verhältniße so günstig fände als ich hoffe, es für meine Pflicht halten, und ihr mit Vergnügen nachkommen, alle meine Thätigkeit anzuwenden, um die Hinderniße, die mir noch bevorstehen, in Übersiedlung böhmischer Arbeiter, in Anordnung der Baulichkeiten, und vielleicht Urbarmachung einiger Felder so schnell als möglich zu besiegen... Ich zweifle jedoch nicht, sie alle glücklich zu besiegen, und in kurzer Zeit die Kristallfabrikation und Schleiferei in Bayern auf derselben Stufe der Vollkommenheit zu betreiben, wie bisher in Böhmen.«

Voraussetzung für die Herstellung konkurrenzfähigen Glases war also die Einstellung böhmischer Arbeiter, wie dies auch noch aus anderen Berichten bestätigt wird. Einheimische Arbeiter wurden nur für einfache Arbeiten herangezogen. Zudem brachte Steigerwald einen unschätzbaren Vor-

35 *Die Darstellung König Ludwigs I. im Krönungsornat gehört zu einem Pokalpaar mit dem bayerischen Königspaar.*

36 *Ludwig I. und seine Gemahlin Therese (Bild) liehen den Glashütten Theresienthal und Ludwigsthal ihre Namen.*

sprung gegenüber den bayerischen Herstellern mit: Durch seine Tätigkeit als Glashändler war er stets mit den neuesten und besten ausländischen Produkten vertraut. Darüber hinaus hatte er selbst in Haida (Nordböhmen) eine Glasschleiferei betrieben. Da Steigerwald auch bis jetzt »in Bayern keine Crystallglasschleiferei im Großen betrieben bekannt [sei], die im Stande wäre die verlangten Bedingungen zu erfüllen«, bat er deshalb den Innenminister, den Wettbewerb so lange zu verschieben, bis seine Hütte Theresienthal in Betrieb sei. Dieser Bitte wurde nicht stattgegeben, der Preis in Höhe von 3000 Gulden ging an Joseph Schmid und seine Schachtenbachhütte. Selbst wenn man Steigerwald eine große Portion Eigenwerbung konzediert, so erhebt sich doch die Frage, ob die so hochgerühmten Erzeugnisse dieser Hütte tatsächlich den besten böhmischen gleichkam. Da gesicherte Stücke aus jener Zeit fehlen, kann man nur auf schriftliche Berichte zurückgreifen. Und diese sprechen fast einheitlich von einer Unterlegenheit der bayerischen Hütten.

Königliche Privilegien. Franz Steigerwald leitete die Hütte zusammen mit seinem Bruder Wilhelm, der sich hauptsächlich um die technische Seite bemühte, während sich Franz um das Künstlerische und Kaufmännische kümmerte. 1836 bemerkte der Regierungspräsident nach einem Besuch der Hütte: »Das Etablissement wird sehr großartig und ist soweit vorgerückt, daß noch vor Winters die Arbeit beginnt. Es wird den Namen ›Theresienthal‹ in Ehren tragen.« Von seiten der Regierung förderte man die neue Hütte nach Kräften und erließ den Zoll auf sämtliche Maschinen, Werkzeuge und Effekten aus dem Ausland, zumal die Gebrüder Steigerwald nun auch rotes und blaues Glas aus einheimischem Material herstellen konnten, was zuvor teuer eingeführt werden mußte. Seit Beginn des 19. Jahrhunderts begann das *Preßglas* immer mehr zu einer Konkurrenz für das mundgeblasene zu werden. Die Vorteile lagen auf der Hand: Mit Hilfe von Pressen wurde die flüssige Glasmasse in eine Form gepreßt, auf der die gewünschte Musterung angebracht war. So konnte man in einem einzigen, damit Kosten und Zeit sparenden Arbeitsgang Form und Dekor gleichzeitig erzeugen. Zwar erreichte das Preßglas nie den exakten kantigen Schliff, die total glatte Oberfläche und damit auch nicht die Brillanz und Lichtbrechung eines mundgeblasenen und handgeschliffenen Glases, doch der geringe Preis und die große Menge, in der es hergestellt wurde, machten es für jedermann erschwinglich. Darin sah Franz Steigerwald seine große Chance. Mit dem billigen Preßglas konnte er eine andere Käuferschicht erschließen, als die, die sein teures, nach böhmischen Qualitätsmaßstäben gefertigtes Kristallglas kaufen würde. Er beabsichtigte

37 *Eine besondere Vorliebe des Historismus galt der Renaissancezeit, wie der Theresienthaler Deckelhumpen zeigt (um 1885), ...*

in Theresienthal »außer allen erdenklich geschliffenen Crystall-Sachen, die Fabrikation der geprägten Crystall-Waaren, welch auf keiner der inländischen Fabriken erzeugt werden, auch heimisch zu machen, und in meine Fabrik einzuführen«. Deshalb beantragte er am 6. Juni 1836 ein Privileg »auf Einführung der Fabrication von geprägten und gegoßenen Crystal-Glas-Waaren im Königreich Baiern.« Dies wurde ihm am 25. Juni 1836 für 15 Jahre erteilt, Theresienthal durfte sich nunmehr ›Königlich privilegierte Hütte‹ nennen. Bereits vier Jahre später, am 26. Februar 1840 verfügte das Landgericht Regen die Einziehung des Privilegs, weil sich Steigerwalds Angaben nach Prüfung durch den Polytechnischen Verein als unzureichend herausgestellt hatten. Am 9. Januar 1841 wurde die Privileg-Urkunde zurückgeschickt.

Dagegen gelang Wilhelm Steigerwald nach »mühsamen und kostspieligen Versuchen« die »Wiederauffindung jenes Geheimnisses der Alten«, nämlich ein »massiv« durchgefärbtes Rubinglas zu erzeugen.

Das Wort ›massiv‹ ist hierbei bedeutsam, denn rotes Glas hatte man nie verlernt herzustellen, wie etwa rote Fadeneinschmelzungen aus dem 18. Jahrhundert beweisen. Jedoch das ›echte‹, von Johann Kunkel im 17. Jahrhundert erfundene Goldrubinglas war im 18. Jahrhundert wegen seines hohen und damit teuren Goldanteils und der komplizierten Herstellungsweise weitgehend vernachlässigt worden und aus der Mode gekommen. Die Schwierigkeit, dieses auch noch bei erheblicher Wandungsstärke transparent rote Glas herzustellen, lag nicht so sehr an der Zusammensetzung – alte Rezepte waren vorhanden –, sondern am komplizierten technischen Vorgang. Da die Rotfärbung erst nach der zweiten Erhitzung auftrat, konnten Rauchgase – ›Rußfeuer‹, wie sie Steigerwald nannte – die gesamte Schmelze verderben. Die Herstellung des Goldrubinglases bildete eine technische Herausforderung, die erst 1835 durch Vinzenz Pohl aus der böhmischen Neuwelter Glashütte bewältigt worden war. Für seine Entdeckung erhielt Steigerwald 1841 in Bayern das Privileg auf fünf Jahre. Dies räumte ihm das Recht ein, in jenem Zeitraum als einziger dieses Glas herzustellen.

38 *... der man um 1890 Elemente des Rokoko hinzufügte, obgleich das Kostüm dieses Minnesängers noch im frühen 17. Jh. verblieb.*

Ehre und Mißerfolg. Bereits nach kurzer Zeit hatten sich die Gläser aus Theresienthal einen so hervorragenden Ruf erworben, daß sich Steigerwald entschloß, am 14. März 1837 eine Aktiengesellschaft zu gründen. Er wollte seinen Betrieb vergrößern und das Betriebskapital aufstocken, wozu seine persönlichen Mittel nicht ausgereicht hätten. Darüber hinaus gründete er 1838 ein Geschäft an der Münchner Galeriestraße, in einem Anschlußbau an das sogenannte Basargebäude an der Ludwigstraße, in dem er Gläser aus Theresienthal verkaufte, ebenso wie in Frankfurt.

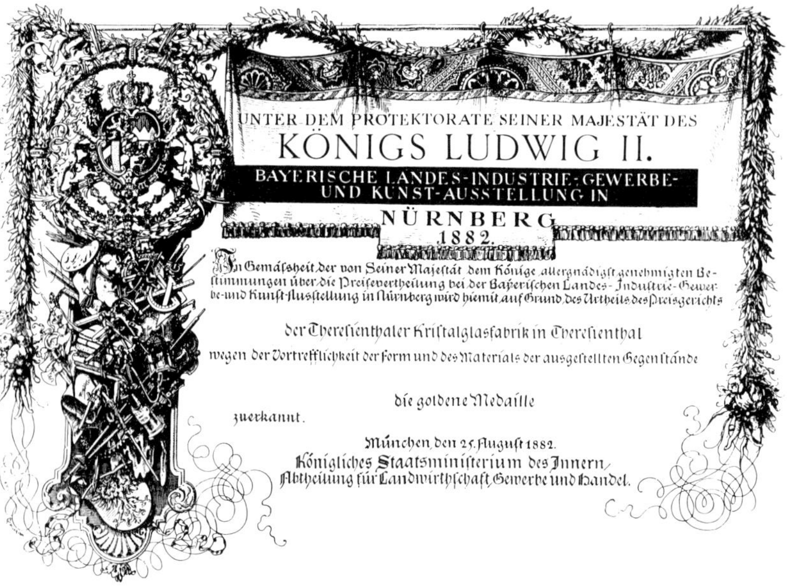
UNTER DEM PROTEKTORATE SEINER MAJESTÄT DES
KÖNIGS LUDWIG II.
BAYERISCHE LANDES-INDUSTRIE-, GEWERBE- UND KUNST-AUSSTELLUNG IN
NÜRNBERG
1882.

In Gemäßheit der von Seiner Majestät dem Könige allergnädigst genehmigten Bestimmungen über die Preisevertheilung bei der Bayerischen Landes-Industrie-Gewerbe- und Kunst-Ausstellung in Nürnberg wird hiemit auf Grund des Urtheils des Preisgerichts

der Theresienthaler Kristalglasfabrik in Theresienthal

wegen der Vortrefflichkeit der Form und des Materials der ausgestellten Gegenstände

die goldene Medaille

zuerkannt.

München, den 25. August 1882.
Königliches Staatsministerium des Innern,
Abtheilung für Landwirthschaft, Gewerbe und Handel.

39 *Die Gläser Theresienthals erfuhren weithin große Beachtung.*

Vor allen Dingen aber sorgte der Glashändler Baron von Hirsch für den Absatz in Leipzig, Berlin und den Rheinlanden, wo er große Lager unterhielt. Bei der allgemeinen Industrie-Ausstellung 1840 in Nürnberg wurde Theresienthal mit der Goldenen Ehrenmünze ausgezeichnet. Verfolgt man die Liste der Gegenstände, die zur Ausstellung geschickt wurden, so zeigt es sich, daß die Produktion sich durchaus nicht von der böhmischer Hütten unterschied: Service, Pokale, Wassersätze, Becher, Toilettenartikel, Kandelaber und Vasen in allen nur erdenklichen Farben und Schnitten. Durchgeschliffenes Überfangglas stand neben Kristallwaren. Alabasterfarbenes und opakes Glas waren ebenso vertreten, wie verschiedene Schattierungen von rotem, blauem, grünem und gelbem Glas. Trotz des Erfolges geriet die Hütte aber bald in wirtschaftliche Schwierigkeiten, zum einen, weil die 1826 gegründete belgische Hütte Val Saint-Lambert den Markt mit billigen Gebrauchsgegenständen überschwemmte, zum anderen wurde Böhmen wieder zur Konkurrenz, weil dort die Löhne um zwanzig Prozent niedriger lagen als in Bayern. Darüber hinaus herrschten im Bayerischen Wald ganz unzulängliche Verkehrsverbindungen, wodurch vieles zu Bruch ging. Am gravierendsten war aber wohl die Tatsache, daß es bisher »nur gelungen [war], die Tafelglas-Oefen mit bayerischen Glasmachern zu besetzen, während wir uns für die Hohl- und Überfang-Gläser, dann für die Schleifen noch immer böhmische Arbeiter kommen lassen müßen, welche ihre Heimath nur dann verlaßen, wenn sie durch einen hohen Arbeitslohn angezogen werden«. Gerade dieses Zitat aus dem Jahre 1842 beweist, daß das hochwertige Hohlglas im Bayerischen Wald noch immer nicht von Einheimischen hergestellt werden konnte. Dies zeigt gerade Theresienthal, »... diejenige ... Glasfabrik, welche die Veredlung der Hohlglaswaaren zur jener Zeit auf die höchste Stufe erhoben hat.« Sie wurde von einem Böhmen gegründet, von Böhmen geleitet, und die Arbeiter für die hochwertigen Produkte stammten aus Böhmen!

Schließlich war die wirtschaftliche Situation so desolat, daß die Fabrik ab Dezember 1844 von einem Massekuratel verwaltet wurde, die Steigerwald hatten sich aus der Leitung zurückgezogen. Die Aktiengesellschaft mußte Konkurs anmelden und wurde 1857 von der Königlichen Bank in Nürnberg aufgekauft.

Neue Blüte mit historisierenden Formen. Am 23. November 1860 erwarb Michael von Poschinger die völlig heruntergekommene Hütte Theresienthal. Er übernahm sie in »Pausch und Bogen« von der Königlichen Bank und bezahlte dafür 30 000 Gulden. Sein Sohn, Michael, war Teilhaber

40 *Exponate aus dem Theresienthaler Glasmuseum.*

und übernahm nach dem Tode seines Vaters, 1863, Theresienthal als Alleininhaber. Im selben Jahr hatte er die Tochter Wilhelm Steigerwalds, Henriette, geheiratet. Es lag nun an dem neuen Besitzer, der Hütte ihre frühere Bedeutung zurückzugeben. Er werde, so schrieb Poschinger an die Kunden der Fabrik, Hohlglas liefern, das sich »durch Geschmack und Neuheit in den Formen und Gediegenheit der Farben« auszeichnen würde.

41 *Der Historismus entwickelte zahlreiche Varianten des Römers, wie dieses kleine Trinkglas aus dem Glasmuseum Frauenau.*

Im bayerischen Raum setzten sich damals immer mehr die historisierenden Stilrichtungen durch. In der zweiten Jahrhunderthälfte waren bereits alle heute gebräuchlichen Arten von Trink- und Gebrauchsgläsern entwickelt. Eine Weiterführung einer jahrhundertelangen Tradition sind die *Pokale* und *Ziergefäße*. Diese waren nicht oder erst in zweiter Linie für den Gebrauch gedacht, sondern dienten vielmehr als Schmuckstücke wie beispielsweise Porzellanfiguren. Das 19. Jahrhundert strebte stets danach, Gegenstände oder Dinge zu produzieren, die ein besonders hohes Maß an Kunstfertigkeit oder technischem Können erforderten, wie etwa außergewöhnlich große Ausführungen. Dem kamen in erster Linie Pokale entgegen, hohe Gefäße mit großer Kuppa auf sockelartigem Fuß, häufig von einem Deckel gekrönt. Pokale wurden die ›Spezialität‹ Theresienthals, wo man sie in jeder Größe ausführte. So komplizierte Stücke wie ein in venezianischer Art gefertigter, weiß-blauer Pokal im Museum Theresienthal waren sicherlich für eine Ausstellung bestimmt. Dort benutzte man Pokale gerne als Blickfang. Eine Vorliebe galt solchen mit Emailbemalung, vielfach unter Verwendung heraldischer Motive oder als Nachbildungen der Reichsadlerhumpen des 16. bis 18. Jahrhunderts.

Als Aufstellungsort für diese ebenso nutzlosen wie teuren Ziergeräte in der bürgerlichen Wohnung der zweiten Hälfte des 19. Jahrhunderts wählte man das Büffet des Speisezimmers. Glas war zum wichtigen Bestandteil der Wohnungseinrichtung geworden, deren Zusammensetzung in zahllosen Publikationen über den ›Guten Geschmack‹ und das Kunstgewerbe behandelt wurde. Kein Detail wurde dem Zufall überlassen, von der Wandfarbe bis hin zur Türklinke sollte alles aus einem ›Guß‹ sein. Die noch vorhandenen Theresienthaler Gläser zeigen ein deutliches Übergewicht des altdeutschen Stils, der sich seit der Ausstellung 1876 in München – in deren Mittelpunkt die Abteilung ›Unserer Väter Werke‹ mit Meisterwerken der deutschen Renaissance stand – in ganz Bayern durchgesetzt hatte.

Die zufällige bräunlich bis grünliche Färbung der Gläser jener Epoche wurde nun gezielt in allen Schattierungen hergestellt, um so einen ›altertümlichen‹ Eindruck hervorzurufen. Auch die farbige Emailbemalung ordnet sich diesem Gedanken unter, wie Wappen oder Landsknechtsdarstellungen zeigen. Diese wurden auf jegliche Art von Gefäßen appliziert. Schliff oder Schnitt erreichten nicht die Bedeutung in der Glasveredlung wie Malerei oder Auflagen und gekniffene Verzierungen, welche man den Originalgläsern der Renaissance entlehnte.

So ist es nicht verwunderlich, daß das beliebteste Trinkgefäß für Wein im 19. Jahrhundert der *Römer* wurde, eine Glasform bestehend aus einem gesponnenen konischen Fuß, zylindrischem Mittelteil mit Noppen und großer gerundeter Kuppa. Im 19. Jahrhundert hielt man sich nicht mehr an diese ursprünglich typischen Proportionen, sondern entwickelte eine freie Kombination alter und neuer Teile. So konnte beispielsweise auf den schlanken Stiel eines Stengelglases eine ›Römerkuppa‹ aufgesetzt werden. Die Römer, deren Farbe sich auf Weiß, Grün und Gelb beschränkten, erhielten neben aufgelegtem Nuppen- und Fadenschmuck oftmals noch Bemalungen mit Wein- oder Blumenranken. Beliebt waren auch Römer, deren Schaft aus mehreren, sich nach unten zu verkleinernden Kugeln bestand. Selten begegnet man geschliffenen Römern, da der Schliff dem altdeutschen Gepräge widersprach.

Der *Vase* kam noch nicht die Bedeutung zu, die sie dann später im Jugendstil erlangen sollte. Sie waren ihrer Form nach vergrößerte Trinkgläser. Besonders geeignet erschienen Abwandlungen des mittelalterlichen Stangenglases. Bei größeren Stücken gingen sie auf klassische Gefäßformen zurück oder entstanden als freie Nachbildungen alter Originale.

Am häufigsten findet sich in der zweiten Jahrhunderthälfte die Flaschenvase, deren Grundform gebildet wird, wenn die Glasmasse an der Pfeife herabhängt und so eine keulen- oder balusterförmige Gestalt annimmt. Diesen Typus repräsentiert eine Vase mit zwei seitlich angesetzten Henkeln und Bemalung mit Rosenzweigen. Der Dekor der Vase unterschied sich nur unwesentlich von dem anderer Stücke. Der aufgelegte Schmuck war ganz ähnlich wie bei Trinkgläsern, also Nuppen, Platten, Zacken. Bunte Emailmalerei – entweder Blumenmotive oder altdeutsche Sujets – wurde auch hier dem Schliff oder Schnitt vorgezogen.

Eine Besonderheit ist der 180 cm hohe *Tafelaufsatz* in venezianischem Stile, ausgestellt im Theresienthaler Glasmuseum. Der Aufsatz besteht aus einer Unmenge freigearbeiteter Einzelteile, aus Kugeln, Bändern, Drachenkämmen, einem Blumenkorb und Blüten. Die Spitze bildet eine Krone aus sechs gedrehten Glasschnüren. In den siebziger Jahren scheint diese Art von Tafelauf-

42 *Liebevoll ausgeführte Details charakterisieren die Theresienthaler Emailmalereien um 1880.*

43 *Florale Dekors, ornamental oder naturalistisch, auf Ziergefäßen entsprachen einer Mode des Historismusstils.*

sätzen besonders in England in Mode gekommen zu sein. Der Tafelaufsatz zierte den Stand Theresienthals bei der Kunstgewerbe-Ausstellung in München 1888. Dererlei Schaustücke waren rein für Ausstellungen als Blickfang gedacht, nie zum tatsächlichen Gebrauch als Tischzier. Allein ihre Größe hätte schon jede Dimension der bürgerlichen Tafel gesprengt.

Wie auch heute, so bot man im Historismus ganze *Gläsersätze* und *Service* als wichtigste Posten innerhalb seines Fabrikprogrammes an. Waren in früheren Zeiten Service mit verschieden großen Gläsern für die jeweiligen Getränke von Champagner, Rot- und Weißwein bis hin zu Wasser fast nur in adligen Häusern zu finden gewesen, so gehörten sie nunmehr zum unverzichtbaren Muß eines bürgerlichen Haushalts. Trinksätze hingegen erfand erst das 19. Jahrhundert; diese bestanden aus einem Krug oder Flakon mit Stöpsel und meist sechs Gläsern. Der Theresienthaler Preiscourant aus den achtziger Jahren verzeichnet allein 78 verschiedene Biersätze. Eine Vorliebe des 19. Jahrhunderts galt den Bowlegefäßen, von denen in Theresienthal noch eine Reihe vorhanden sind. Auch hier überwiegt der gemalte, altdeutsche Dekor oder die auf den Inhalt hinweisenden Weinranken.

Für Theresienthal charakteristisch ist die Kombination von braungelbem und blauem Glas, das bei sämtlichen Formtypen angewendet wurde. In der Freihand- und Auflagearbeit brachte es die Hütte zu großer Meisterschaft, was der riesige Tafelaufsatz und die Pokale beweisen. Braungelb mit Blau und Grün mit Gelb sind die typischen Farben der altdeutschen Gläser, während bei den Gläsern im venezianischen oder orientalischen Stil zarte Farben vorherrschten. Besonders häufig ist hier die Kombination von Weiß mit Rot oder Blau. Schnitt und Schliff treten selten auf, hingegen kann die Dekoration mit Emailfarben als ›Spezialität‹ der Hütte bezeichnet werden.

Viele Entwürfe stammen von Michael von Poschinger selbst, aber auch von seiner Frau Henriette, von Franz Keller-Leuzinger, Rudolf von Seitz oder Hans Kaufmann. Als Glasschneider arbeitete neben anderen Karl Pietsch für die Hütte.

Seit jener Epoche des auslaufenden 19. Jahrhunderts, in welcher die Hütte Theresienthal ihre große Blütezeit erlebte, verbindet man ihren Namen mit diesen vielfach verzierten, historisierenden Gläsern, deren handwerkliche Virtuosität gleichzeitig einen entscheidenden Höhepunkt der Glasherstellung in Bayern repräsentiert.

Ingeborg Seyfert

Blütezeit

Ein Streifzug durch das 19. Jahrhundert

Zu Beginn des 19. Jahrhunderts war die Situation des Glasgewerbes im Bayerischen und Oberpfälzer Wald nicht viel anders als in den Jahrhunderten zuvor. Vom Lusen bis zum Arber waren die ausgedehnten Grenzwälder an sechs Glashüttengüter vergeben: (Alt- und Neu-)Schönau, Riedlhütte mit Guglöd und Neuriedlhütte, Klingenbrunn, Frauenau, Oberzwieselau und Rabenstein. Östlich, im Land der Abtei, gab es nur noch das kleine Hüttengut Schönbrunn mit dem Hüttenbetrieb in Glashütte. Zu Füßen des Arber im Osten lag die Hofmark Eisenstein mit Arberhütte, Seebachhütte und Neuhütte. Auf der anderen Seite des Arbermassivs wurde in Altlohberghütte Glas gemacht. Und im Raum Waldmünchen gab es die Unterhütte der Herren Voith von Voithenberg, dann die Hütte in Schwarzach direkt an der böhmischen Grenze und die Hütte in Frankenreuth bei Waidhaus, nordwestlich von Waldmünchen gelegen.

Ein Dutzend Glasherren betrieb wenig mehr Hütten, in denen man alles machte, was damals aus Glas hergestellt wurde. Auch die Produkte unterschieden sich nicht von denen der vorhergehenden Zeit.

Dann brach in den ersten Jahren des 19. Jahrhunderts eine neue Zeit herein. Bayern wurde im Jahr 1806 Königreich. Geistliche Fürstentümer und Klöster wurden säkularisiert, weltliche Besitzungen mediatisiert und alles dem Königreich eingegliedert. Der erste bayerische König Max I. Joseph kam als Kurfürst Max IV. Joseph 1799 aus der Pfalz nach München. Sein Sohn und Nachfolger Ludwig I. war in besonderem Maße den schönen Künsten zugetan. Diese Eigenschaft kam auch dem Glashüttenwesen zugute. Gleichzeitig meldete sich das technische Zeitalter an.

Doch war es zunächst eine Außenhandels-Begebenheit, die zur Gründung etlicher neuer Hütten in den Grenzwäldern führte. Am Anfang des Jahrhunderts war der Einfuhrzoll auf rohes Spiegelglas aus Böhmen auf 72 Kreuzer für den Zentner Glas festgesetzt worden. Dadurch wurde eine wichtige Handelsbeziehung unterbunden. Bis dahin waren die rohen Spiegel, war die Produktion von acht böhmischen Hütten in den Schleif- und Polierwerken vor allem der Oberpfalz bearbeitet worden. Die Fertigprodukte wurden entweder nach Böhmen zurückgeliefert, für den Verkauf nach Polen, Rußland und die Levante, oder an den gut organisierten Nürnberger Spiegelhandel »für den großen Absatz in die entferntesten Weltteile«.

Der hohe Zoll führte dazu, daß einerseits in Böhmen in kürzester Zeit 22 Polierwerke errichtet wurden, denen weitere folgten, andererseits in Bayern Mangel an Rohspiegeln entstand. Davon abgesehen, ließ auch die Qualität bayerischer Rohspiegel zu wünschen übrig, mit Ausnahme der Produktion aus der Oedhütte des Baron von Voithenberg. Denn es fehlte, wie es hieß, »der feine weiße Sand zur Erzeugung des edlen weißen Spiegelglases«, für das Böhmen berühmt war. Nicht nur die Händler, auch Polierer, Beleger, Facettenschleifer, dann Tischler, Bildhauer und Vergolder für die Rahmen sahen ihren Ruin vor Augen. Ein Schreiben vermerkte 1815: »Bayern hat noch keine Hütte zu weißem Spiegelglase, also ist auch gänzlich unerwiesen, was es würde leisten können.«

Bayerisches Spiegelglas. Schon im Jahr 1812 hatte der böhmische Spiegelglasfabrikant Georg Christoph Abele aus Hurkenthal erstmals den Antrag gestellt, in Bayern, im heutigen *Ludwigsthal* bei Zwiesel, eine Glashütte für große weiße Zollspiegel errichten zu dürfen. Aber erst 1826, nach Überwindung zahlreicher Hindernisse, konnte die Glashütte gebaut und nach König Ludwig I. benannt werden.

Jahre vorher waren in der Oberpfalz vier kleinere Spiegelglashütten errichtet worden und ebenso in *Schwarzenthal* am Drei-

44 *Die Glashütte bei Eisenstein um 1802.*

45 *In den Spiegelschleifereien wurden die Rohglasscheiben geschliffen und mit feinem Eisenoxid, »Polierrot« genannt, poliert. Anlage im Museum von Theuern.*

46 *Die polierten Scheiben transportierte man nach Fürth und Nürnberg, um sie dort mit Quecksilber und Zinnfolie zu belegen.*

sesselberg. Überall regte sich Unternehmergeist, um die entstandene Lücke zu füllen. Auch neue Polier- und Belegebetriebe entstanden. Alteingesessene Hüttenherren erbauten Spiegelhütten, wie Poschinger von Oberzwieselau die *Spiegelhütte*, Gemeinde Lindberg, und die Poschinger von Frauenau die beiden Hütten beim Herrenhaus und in der Moosau, alle mit jeweils daneben liegenden großen Spiegelschleifen.
Auch Unternehmer aus dem Raum Nürnberg wurden Hüttenbetreiber im Bayerischen Wald, wie die Firma ›Johann Zephanias Fischer seel. Söhne‹ aus Erlangen. Und merkwürdigerweise bildete die bayerisch-böhmische Grenze kein Hindernis für Unternehmer-Gemeinschaften, so betrieb Fischer aus Erlangen mit Johann Anton Ziegler aus Böhmen die Rabensteiner *Regenhütte*, und Baron Voith von Voithenberg errichtete die Hütte Haselberg in Böhmen. Zahlreich waren auch Pachtungen böhmi-

47 *Der pompöse Glas-Bazar der Firma Steigerwald um 1853 in München, wo die Gläser aus Schachtenbach präsentiert wurden.*

scher Hütten durch bayerische Hüttenherren.

Auch in Lohberg im Lamer Winkel und in Schönbach bei Drachselsried wurden Spiegelglashütten gegründet. Die meisten dieser Spiegelhütten stellten den Betrieb jedoch nach einigen Jahrzehnten wieder ein. Andere wurden spätestens um die Jahrhundertmitte in Hohlglashütten umgewandelt wie die Spiegelhütte, die Hütte in Frauenau-Moosau, die Rabensteiner Regenhütte und Ludwigsthal.

Zwei ruhmreiche Glashütten. In München beobachtete König Ludwig I. aufmerksam die Erfolge des Kunstfleißes allgemein und der Glashütten im besonderen. Bereits im Jahr 1822 fand eine erste Gewerbe-Ausstellung in München statt. Joseph von Utzschneider, Vorstand des Polytechnischen Vereins, war der Initiator und Organisator. Er begründete seinen Vorschlag: »Man will gegen Vorurteile angehen, daß bayerische Produkte den ausländischen an Güte und Preis nachstehen und daß Bayern kaum jemals im Stande sein werde, dem Ausland hierin gleich zu kommen.« Zur Beförderung des nützlichen Betrachtens und Vergleichens legte Utzschneider den Ausstellungstermin bewußt in die Zeit des Oktoberfestes.

Dann wurde 1830 eine Industrie-Prämie ausgeschrieben. Für geschliffenes Kristallglas ging sie an Joseph Schmid, den Pächter der Rabensteiner *Schachtenbachhütte*. Schmid, der aus Böhmen kam, war der einzige Bewerber mit wertvoll veredelten Glasobjekten. So mußte man sich Vergleichsobjekte in Würzburg besorgen bei Franz Steigerwald, geboren in Prag, seit Anfang des Jahrhunderts in Bayern als Händler von überwiegend böhmischem Glas. Geschickt kam die zahlreiche, dem Glas verbundene Verwandtschaft in Prag zur Sprache. Der König war so begeistert, daß er vorschlug, Franz Steigerwald solle in Bayern eine Glashütte errichten. Der König selbst verfolgte die Vorbereitungen und trieb zur Eile.

Im Jahr 1836 wurde die Königlich privilegierte Krystallglasfabrik *Theresienthal* gegründet und nach der Königin benannt. Bisher waren die alteingesessenen Familien wie die Poschinger, Hilz, Hafenbrädl, Kiesling, Schmauß und Abele, die meisten geadelt und miteinander versippt, als Hüttenherren tätig. Nun kam ein Auswärtiger und baute großzügig zwei Glashütten mit vielen Nebengebäuden. Gar bald gab es Schwierigkeiten. Das Privileg für Preßglas wurde eingezogen. Die Poschinger von Frauenau hatten bereits bei der Industrie-Ausstellung 1835 viel beachtete Preßglasobjekte gezeigt. Die Herstellung von »Rubinglas nach Art der Alten« wurde beantragt und ein neues Privileg erteilt.

Um den finanziellen Engpässen zu begegnen, gründete Steigerwald eine Aktiengesellschaft, die erste in Niederbayern. Die Herren Aktionäre, mit den Besonderheiten einer AG nicht vertraut, redeten wie Teilhaber in alles hinein. Die Hütte geriet in Konkurs, wurde von der Nürnberger Bank übernommen und blühte erst wieder auf, als der Poschinger von Frauenau den Hüttenkomplex im Jahr 1861 für seinen Sohn Michael erwarb.

Die Steigerwald pachteten 1844 die Hütte

48 *Der ungewöhnlich geformte, reichveredelte Krug mit Becher, 1855 von F. Steigerwald in Paris ausgestellt, ist heute ein Prunkstück des Passauer Glasmuseums.*

Schachtenbach und verlegten den Betrieb 1865 in die verkehrsgünstiger gelegene Regenhütte. Mit schönem, ja elegantem Gebrauchsglas und mit künstlerisch hervorragenden Glasobjekten, für welche die Zeit nun reif war, holten sie sich auf Messen und Welt-Ausstellungen Medaillen und höchstes Lob. Ähnlich Preiswürdiges kam aus der Waldregion nur von der Poschingerhütte in Frauenau.

Im Wandel. Gegen die Mitte des Jahrhunderts veränderte sich die Glaslandschaft entscheidend. Einige der großen Glashüttengüter mit bis zu 3000 Hektar Wald wurden an den Staat verkauft. So manche Glashütte wurde von der Staatsforstverwaltung mit günstigen Holzbezugsverträgen ausgestattet und verkauft oder verpachtet. Den Anfang machte die Hütte *Schönau* unterm Lusen. 1824 an den Staat verkauft, wurde zwei Jahre später die Fläche von Neuschönau an 16 Siedler verteilt. Die Hütte Altschönau wurde erst 1844 stillgelegt und an den Staat verkauft. Die *Riedlhütte* kam 1833 an den Staat, der den Hüttenbetrieb mit der Landwirtschaft an den Regensburger Kaufmann Roscher weiterveräußerte. Gottlieb Roscher stellte Fensterglas her, für dessen Qualität er mehrfach ausgezeichnet wurde. Die Familie Roscher betrieb bis zum Brand 1876 auch die Neuriedlhütte. Da diese auf Staatsgrund stand, durfte sie nicht wieder aufgebaut werden. Heute befindet sich auf einem Teil des Geländes das Wintergatter des Nationalparks.

Das Hüttengut *Klingenbrunn* wurde 1832 verkauft. In Herrn von Maiern und den Brüdern Heinz fand man neue Betreiber. 1840 erbaute der Nachfolger eines Heinz in *Spiegelau* eine neue Hütte. Um 1521 war dort schon einmal ein Hüttenstandort, zur Zeit der Neugründung nur eine Säge. Wenig später übernahm Anton Stangl aus Zwiesel die

Hütte. Auch die Glashütte *Lichtenthal* bei Zwiesel, von 1863 bis 1883 in Betrieb, war eine Gründung der Gebrüder Stangl. Herr von Maiern errichtete ebenfalls im Jahr 1840 einen neuen Betrieb in *Flanitzhütte*, von den Einheimischen noch immer Maiernhütte genannt. Unter mehrfachem Wechsel der Besitzer, unter denen sich auch die Firma Loetz' Witwe aus Klostermühle in Böhmen und wieder ein Stangl aus Zwiesel befanden, produzierte die Hütte bis ins 20. Jahrhundert.

Teilweise in drei Glashütten gleichzeitig arbeitete man in *Frauenau*. Dort konnte man auf jahrhundertelange Erfahrung bauen. Seit 1605 ist die Familie Poschinger Besitzer und Betreiber des Hüttengutes Frauenau, und bereits seit der Übernahme der Hütte Zwieselau 1568 dem Glas verbunden. An den im Laufe des 19. Jahrhunderts immer zahlreicher werdenden Messen und Ausstellungen beteiligten sich die Frauenauer mit einer Palette von Objekten und mit großem Erfolg. Als Reichsräte der Krone Bayerns, als Mitglieder der zweiten Kammer, waren sie auch politisch aktiv. Dem Einsatz von Georg Benedikt II. verdankt das Waldland den vorgezogenen Bau der wichtigen Bahnlinie Plattling – Bayerisch Eisenstein 1873–1877.

Das Frauenau benachbarte Hüttengut *Oberzwieselau* war im 19. Jahrhundert auch wieder im Besitz der Poschinger. Es wurde 1856 für zwei Brüder in zwei genau gleiche Hälften geteilt, mit zwei Hütten in jeder Hälfte. Oberzwieselau betrieb die Regenhütte am Kleinen Regenfluß – nicht identisch mit der Regenhütte am Arber! –, die heutige ›Dampfsäge‹, und die Hirschbachhütte, deren Mauerreste jetzt von den Fluten der Trinkwassertalsperre bespült werden.

Beim Hüttengut *Buchenau* wurde die 1836 gegründete Spiegelhütte betrieben, in der nun Hohlglas gemacht wurde, um das Jahr 1900 die berühmten Vasen nach Tiffany und Gallé. In Buchenau war im Schloß der Firmensitz, und in der Hütte wurde – etwas verwirrend – Flachglas hergestellt, das berühmte Kathedralglas in allen Farben des Regenbogens. Man arbeitete mit den Glasmalereibetrieben F. X. Zettler und der Mayer'schen Hofkunstanstalt in München zusammen. Kathedralglas aus Buchenau und aus der 1872 gegründeten, bald danach von den aus dem Rheinland kommenden Brüdern Tasche übernommenen Tafelhütte in

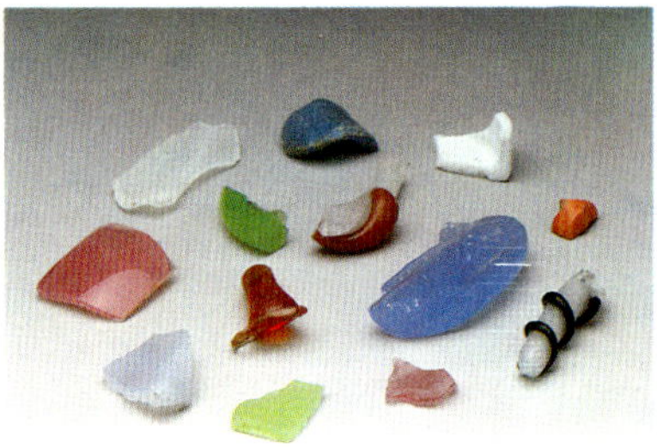

Zwiesel, heute ›Schott-Zwiesel‹, findet man in den Kirchenfenstern aller fünf Erdteile.

Das Gut Rabenstein wurde 1846 vom Staat erworben, gleichzeitig wurden die Pachtverträge für die Schachtenbachhütte von Steigerwald und die Regenhütte von Zephanias Fischer bestätigt. Ludwigsthal kam bei einer Versteigerung Mitte des Jahrhunderts an den Zwieseler Joseph Pauli, der dann Hohlglas produzierte. Auch das Gut Bayerisch Eisenstein hatte den Besitzer gewechselt, war von den Hafenbrädl an die Maier-Loewi aus Regensburg gekommen. Die Hütten waren schon länger verpachtet, oder der Betrieb ruhte. Die Neuhütte stellte 1835 den Betrieb ein, die Seebachhütte wurde 1866 an den Waldmünchner

49/50 *An den Farbenreichtum der Vogelwelt erinnerten die Gläser aus Schachtenbach die bewundernden Zeitgenossen. Unter der gläsernen Ampel einige Fundstücke vom ehemaligen Hüttenstandort.*

51 *Der um das Gefäß gewundenen Schlange, einem ›Markenzeichen‹ Schachtenbachs, begegnet man ebenso in der Neuwelter Hütte.*

Franz Xaver Nachtmann verpachtet. 1872 ging das Gut in den Besitz der Fürsten von Hohenzollern-Sigmaringen über. In der Arberhütte und in der Seebachhütte wurden die Öfen um das Jahr 1900 für immer kalt.

Im Lamer Tal hatten die Schrenk bedeutende Schleif- und Polierwerke gegründet. In *Alt-* und *Neu-Schrenkenthal* wurden Spiegel poliert und veredelt. Das Rohglas kam aus zahlreichen Hütten in Böhmen und Bayern, von den Schrenk teils gepachtet wie die Lohberger Hütte, teils im Besitz wie Schönbach bei Drachselsried.

Unterm Osser hatte im ersten Drittel des Jahrhunderts Franz von Baader, Oberstbergrat und ein vielfach ausgezeichneter Gelehrter, in der von ihm erbauten Hütte *Lambach* mit einem Surrogat für Pottasche experimentiert, mit Glaubersalz. In Bayern verhielt man sich seinen Erfolgen gegenüber reserviert. Aus dem kaiserlichen Wien erhielt er eine Summe von 12 000 Gulden als Anerkennung, was aber keineswegs dem Wert seiner Forschungsergebnisse entsprach.

Lambach kam 1839 in den Besitz der Firma Tritschler und Compagnie. Bis 1904 wurde Hohlglas produziert.

Im Raum *Waldmünchen* waren Schleif- und Polierwerke zahlreich gegründet worden, vor allem von den Familien Frank und Schächtl. Auch Michael Nachtmann begann im Jahr 1819 als der erste konzessionierte Glasgestalter von Hohlglas in der Stadt Waldmünchen. Bald konnten Hütten des Barons Voith von Voithenberg gepachtet und das Rohglas selbst gemacht werden. Ab 1866 wurde von Sohn Franz Xaver die Seebachhütte nahe Bayerisch Eisenstein betrieben. Im Jahr 1907 pachtete Schwiegersohn Frank die Riedlhütte und konnte diese 1920 kaufen.

Ein anderer Glasschleifer, Georg Schiedermaier aus dem Markt Zwiesel, versuchte sich ebenfalls als Hüttenbetreiber. Er gründete die Glashütte Schliersee in Oberbayern, mußte diese aber wenig später an einen Münchner Kaufmann veräußern. Als dann 1901 der rührige Anton Röck, Glashüttenpächter von Regenhütte und Ludwigsthal, mit Schliersee eine Aktiengesellschaft gründete, war die Bindung an das Waldrevier wieder hergestellt.

Die Blütezeit für das Schleifen und Gravieren von hochwertigem Hohlglas ließ zahlreiche selbständige Betriebe entstehen, so in und um Zwiesel, um Hochbruck im Landkreis Regen, an der Ruselbergstraße in Oberglasschleife und Zwieslerbruck. Vor allem ist Michael Schmitzberger zu nennen,

52 *Die Tafel- und Spiegelglasfabrik Schwarzenthal, ein Großprojekt aus der Frühzeit der Industrialisierung, existierte nur von 1820 bis 1859.*

der durch die Huld von König Ludwig I. eine Glasschleife bei *Grafenau* erbauen und kostbarstes Glas herstellen konnte.

Um das Jahr 1900 gab es erneut große Veränderungen in der Glaslandschaft des Bayerischen und Oberpfälzer Waldes. Die Gemächlichkeit früherer Zeiten war endgültig vorbei. Das industrielle Zeitalter bedeutete Tempo, verlangte nach raschen und möglichst kurzen Verkehrswegen. Auch technische Neuerungen bedeuteten für manche Hütten das Ende, vor allem in der Spiegelglasindustrie. In den Vereinigten Staaten wurde schon damals Erdgas als Energiequelle für die Spiegelglasproduktion benutzt. Die bayerischen Spiegelhersteller konnten preislich nicht mehr konkurrieren. Zahlreiche Hüttenbetreiber, wie Winterhalder in Lambach, Nachtmann in Waldmünchen und Seebachhütte sowie Schrenk im Lamer Winkel, siedelten in den Raum *Weiden – Neustadt an der Waldnaab* über, an der Bahnlinie Regensburg – Eger gelegen. In der Tafelglashütte Schwarzenthal und in Schönbrunn, im ehemaligen Land der Abtei, wurden die Öfen für immer kalt, ebenso in allen Hütten im Raum Waldmünchen. Von anderen Hüttenstillegungen wurde schon berichtet. Neugründungen gab es dafür im Raum *Tirschenreuth, Waldsassen* und *Mitterteich*, darunter die Spiegelglasfabrik von Moritz

53 *Dieser originelle Krugtyp mit Craquelé und gedrehtem Henkel ist ein Meisterwerk. Die nach innen ragende Blase diente der Eiskühlung.*

54 *Bis 1929 hielt sich die Tafelglasproduktion in der Flanitzhütte bei Frauenau, die vor ihrem Abriß oftmals als Sujet für den Maler Hermann Erbe-Vogel diente.*

Crailsheimer und Georg Miederer in Mitterteich, heute als Schott-Ruhrglas-GmbH ein Betrieb der Schott-Gruppe.

Schritt ins neue Jahrhundert. Waren früher die Öfen ausschließlich mit Holz beheizt worden, so gab es gegen Ende des 19. Jahrhunderts das Generatorengas. In den Wäldern waren nicht mehr die Scheiterhacker der Hütten am Werk, sondern Holzhauer der Staatsforstverwaltung. Das Holz sollte meistbietend verkauft werden, nicht mehr mit langfristigen Verträgen zu nachgelassenen Preisen. Die erste mit Generatorengas betriebene Glashütte stand bei Drachselsried. Nepomuk von Poschinger betrieb sie von 1868 bis 1889 und nannte sie stolz *Gashütte* – heute in *Poschingerhütte* umbenannt. Unter den anschließenden Besitzern bis 1893 war auch der später so legendäre Kommerzienrat Isidor jr. Gistl. Pottasche wurde in den Wäldern schon lange nicht mehr gebrannt: Das war gesetzlich verboten. Auch der Quarzsand wurde Ende des Jahrhunderts bereits ofenfertig von auswärts bezogen. Vorbei waren das Stampfen der Kiespocher, das mühsame Sammeln und Brechen des Quarzgesteins in den Bächen und Brüchen.
Seit Beginn der Glasherstellung im Bayerischen Wald wurde auch Brillenglas gemacht. So war es fast logisch, daß die Optischen Werke Rodenstock kurz vor der Jahrhundertwende in *Regen* mit einem Schleiferei-Betrieb begannen und so rasch expandierten, daß die Firma zum größten Arbeitgeber im Landkreis Regen wurde.
Schwere Einbrüche in die Glasproduktion brachte der Erste Weltkrieg. Bedarf bestand wohl, vor allem an Haushaltsglas, und die Theresienthaler Krystallglasfabrik produzierte zum Beispiel marktgerecht Deckel für Einmachgläser. Aber die Versorgung mit Kohle war so katastrophal, daß jede Hütte schwer ums Überleben kämpfen mußte. Oberzwieselau stellte denn auch 1917 den Betrieb für immer ein. Nur allmählich erholten sich die Hütten und fanden wieder zurück zur Produktion von wertvollem, ja kostbarem Hohlglas.
Von den gut 32 Glashütten, die im Laufe des 19. Jahrhunderts zwischen dem Dreisesselberg im Osten und Waldmünchen im Westen in Betrieb waren, bestanden im Jahr 1918 schließlich noch acht, nur ein Viertel. Beträchtlich erhöht hatte sich hingegen die Zahl der Mitarbeiter in den einzelnen Hütten. Gearbeitet wurde in den Hohlglashütten vor dem Ofen noch immer wie eh und je mit der Glasmacherpfeife. Aber der Hüttenbetrieb war nun fabrikmäßig organisiert – ein neues Zeitalter hatte begonnen.

Bernhard Schagemann

Vom Glasmachen

Einblicke in die handwerkliche Meisterschaft

Trotz weitgehender Automatisierung in den Glashütten ist das alte, schöpferische Handwerk des Glasmachens nicht ausgestorben. Einzelglas und kleine Serie stehen neben der Großserie der maschinellen Fertigung. Manche Technik der Glasformung bleibt geschickten Händen vorbehalten. Für den interessierten Glasliebhaber ist die Fingerfertigkeit des Glasmachers, sein Gefühl für Material, die Zusammenarbeit in der ›Werkstatt‹ und die Atmosphäre in der Hütte von großem Reiz. Wer aus den Museen die Wunderwerke der großen Glasepochen kennt, mag voll Bangen fragen, was sich von diesem Können ins 20. Jahrhundert retten konnte. Zwar blieb nicht alles erhalten, doch sind viele Handwerkstechniken in den traditionsreichen Hütten Ostbayerns noch zu finden. Für den ungeübten Betrachter ist es nicht einfach, alle Einzelheiten der Arbeitsgänge zu erfassen, so vielseitig, schnell und in der Zusammenarbeit verwoben sind diese oft. Daher soll im folgenden ein wenig Sehhilfe geleistet werden.

Vom Kölbl zur Schale. Ausgangspunkt ist stets die kleine glühende Glaskugel am Ende der Pfeife – das *Kölbl*, aus dem alles wird: Kelch und Krug, Schale und Vase. Diesmal arbeiten die Glasmacher eine freihändig geformte Schale ohne Einblasform. Der Kölblmacher hat mit der *Glasmacherpfeife* einen kleinen Posten – so nennt man die zum Anfangen nötige Menge glühenden Glases – dem Hafen entnommen, durch Hin- und Herwalzen auf der Eisenplatte vorgeformt und wohldosiert zum kleinen Kölbl aufgeblasen. Die Glasmenge für ein Gefäß kann man mit dem dünnen Pfeifenrohr nicht auf einmal dem Hafen entnehmen. Sobald die Glaskugel erstarrt ist, dient sie als Träger für die nächstgrößere Menge fast flüssigen Glases. So vergrößert der Kölblmacher das Kölbl durch *Überstechen*. Er formt und kühlt das Glas mit dem nassen, löffelartigen *Wulgerholz* und bläst ein wenig auf, bevor der Anfänger ein weiteres Mal übersticht. Dann übernimmt der Meister den Posten, vergrößert ihn durch Aufblasen und formt am Arbeitstrog mit einfachen Holzwerkzeugen, den verschieden großen Wulgerhölzern, Rinnen und Streichbrettchen, vor allem auch durch Bewegungen wie Drehen, Schwenken, Aushängenlassen und Hoch-

56 *Mit dem ›Kölbl‹ beginnt jede Glasmacherarbeit. Es muß möglichst exakt gearbeitet sein (1. Bild), bevor es überstochen und mit dem Wulgerholz geformt wird (2. Bild).*

55 *Die Techniken des Glasmacherhandwerks sind seit Jahrhunderten fast unverändert geblieben.*

57 *Schalen entstehen durch das Aufschleudern einer geöffneten Kugel. Farbige Glasfäden vollziehen die kreisende Bewegung nach.*

stellen. Durch Eindrücken und Glattstreichen gestaltet er den Boden. Dazwischen wird vom Gehilfen eingewärmt, damit das Glas formbar bleibt. Ständig muß die Pfeife gedreht werden, um das Werkstück im Gleichgewicht zu halten.

Inzwischen hat der Gehilfe mit dem *Hefteisen* dem Hafen eine kleine Menge Glas entnommen und zum *Nabel* geformt, den er in der Mitte des Gefäßbodens anheftet. Ein Wassertropfen, ein Anritzen des Gefäßansatzes, dann trennt ein kurzer Schlag auf den Pfeifenschaft die Pfeife vom Werkstück, das nun, vom Hefteisen gehalten, erneut aufgewärmt und weiter bearbeitet wird. Am Bankl sitzend, dreht der Meister das Glas auf den verlängerten Armlehnen. Er weitet die Öffnung und drückt den oberen Wandungsteil mit Streichbrett und Rinne allmählich nach außen. Gut erwärmt, läßt sich der Rand mit der Schere schneiden und formen. Noch ist das Gefäß topfartig – schön in jeder Phase des *Auftreibens.* Nun aber wärmt der Meister selbst am weit geöffneten Loch, wärmt tief und gleichmäßig, bis sich das Glas in der Hitze zu rühren beginnt, dreht schneller und hebt währenddessen das Gefäß aus dem glühenden Ofenmaul, senkt den Glaskörper nach unten, dreht das Hefteisen zwischen den flachen Händen so schnell, daß die Fliehkraft den zähflüssigen Rand weit nach außen treibt und diskusförmig die flache Schale entsteht. Hoch hält er das fertige Gefäß, prüft es mit kritischem Blick und legt es dem Einträger auf die Eintraggabel, der sie zum langsamen Abkühlen zum Kühlband trägt.

In Formen geblasene Gläser. Kaum wurde vor gut 2000 Jahren Glas mit der Pfeife geblasen, da erkannten findige Glasmacher den Vorteil, durch Einblasen in die Negativform mühelos mehrere gleich geformte Gläser zu erhalten. Dies war die erste echte Rationalisierung in der Geschichte des Glasblasens. Ihr verdanken wir, daß Glas nicht Luxus blieb, sondern zum wohlfeilen Gebrauchsartikel wurde. Viele Materialien werden in Formen gearbeitet. Aber die Möglichkeit, eine kleine Blase in einer Negativform wie einen Luftballon aufzublasen, wobei sich das Material in kürzester Zeit der Innenform anpaßt, im Erkalten erstarrt und ganz nach Wunsch dick- oder dünnwandig ist, bleibt dem Glas vorbehalten.

Als Material für die Form wird Buchen-, manchmal auch Birnbaumholz verwendet. Zwar gibt es Materialien, die widerstandsfähiger sind, zum Beispiel Metall und Graphit, aber für kleine Serien und zum Musterarbeiten, also gerade im handwerklichen Bereich ist *Holz* als Formenmaterial unübertroffen. Es ist billig und leicht zu bearbeiten und ergibt zudem durch seine große Wasseraufnahmefähigkeit die beste Glasoberfläche. Nur Gläser, die man in der Form nicht drehen kann, weil sie plastisch geformt oder mit Reliefdekor versehen sind, werden in Metallformen fest eingeblasen. Es scheint nicht eben logisch, daß ein so leicht brennbarer und empfindlicher Werkstoff wie Holz als Formenmaterial für das glühende Glas taugen soll. Der aufmerksame Betrachter wird den Grund bald erraten. Zwischen den Einblasvorgängen wird der *Model* ins Wasser getaucht. In ihm hat sich schon nach dem ersten Gebrauch eine widerstandsfähige und poröse Holzkohlenschicht gebildet, die besonders viel Wasser aufnehmen kann. Beim Einblasen entsteht eine Dampfschicht zwischen Formenwand und Glasoberfläche. Diese verleiht dem Glas die unvergleichlich glatte Oberfläche und schützt die Holzform vor schnellem Ausbrennen. Kleine Bohrlöcher und Einschnitte lassen den zischenden Dampf entweichen, der sonst mit großem Druck das Glas deformieren würde.

Vor dem Einblasen muß der Glasmacher die Glasblase in die günstigste Form bringen und die Glasmasse richtig verteilen. Das Glas darf nicht zu heiß sein, um ein Ablaufen zu vermeiden, aber auch nicht zu kalt, weil es sonst zu schnell erstarrt. Auch das Lufteinblasen muß den Gegebenheiten ange-

paßt sein, damit sich das Glas im langsamen Erkalten ganz an die Formwandung anlegen kann. Vom überschüssigen Glas bildet sich über der Öffnung die *Kappe*. Sie wird nach der Kühlung abgesprengt, bevor der Gefäßrand zugeschliffen wird, oder noch vom Glasmacher abgeklopft, wenn der Gefäßrand am Ofen fertig geformt wird.

Irgendwo im Randbereich der Glashütte, aber doch nicht allzu weit vom Ofen entfernt, hat der *Holzformenmacher* sein Reich, die Werkstatt mit Drehbank und Bandsäge und den Feuchtraum zum Aufbewahren der fertigen Holzformen. Denn feucht müssen die Model gehalten werden, damit sie ihre Form bewahren und nicht reißen. Nicht wie beim Drechseln aus trockenem, abgelagertem, sondern aus feuchtem Holz wird auch die neue Form gearbeitet. In den an der Drehbank rotierenden Buchenholzblock bohrt und schabt der Meister die Höhlung mit langen, gratscharfen Drehstählen, bis sie die Form des späteren Glasgefäßes annimmt. Zur Kontrolle dient ihm die *Schablone* aus festem Papier. Erst leicht gefaltet, später beim Fertigdrehen immer mehr geöffnet, muß sie am Ende flach ausgelegt genau in die Höhlung passen, Kontur an Kontur. Der Holzformenmacher braucht ein geschultes Auge und Fingerkuppen, die jede Unebenheit in der Form ertasten, denn jeder kleinste Fehler an der Negativform überträgt sich automatisch auf das Glasgefäß, und selbst der geschickteste Glasmacher kann dies nicht ausgleichen.

Vom Farbglas – und wie ein roter Krug entsteht. Neben kristallklarem

58 *Gläser verlassen das Kühlband. In die Form geblasene Gefäße besitzen jetzt alle noch ihre ›Kappe‹.*

59 *Solche in eine Form eingeblasene Katzen wurden in den zwanziger Jahren in vielerlei Farbvariationen im Bayerischen Wald hergestellt.*

60 *Die Formenwerkstatt: wie zum Ritual geordnet die Werkzeuge, . . .*

61 *. . . mit denen der Holzformenmacher in Millimeterarbeit aus dem rotierenden Buchenholzblock die Glasform aushöhlt.*

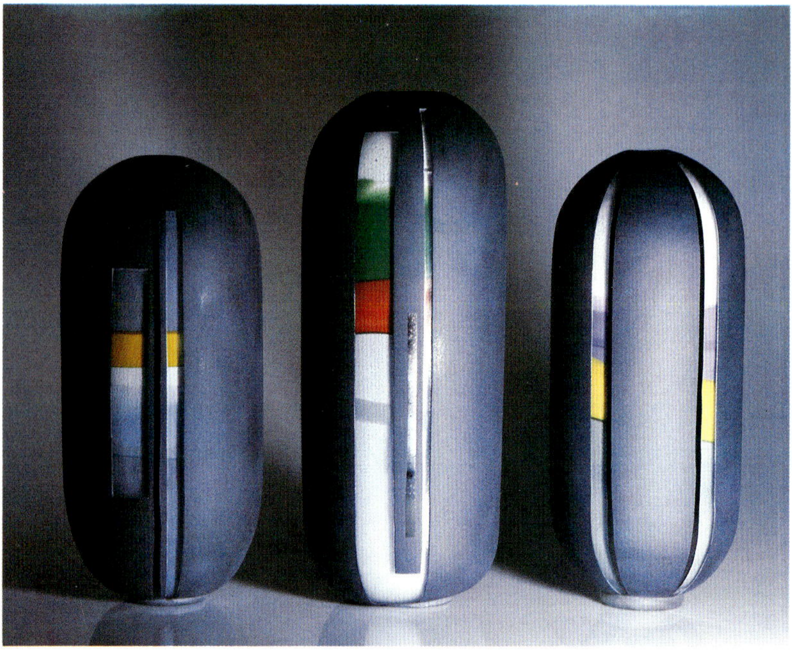

Glas wird in vielen Hütten auch Farbglas geschmolzen. Helle Farben werden oft massiv verarbeitet. Die Glaswandung ist dann durchgefärbt, schattierend mit der wechselnden Glasstärke und besonders reizvoll bei plastischen Dekoren. Wenn Gläser unterschiedlichster Stärke aus einem Farbhafen gearbeitet werden und diese die gleiche Helligkeit haben sollen, wird in *Überfangtechnik* gearbeitet. Dabei ist nur eine dünne Schicht der Wandung Farbglas, der Hauptanteil dagegen farbloses Glas. Meist wird das Kristallkölbl mit Farbglas überfangen. Nach dem Überstechen mit farblosem Glas befindet sich die dünne Farbschicht nun unter einer starken Außenschicht jenes farblosen Glases. Diesen *Innenüberfang* erkennt man besonders gut bei Glasgefäßen mit starkem Boden oder, wie der Glasmacher sagt, starkem *Eis*.

Noch interessanter ist die Herstellung von Gefäßen mit einem sogenannten *Außenüberfang*. Die äußere Farbglasschicht kann durch Schleifen, Gravieren oder Ätzen partiell abgetragen werden, so daß interessante Farbmuster und Farbschattierungen entstehen, vor allem, wenn mehrere dünne Farbschichten übereinander liegen.

In Glassammlungen ostbayerischer Museen findet man Gläser aus Historismus und Jugendstil, die diese Technik meisterhaft zeigen. Besonders dünnschichtige und vor allem mehrschichtige Außenüberfänge für feinste Gravur- und Ätzarbeiten werden in einigen Hütten von ausgesuchten Werkstätten auch heute noch als Haubenüberfang gearbeitet. Mit etwas Glück kann man also zum Beispiel die Entstehung eines Kruges in rubinrotem Außenüberfang in dieser alten Technik noch miterleben.

Da normalerweise kein rotes Glas eingelegt ist, verwenden die Glasmacher einen *Farbglaszapfen*. Das ist ein gut daumendicker und handspannenlanger massiver Glasstab, meist von einer Spezialhütte zugekauft. Von diesem Zapfen wird ein Stück abgeschlagen und langsam erwärmt, indem es immer näher an das offene Arbeitsloch herangeschoben wird. Der Gehilfe nimmt es mit einem Hefteisen auf und hält es in den Ofen, wo es glühend erweicht, so daß der Glasmacher von ihm eine kleine Menge auf ein farbloses Glaskölbl aufschneiden und die Farbglasmasse ringsum etwas verteilen kann. Dann übersticht er das Kölbl mit farblosem Glas und bläst zum birnenförmigen, dünnwandigen Glaskörper auf. Nach nochmaligem Wärmen hält der Glasmacher die Glasblase senkrecht nach oben – die glühende Rundung sinkt ein. Ein kurzes Zurücksaugen der Luft verstärkt dieses Einstülpen, so daß ein doppelwandiges, haubenartiges Gebilde entsteht, das der Glasmacher von der Pfeife abschlägt und in eine

62 *Raffinierte Einsichten in tiefere Farbschichten gewähren die Durchbrüche des schwarzen Überfangs. Heinz Fischer schuf diese Gefäße.*

63 *Mit farblich kontrastierendem Innenüberfang gestaltete Ingrid Donhauser diese frei geformte Schale.*

64 *Arbeitsschritte eines Außenüberfangs: In die nach innen gestülpte farbige Kugelhälfte bläst der Glasmacher andersfarbiges Glas ein, wonach das überflüssige farblose Restglas abgeklopft wird.*

Halterung legt. In die rote Vertiefung dieser *Haube* bläst der Glasmacher eine dickwandige Glasblase ein, die sein Gehilfe in der Zwischenzeit gefertigt hat. Die äußere Wandung der Haube wird mit Wasser abgeschreckt und zerfällt unter Dampfen und Zischen in kleine Glaskrösel. Wenn nach dem Einblasen in die Negativform das Glas abkühlt, leuchtet der Gefäßkörper in tiefem Rot.

Noch aber ist der Krug nicht fertig, es fehlt noch der Henkel aus farblosem Glas. Schon hat der Gehilfe aus dem Kristallglashafen mit dem *Kaieisen* einen kleinen Posten Glas entnommen, den er durch Wälzen auf der Platte zum kurzen, runden Knebel formt. Noch glühend und beweglich bringt er das Henkelglas zum Meister, der inzwischen auf dem Arbeitsstuhl, dem Bankl, sitzt. Das Kaieisen mit der *Rundschere* haltend, setzt er den heißen Glasposten sicher auf die Wandung auf, zieht ihn etwas zurück und schneidet ihn vom Eisen des Gehilfen. Dann läßt er das Henkelglas aushängen, bis es die richtige Länge und Stärke hat, und drückt das zweite Ende des Glasstranges leicht umgeschlagen unterhalb des Randes auf die

Wandung des Kruges, um schließlich mit einem kleinen Rundstab, dem *Henkeleisen*, dem Henkel die richtige Weite und den gewünschten Schwung zu geben. Schleifer und Graveur werden später ihre Muster und Figuren aus der roten Farbschicht arbeiten. In vielen Glashütten wird der Außenüberfang heute vereinfacht hergestellt, indem anstelle der dünnwandigen, selbstgefertigten Haube ein vorgepreßtes Farbglasschälchen verwendet wird.

Wie Glas in der Hütte verziert wird.

Jede Arbeitsminute am Glasofen kostet viel Geld, Geld für Energie und Rohstoffe, Glasmacher und Schmelzer, Investitionen und Werbung. Daher sind Verzierungstechniken, die relativ schnell zu machen und doch wirkungsvoll sind, in den Hütten am häufigsten zu sehen.

In vielerlei Variationen gibt es das *optisch eingeblasene Glas*, als *Rippenoptik*, *Kreuzoptik*, *Kugeloptik* oder *Rautenoptik*. Diese alte Technik beruht auf der Lichtbrechung des Glases bei wechselnder Oberfläche und Materialstärke. In eine Metallform, den Vorbläser, sind geometrische Muster stark plastisch gearbeitet. Der Glasmacher bläst den glühenden Glasposten noch vor dem Ausblasen in diese Form fest ein. Dabei wird das Glas plastisch geprägt, es ergeben sich musterartige Erhöhungen. Diese bleiben

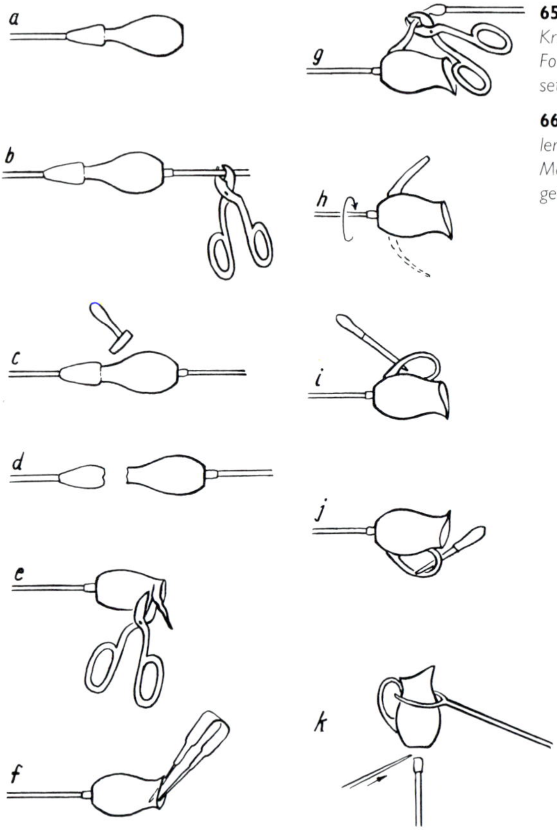

65 *Herstellungsschritte eines Kruges mit Umheften (b–d), Formen der Mündung (e, f) und Aufsetzen des Henkels (g–j).*

66 *Die bekannten bunten ›Zwieseler Tassen‹ werden heute noch von Max Kreuzer in Lindbergmühle hergestellt.*

auch erhalten, wenn anschließend in die glattwandige Negativform eingeblasen wird, doch verschieben sie sich dabei nach der inneren Wandungsseite. Das fertige Gefäß ist demnach von außen fast glatt, im Innern dagegen mit dem reliefartigen Muster versehen. Die Verstärkungen im Glas ergeben einen optischen Effekt, der ein wenig an Schliffarbeiten erinnert.
Eine abgewandelte Arbeitsweise mit ganz anderem Resultat ist die Bläschenoptik oder *Perloptik*. Anders als beim optisch eingeblasenen Glas drückt der Glasmacher die Glasblase noch vor dem letztmaligen Überstechen in eine *Vorblasform* mit eingearbeiteten Dornen. Diese drücken kleinste Löcher in die Glaswandung. Nach dem Erstarren wird das Kölbl möglichst senkrecht in den Glashafen eingetaucht. Dabei schließt sich die Glasmasse gleichmäßig um die Glaskugel mit ihren Vertiefungen. Die kleinen Luftbläschen können nicht mehr entwei-

chen. Als silbrig schimmernde Luftperlen schmücken sie in musterartiger Anordnung das fertige Glas.

Wenn ein glühendes Glas durch ein Mißgeschick von der Pfeife bricht und im Wassertrog landet, zerfällt es sekundenschnell in kleine Glaskrösel. Wird glühendes Glas aber nur ganz kurz abgeschreckt, überzieht ein Netz von Rissen zwar die Oberfläche, doch geht das Gefäß nicht zu Bruch. Dies nützen die Glasmacher aus, um krakelierte oder krokodilhautartige Oberflächen am Glas zu erreichen – das **Craquelé** oder Krakelee. Um krakeliertes Glas zu blasen, wälzt der Glasmacher das schon fertig geformte Glasgefäß in Sägemehl, dessen Körnchen wie Kristallisationspunkte für ein engmaschiges Netz von Sprüngen wirken. Beim kurzen Einwärmen verbrennen die Holzreste, dann wird, zum momentanen Entsetzen der Zuschauer, das Glas sekundenschnell ins Wasser getaucht. Dabei überzieht sich seine Oberfläche mit dem typischen Krakeleemuster. Schon die Venezia-

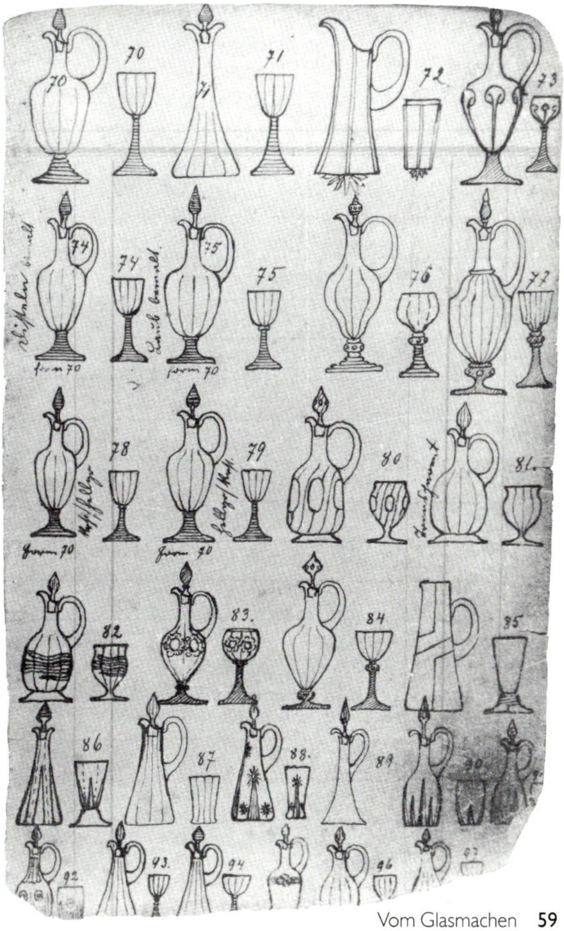

67 *Niemals sonst hat man so edel geformte Karaffen geblasen wie in der zweiten Hälfte des 19. Jahrhunderts.*

68 *Nur einen kleinen Einblick in die Vielfalt formgeblasener Karaffen um 1900 vermittelt dieses Musterblatt aus Regenhütte.*

ner schätzten die silbrig glitzernden Sprünge in ihrem ›Eisglas‹. Wird dagegen der noch nicht ausgeblasene, glühende Glasposten in Quarzsand gewälzt und im Wasser abgeschreckt, so verbreiten sich die Sprünge beim weiteren Aufblasen und durchziehen als ein blankschimmerndes, unregelmäßiges *Krokodilmuster* die durch den Quarzsand matte und leicht rauhe Glasoberfläche.

Beliebte *Verzierungen* sind aufgeschmolzene *Nuppen*, *Fäden* und *Bänder* aus farblosem oder farbigem Glas. Auf das fast fertige Gefäß geschmolzen, wirken sie reliefartig und können mit Stempel und teigrädchenartigen Rollen zusätzlich geprägt werden. Der Glasmacher kann aber auch schon auf das Kölbl farbige Glasfäden *aufspinnen*, die nach dem Überstechen und Aufblasen bunte Bänder in der Glaswandung ergeben. Beim *gekämmten* oder *gerissenen Dekor* verformt der Glasmacher den aufgesponnenen Glasfaden mit einem Metallhäkchen zu verschiedenen Mustern wie Zickzack, Arkaden und Federn. Schon ägyptische Salbgefäße wurden so verziert.

Perlmuttartig und in Regenbogenfarben schimmern *irisierte Gläser.* Die natürliche Iris ist eine Zersetzungserscheinung, hervorgerufen durch lange Erdlagerung. Die *Hütteniris* erreicht im Zeitraffer eine Wirkung, wozu die Natur Jahrhunderte brauchte. Hält der Glasmacher ein noch glühendes Glasgefäß in einen kleinen Aufwärmofen, die Irisiertrommel, und setzt es dort den Dämpfen von Metallsalzen aus, fächert sich die Glasoberfläche in mikroskopisch kleine Schuppen auf, was zur Interferenz führt und einen farbig schillernden Schimmer wie auf Schmetterlingsflügeln hervorruft.

69 *Das Aufspinnen eines flüssigen Glasfadens ist eine weithin verbreitete Technik mit mannigfaltigen Möglichkeiten . . .*

70 *. . . und erzeugt durch ›Reißen‹ pfauenfederartige Dekore (linke Vasen in der Abbildung auf der rechten Seite). Rechts eine Überfangvase mit Hochschnitt-Gravur. Buchenau, um 1900.*

71 *Der Hohlbalusterstiel dieses Kelchglases wurde mit einem grünen Glasstrang umwunden und mit Nuppen besetzt.*

Zarte Stielgläser. Recht unterschiedlich ist die Arbeit der Glasmacher, die Techniken wechseln von Werkstatt zu Werkstatt. Die Entstehung eines *Kelchglases* kann man in den meisten handwerklichen Hütten miterleben. Doch gibt es auch hier Unterschiede im Arbeitsablauf, beim Werkzeug und in der Zusammenarbeit der Glasmacher. Die Namen dieser Arbeitsweisen sind an Landschaften gebunden. So kann ein Kelchglas rheinisch oder böhmisch, bayerisch oder westfälisch gearbeitet sein. Die gängigste Art in den ostbayerischen Hütten ist, wie könnte es anders sein, das bayerische Arbeiten. Die dabei verwendete *böhmische Pfeife* hat im Gegensatz zur rheinischen am Ende keinen Pfeifenkopf, der bei kleineren Gläsern das Kölbl gewissermaßen ersetzt. Der Glasmacher arbeitet also »über das Kölbl«. Dies bedeutet zwar einen Arbeitsgang mehr, dafür wird aber höchste Qualität erreicht. Auch wird nicht in die oben geschlossene Einblasform wie beim rheinischen Arbeiten, sondern in die offene Form geblasen, die die Kappe austreten läßt. Dadurch kann der Glasmacher ihre Größe den Gegebenheiten anpassen und somit die Glasstärke des Gefäßes auch beim Einblasen noch steuern. Bei Kelchgläsern wird nur der eigentliche Kelch in die Form geblasen. Ihn bringt der Einbläser dem Meister zum Bankl. Gleichzeitig trägt ihm der Kaier vom Ofen einen kleinen Posten glühenden Glases zu. Der Meister schneidet davon eine kleine Menge auf den Kelchboden auf und formt daraus den Stiel mit der Auftreib- oder *Batzelschere*. Danach bringt der Kaier das Glas für die Bodenplatte. Auf die kleine Verdickung am Stielende schneidet der Meister das halbflüssige Glas auf und treibt es in der *Bodenschere* zur flachen Bodenplatte aus. Die Bodenschere besteht aus zwei beweglich verbundenen Brettchen mit einem Ausschnitt für den Kelchstielansatz.

Mit Hilfe von besonders konstruierten Formwerkzeugen, den Façonscheren oder Quetschen, kann der Kelchstiel vielgestaltig geformt werden. Aufwendiger sind *Hohlbalusterschäfte*, bei denen der Stiel nicht gezogen ist, sondern aus einem hohlgeblasenen Teil besteht, dann die twistgeschmückten – ›*g'schnürlten*‹ – Stiele, in die weiße oder farbige Glasfäden oder farblose Luftspiralen ›*hohlg'schnürlt*‹ eingearbeitet sind, schließlich gar jene wundersamen Stielgebilde, die aus verzierten Glasstegen aufgebaut sind, flügelartig oder in Form einer kleinen Krone. Der Kenner weiß, daß sie ihren hohen Preis wert sind.

Große Antikglaswalzen. Im Gegensatz zum Kelchglasmachen ist die alte handwerkliche Herstellung von *Flachglas* nur

72 *Antikglasherstellung: Nachdem die große Glasblase auf dem ›Hobel‹ ihre Struktur erhalten hat (s. Abb. 3), werden die beiden Enden aufgeschnitten …*

73 *… und aufgetrieben. Die fertigen Walzen …*

74 *… kommen in den Streckofen, wo sie geöffnet und geplättet werden.*

noch in einer Hütte, in Waldsassen in der nördlichen Oberpfalz, zu finden. Hier wird noch Glas, wie es schon in der Gotik kirchliche Räume schmückte, mit Hand und Mund gefertigt, Antikglas in vielhundert Farben und Schattierungen. Antikglasmachen ist eine außerordentlich harte Arbeit, geprägt von Schnelligkeit und Kraft und faszinierend durch den rhythmischen Ablauf. Zur nächtlichen Stunde beginnen die Glasmacher ihre Arbeit, um der Tageshitze so weit wie möglich zu entgehen. Wenn gegen zehn Uhr die Hafen leer sind, sind auch die Männer erschöpft.

Nur Überfangglas und marmorierte Scheiben werden übers Kölbl gearbeitet, das normal durchgefärbte Antikglas dagegen mit der ›Großen Pfeife‹, die schwer und überlang ist und vor allem ein verdicktes Ende, den Pfeifenkopf, hat. Mit ihr wird dem Hafen ein relativ großer Posten Glas entnommen, der meist nur noch einmal überstochen werden muß. Geformt und gekühlt wird das Glas durch *Wulgern* in den Postlöchern, welche mit nasser Pappe ausgelegt und zum Wechseln stets paarweise angeordnet sind. Das eine Paar befindet sich in Troghöhe, das andere wesentlich tiefer. In den oberen Postlöchern formt der Anfänger seinen ersten *Glasposten*. In den größeren und tiefer liegenden wulgert er die große und schwere Glasblase nach dem Überstechen. ›Karawanzen‹ oder ›Wulgern im Stock‹ nennt man diesen Vorgang. So wird der Posten geformt und dazwischen durch Aufblasen vergrößert. Als große Kugel übergibt ihn der Anfänger an den Meister. Dieser bläst nach erneutem Erwärmen zur dünnwandigen, zylinderförmigen ›Blaunze‹ auf und bewegt den fast erstarrten Körper in einer Rinne aus genopptem Blech. Dadurch erhält das Glas die typische Antikglasstruktur, den *Hobel*.

Aus der Blase soll ein beidseitig offener Zylinder werden. Dazu wird zunächst heißglühendes Glas auf das Ende aufgeschnitten. An dieser Stelle erweicht die Wandung und läßt sich durchblasen, so daß der Glasmacher das überflüssige Glas abschneiden und den Rand mit der *Auftreibschere* zur Halbwalze öffnen kann. Auch dieses Auftreibwerkzeug ist gerippt und ergänzt dadurch die Struktur des Glases. Diese nun fertige Seite des Glaszylinders wird in ein hülsenartiges Werkzeug, die Zange, geschoben und mit diesem gehalten, damit die

75 *Glasfenster, aber auch Glasmosaiken sind Anwendungsgebiete der farbigen Flachglasscheiben. Im Bild ein großes Wandmosaik von H. W. Goldack.*

Pfeife abgeschlagen und nach dem Erwärmen auch die Gegenseite zugeschnitten und aufgetrieben werden kann. Dann trägt der Einträger die Walze mit einer Stange zum *Kühlband*.

Nach dem Kühlen werden die gut 60 cm hohen und halb so tiefen Glaszylinder senkrecht geritzt. Durch einen leichten Schlag brechen sie an dieser Stelle in ihrer ganzen Länge auf. Im sogenannten *Streckofen* wiedererwärmt, werden die Glaswalzen ausgelegt und mit Holzwerkzeugen glattgebügelt. Noch einmal nachgetempert, stehen die Antikglasscheiben nach Farben sortiert in den Regalen, bis sie von Glasgestaltern aus der ganzen Welt für ihre Glasfenster ausgesucht werden.

Gernot Merker

Die Zier des Glases

Vielfalt der Veredelung

Ennion hat es gemacht. Im Haaretz Museum in Ramat Aviv werden Gläser von Meister Ennion, einem phönizischen Glasmacher, gezeigt, die nicht nur zu den schönsten und vollendetsten des 1. Jahrhunderts unserer Zeitrechnung gehören, sondern signiert sind, sich also aus der Anonymität der unzähligen Erzeugnisse früher Glasmacher herausheben. Den Tonformen zum Einblasen der Krüge, Tassen und Amphoren wurde das Werkstattzeichen eingedrückt: Ennion hat es gemacht.

Fast zweitausend Jahre später entwickelte sich aus dem Gedanken des selbst am Ofen schaffenden Künstlers das Neue Glas, für das die Signatur von ganz entscheidender Bedeutung ist. Sie will bestätigen, daß es sich um eine individuelle Arbeit handelt, nicht nur um Handarbeit im klassischen Sinn, sondern um das Ergebnis des Zusammenwirkens von Fühlen, Denken und Machen eines Menschen – also Kunst im einfachsten und natürlichsten Sinn.

Der Namenszug wird mit einem spitzen Diamanten geritzt oder mit einem rotierenden Diamantwerkzeug eingefräst. Diamant und Glas haben schon immer zusammengehört. Ein Diamantsplitter mit etwas Siegellack auf einen Holzschaft gekittet ergibt einen Griffel, mit dem man auf Glas schreiben kann. Heute werden sorgfältig geschliffene Diamanten mit konischer Spitze in Stahlschäften gefaßt. Wie dem auch sei, eine schneidende Kante des Diamanten reißt die Glasoberfläche auf und hinterläßt eine splittrige Spur.

Nachdem es den Venezianern gelungen war, ihr wasserhelles Glas, das ›cristallo‹, zu schmelzen, bot es sich an, die klaren Flächen mit Schriftzeichen oder Dekoren zu gliedern. Einem ähnlichen Reiz erliegt der Graffitisprüher, der mit der Farbspritzdose die Ödnis kahler Wände unterbricht. Blanke Gläser fordern Dekor, und eine Renaissance der Veredlungstechniken scheint bevorzustehen, bieten doch die Glashütten eine Fülle glatter Kelchglasserien an.

Die *Diamantgravur* kann man ritzen und reißen, also eine mehr oder weniger kontrollierte Linie ziehen oder auch *stippen*. Dabei werden Punkte, die durch das einmalige Hacken oder Schlagen mit dem Diamanten entstehen, enger oder weiter nebeneinander gesetzt, so daß sich Schattierungen, also unterschiedliche Helligkeitswerte ergeben. Beliebter ist das *Ritzen*, das großen Anklang fand, als Abfallindustriewerkzeuge verbreitet wurden. Bei diesen ›Stiften‹ oder ›Bohrern‹ handelt es sich um Werkzeuge – meist kleine Kugeln –, die mit einer bestimmten Diamantkörnung in galvanischer Nickelbindung belegt sind. Beim Führen dieser Werkzeuge, die von einem Klemmhalter gehalten werden, greifen nun – ähnlich wie beim Ma-

76 *Die im 18. Jahrhundert in Böhmen gepflegte und heute fast vergessene Goldradierung beherrscht noch Alois Weinberger aus Regenhütte (Ausschnitt).*

77 *Erst durch die Veredelung erhalten viele Gläser ihre Vollendung. Im Bild gravierte Gläser aus dem Bayerischen Wald, vor 1800.*

len mit einem borstigen Pinsel – mehrere Diamantspitzen das Glas gleichzeitig an. Ursprünglich waren diese Werkzeuge für den Einsatz an Biegewellen und Handmotoren gedacht. Professionelle Graveure arbeiten nach wie vor damit. Hochtourige Geräte, bei denen sich der Diamant dank der hohen Umdrehungsgeschwindigkeit und nicht durch Druck mit der Hand in das Glas eingräbt, werden vor den Augen des Kunden in Geschäften und auf Glasmärkten eingesetzt. Schwungvoll wird die gewünschte Widmung auf den Bierkrug graviert. Das geschieht trocken, und so kann der Käufer das Stück sofort, sauber und blank, mit nach Hause nehmen.

Das Stippen und Ritzen, aber auch das Gravieren mit mehr oder weniger aufwendigen Biegewellengeräten und Handmotoren hat viele Freunde gewonnen. Hohlgläser aller Art, Apothekerflaschen, Spiegel oder Fensterscheiben lassen sich auf diese Weise mit Dekoren überziehen, verleitet doch das von Hand geführte Werkzeug zur lockeren, erzählenden Zeichnung auf dem Glas. Mit viel Eifer werden Vorlagen übertragen oder eigene Entwürfe ausgearbeitet. Ist das Werk vollendet, mag man das Glas signieren. Wenn Entwurf und Ausführung gelungen sind, wenn die Persönlichkeit des Graveurs zum Ausdruck kommt, dann darf er, wie Meister Ennion, erläuternd zum Namen hinzufügen: »hat es gemacht«.

Das singende Rad. Abseits vom Getriebe der Hütte, dem Fauchen der Öfen und dem Geklirr von Eisen und Scherben, fern vom Sirren der Diamantscheiben in der Schleiferei mit dem Sprühdunst des Kühlmittels sitzen die Graveure an ihren zierlichen Zeugen mit dem singenden Rad. Die *Glasgravur* ist das behende Zusammenfügen von leichten Mattschliffen zu Bildern von Tieren und Pflanzen, Blüten- und Rankenwerk. Sie läßt sich nicht in Takte industrieller Fertigungsprozesse legen. Ein Glasgraveur hat seine eigene Handschrift, und mögen die Motive auch noch so abgedroschen sein, der leichte Schwung unter dem Rad gibt etwas frei vom Charakter des Menschen, der da werkt. Meist vollendet jeder für sich sein Werk, ohne sich die Arbeit mit anderen zu teilen. So ist jedes Stück in sich geschlossen, und es können hundert oder gar zweihundert Stunden sein, an denen der Graveur an einem einzigen Stück die Glasoberfläche mit winzigen Rädchen durchfurcht, um dem Filigran eines orientalischen Traums Gestalt zu geben.

Das Werkzeug der ersten Graveure kön-

nen wir uns nur vorstellen, da es keine Funde gibt. Einige ihrer Arbeiten sind jedoch erhalten. In alten Zeiten, bevor strenges Zunftdenken die Berufe gliederte, mag ein Edelsteinschneider, der sich am Bergkristall geübt hat, auch nach Glas gegriffen haben, um einen Herrscher im Porträt zu verherrlichen. Wird etwas tief gearbeitet, so spricht man vom *Tiefschnitt* oder – wie bei den Gemmenschneidern – von Intaglio. Steht das Bild erhaben vor, handelt es sich um *Hochschnitt* oder Cameo. Frühe Gravurspindeln wurden mit der Hand angetrieben. Zunächst mußten wohl Sklaven und später Kinder die Kurbel drehen, um die Bronze- oder Kupferscheiben in Bewegung zu halten, an die der Meister *Schmirgel* strich – ein Schleifpulver, Naturkorund von der Insel Naxos etwa, das mit Öl gemischt war. Die Renaissance erfand das Schwungrad, das mit der Kraft eines Fußtrittes über eine Pleuelstange in Bewegung gesetzt eine

Welle oder Spindel gleichförmig antrieb. Es entwickelte sich zum Trämpelzeug der Glasgraveure und war weit in unser Jahrhundert hinein in Gebrauch.
Beim Betrachten einer Gravur in Glas springt der tiefste Punkt durch die Lichtbrechung am deutlichsten hervor, das Flache dagegen erscheint hintergründig. Um die Gravur und ihre Feinheiten in unterschiedlichen Tiefen ausführen zu können, muß der Graveur mit Rädchen von unterschiedlichem Durchmesser arbeiten. Da ist ein ständiges Wechseln, Ausstechen der Spillen und wieder Einwerfen, und für vielseitiges Tun hält der Graveur etwa fünf Dutzend Rädchen auf dem Spillenrahmen bereit. Diese Einsteckspindeln passen in die konische Bohrung der Welle. Diese wiederum läuft am ruhigsten in Gleitlagern aus Blei oder Bronze.
Graveure sind noch von alters her gewohnt, ihr Werkzeug selbst zu richten. Ihre Arbeit ist noch Handwerk, das Kenntnis und Sachverstand verlangt und sich nicht auf die Anwendung von Geräten beschränkt. Die vornehmste und aufwendigste Technik ist nach wie vor die strenge Disziplin der *Kupferradgravur.* Scheiben aus Kupfer mit unterschiedlichen Durchmessern und Breiten, von Stecknadelkopf- bis Handtellergröße, werden im Feuer geglüht, bis sie weich werden, um sie dann auf fingerlange Schäfte, Spillen mit Bleikonus, zu nieten. Mit Feile und Messer dreht der Graveur nun das gewünschte Profil auf die Scheibe, flachrund für kugelförmige Schliffbilder oder spitz für keilförmige Schnitte. Bei schmalen, dünnen Liniengravuren verbraucht sich das weiche Kupferrad zu schnell und wird durch Messingscheiben oder verzinktes Blech ersetzt.
In einem kleinen Napf mischt der Graveur das Schleifmittel, das heute in aller Regel Siliciumcarbid in Mikrokörnungen mit Öl und Petroleum ist. Das Mischungsverhältnis ist ein Teil der Kunst der Kupfergravur. Darf das Ölschmirgelgemisch bei breiten Scheiben recht dick sein, so schneidet das dünnere auf schmalen Rädern schneller. Mit dem Finger oder einem Schwämmchen wird diese Mischung an das Kupferrad gestrichen. Der Graveur bewegt nun das Glas von unten an die Scheibe heran, und im gleichen Augenblick, in dem das Rad zu greifen beginnt, streift sich die dunkle Schleifmischung ab und verdeckt dem Graveur die Sicht. Man sagt daher den Kupfergraveuren nach, sie könnten mit den Händen sehen.
Die Mühsal der Werkzeugvorbereitung und

78 *Die Technik der Kupferradgravur demonstriert hier Rudolf Wagner. Im Bildhintergrund das große Sortiment der erforderlichen Gravurrädchen.*

79 *Ein Meister der Gravur war Georg Hirtreiter aus Frauenau, einst Schüler von Richard Riemerschmid in München.*

80 *Mit der Biegewelle läßt sich, gleich einem Zeichenstift, freier gravieren; links eine Flasche mit Diamantgravur; von Karin Hubertova.*

81 *Im Gegensatz zum Graveur drückt der Schleifer das Glas von oben an die rotierende Scheibe. Blick in eine traditionelle Werkstatt in Röhrnbach.*

82 *Unübertroffene Schliffe schuf Franz Görner. Die Ausbrucharbeit am Schalenrand gehört zu den schwierigsten Veredelungstechniken.*

des ständigen Anstreichens fällt seit der Verwendung von *Kunststeinen* (keramischgebundene Scheiben aus Siliciumcarbid oder Elektrokorund) oder *Diamantgravurscheiben* (gesinterte Schleifkörper) weg. Diese Werkzeuge brauchen zwar Wasser zur Kühlung, und die erzielten Oberflächenfeinheiten sind nicht ganz so fein und sauber wie die der Kupfergravur, aber der Graveur kann sich völlig auf den eigentlichen Schleifvorgang konzentrieren.

Die Motive der Gravuren haben sich kaum geändert. Schon immer griff man auf Vorlagen aus dem Kupferstichkabinett zurück, stellte Jagdszenen dar und beschwor das jagdbare Wild auf Gläsern. Bewährte stilisierte Muster, die dem Spiel der Hände unter dem singenden Rad entgegenkommen, haben sich über viele Jahrzehnte erhalten, und die strenge Kunst des Wappenschneidens wird weiterhin gepflegt. Glasgravur erfordert Selbstbeherrschung, Geduld, ein gutes Auge und eine sichere Hand. Die Arbeit ist nicht spektakulär, läßt sich kaum vorführen, und so bescheidet sich der Graveur in seiner Werkstatt mit sich selbst, dem Glas und dem Rad. Viele hören dabei Musik – das Radio hat das Vogelbauer auf dem Brettchen an der Wand verdrängt – und vollenden schwierige und ausgefallene Arbeiten gar in den späten Stunden der Nacht, wenn sich das Getriebe des Tages gelegt hat. Die strenge Selbstdisziplin, die Abgeschlossenheit, das Grübeln und Insichgekehrtsein führte zu einer Verhärtung, die erst in der Gegenwart von einer neuen Generation aufgebrochen wird. Sie läßt sich nicht mehr einengen und von fremden Einflüssen bestimmen. Es entfaltet sich endlich eine freie Gravur, die dem spontanen Einfall folgend mit dem Rad direkt auf dem Glas entwickelt wird. Unregelmäßigkeiten in der Struktur des Glases werden ausgedeutet und unbekümmert und fröhlich Kobolde unserer Zeit dargestellt. Das Gravieren mit dem singenden Rad hat sich befreit und ist wieder eine erzählende Kunst geworden.

Der Glasschliff. Die Gläser werden in sechs, acht oder mehr Abschnitte eingeteilt. Reifel werden zur Höhenbegrenzung um das Glas gezogen und Diamantscheiben mit genau festgelegten Profilwinkeln auf die Spindeln geschraubt – und es wird Präzision geübt. Glasschliff im klassischen Sinn ist Geometrie auf Glas. Das sind *Ecken,* die auf einer geraden Linie aneinanderstoßen, *Keilschnitte,* die sich in einem Punkt treffen, oder *Kugelschliffe,* die wie optische Linsen wirken. Glasschliff: Das sind die reichen Dekore, die Spitzsteine, Hexen- und Knopfsterne, die Schleudersterne, die Spulen und Oliven, Kugeln, diese vielen Facetten, die das Licht brechen und dem Glas, wenn es poliert ist, die funkelnde, betörende Brillanz geben.

Die Zeiten für Dekorschleifer sind nicht günstig. Man versucht, durch Schliffvereinfachungen den Arbeitsaufwand zu verringern, Füllungen auszulassen und Scheiben mit flachen Winkeln zu verwenden, die dem Schliff zwar die geforderte Breite aber weniger Tiefe und damit weniger Brillanz geben. Aber auch diese Entwicklungen können den Siegeszug der immer vielseitiger werdenden Maschinen nicht aufhalten. Schleifautomaten mit vier oder acht Stationen arbeiten in zwei Schichten pro Tag und ersetzen ganze Kolonnen von Schleifern.

Früher wurden die Schleifer Kugler genannt, wohl wegen der runden Sandsteine, mit denen sie arbeiteten, oder weil sie die schartigen Heftnarben am Boden der Glasstücke mit einer Bodenkugel verschliffen. Die eiserne Welle mit dem Schleifstein hatte zwei Spitzen, die, je nach Größe der Schleifscheibe höher oder niedriger in einem Rahmen verkeilt wurden. Als im Biedermeier der Formenreichtum und die Lust am Dekor zunahmen, wuchsen die Ansprüche an die Kugler. Die immer raffinierter werdenden Schliffmuster verlangten nach einem Sortiment unterschiedlich profilierter Schleifsteine. In Nordböhmen erfand man die Welle mit dem frei auskragenden Spindelende. Es läuft in ein Spitzgewinde aus, auf das sich leicht austauschbare Schleifscheiben mit Bleibeguß aufdrehen lassen. Diese Kuglerzeuge haben sich bis heute kaum verändert.

Es mag hundert Jahre her sein, daß Eisenscheiben für den Glasschliff verstärkt eingesetzt wurden. Das Eisen selbst schliff natürlich nicht, sondern der Quarzsand, der mit Wasser aus einem Trichter auf den Umfang der senkrecht laufenden Scheiben geschwämmt und dort mit einem Streichspan verteilt wurde. Der ›weiße Sand‹ machte die Schleifer krank. Sie litten und starben an der Staublunge, der Silikose. Diese Situation besserte sich nach dem Ersten Weltkrieg, als das lose Schleifmittel Siliciumcarbid aufkam. Das Schleifen mit einer sorgfältig abgedrehten Eisenscheibe mit dem scharfen ›Carbosand‹, wie er genannt wurde, war eine wahre Freude, und die Meister verachteten die ersten keramisch gebundenen Schleifscheiben, die man Ende der zwanziger Jahre anbot. Diese ›neumodischen‹ Scheiben griffen zwar besser, schlugen sich aber leicht aus und mußten sehr oft frisch abgedreht werden. Ständige Verbesserungen der Bindung und Kornauswahl führten dann in den dreißiger Jahren zur allgemeinen Umstellung auf festgebundene Schleifscheiben. Die Entwicklung der Säurepolitur ging damit Hand in Hand, und vor Beginn des Zweiten Weltkrieges hatte der Glasschliff technisch wie gestalterisch bereits einen Höhepunkt überschritten.

Schon vorher versuchten gestaltungsfreudige Männer die überreichen Schliffe durch eingefügte florale Elemente aufzulockern, also Schliffmuster mit gravurartigen Dekoren zu vermischen. Man kombinierte Keilschnitte mit Malereien, und von Radikalen

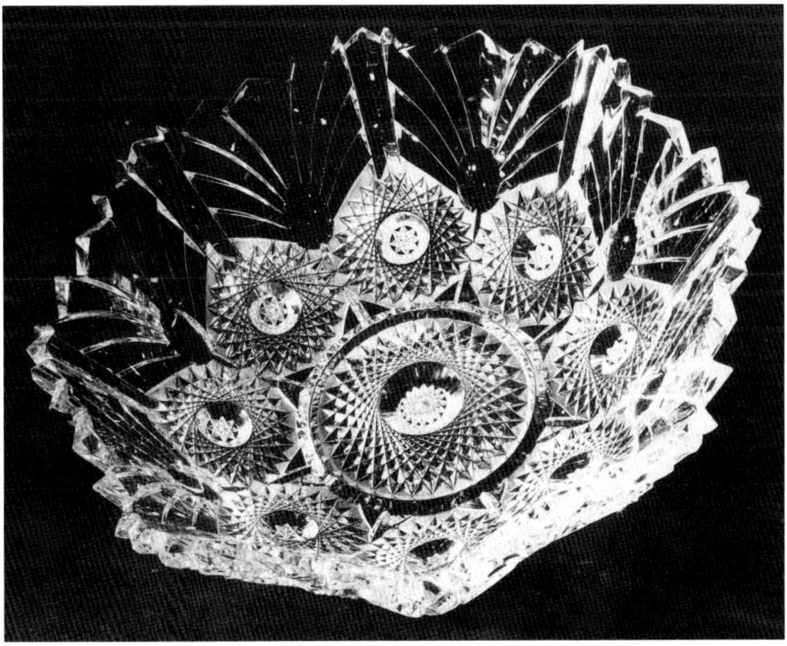

wurde der schwulstige Glasschliff gänzlich verdammt. Er galt nur dann etwas, wenn feine Linien die Form des geblasenen Glases betonten und steigerten, oder – das andere Extrem – der Glasschliff das Rohglas *formverändernd* verwandelte – also Schleifen als äußere Formgebung.

Nach dem Zweiten Weltkrieg mußten zuerst die Grundbedürfnisse gestillt werden. Glas, auch geschliffenes Glas, wurde nicht mit großem Werbeaufwand verkauft, sondern zugeteilt. Die Kunden rissen sich um die Ware. Mit dem *Preßglas*, das Schliffmuster imitierte, hatten sich die Hohlglasschleifer abgefunden, und viele fühlten sich in ihrem handwerklichen Können sogar bestätigt, als sie Preßglas ›nachschleifen‹ mußten. ›Vorgepreßte‹ Bleikristallartikel wurden von Hand mit Feinmachsteinen nachgeschnitten, säurepoliert und so in der Oberflächenqualität wesentlich verbessert. Inzwischen fand die industrielle Revolution mit sechs oder sieben Jahrzehnten Verspätung auch Eingang in diesen Industriezweig. Die Schleifer setzten sich an die hochtourigen Spindeln mit den zerspanungsstarken Diamantschleifscheiben und erhöhten ihre Leistung um ein Drittel oder um die Hälfte. Gleichzeitig rauschten in den Fertigungshallen nebenan die mehrstelligen *Schleifautomaten*, die von Jahr zu Jahr vollkommener und immer vielseitiger wurden. Aufgrund des hochspezialisierten Arbeitens mit der Diamantscheibe – der Mensch ersetzt manchmal nur eine noch nicht rentable Maschine – und der vollautomatisierten Veredelung kann sich der *Hohlglasfeinschleifer*, wie er heute heißt, kaum noch entfalten.

Der weitverbreiteten Meinung, daß Glasschliff zwar handwerkliches Könnnen, nicht aber künstlerische Fähigkeiten wie etwa die Gravur, erfordere, muß widersprochen werden. Die glaszerspanende Schleifscheibe und das abglättende Polierrad, das nach der Oberflächen- und Formveränderung des Glasstückes diesem die ursprüngliche Klarheit und Durchsichtigkeit wiedergibt, sind Werkzeuge wie andere auch, und die Ausdrucksmöglichkeiten unbegrenzt.

Wer die Tradition liebt, pflege das historische Erbe und bewahre die klassischen Schliffmuster. Liebevoll werden komplizierte Netzmuster zusammengefügt und beim *Walzenschliff* Rundschäfte auf der Pappelholzscheibe mit rauhem Bims geglättet und poliert. Die sich überschneidenden

Spuren des Keilschliffrades ergänzen sich zum vielzackigen *Hexenstern* mit dem hochstehenden Knopf. Norm ist hierbei die Regel; durch Gleichmaß, durch Spiegelungen und Drehungen entsteht Ornamentik. Die Kugel, den Tropfen, die Schale aus Glas betrachten die freien Schleifer dagegen nur als Rohform für ihre Skulpturen. Sie gestalten mit dem Schleifrad. Die Form der Profile, die Rauhigkeiten der Körnungen,die Abstufungen der Helligkeiten einer Politur – virtuos setzen sie die Möglichkeiten der sich drehenden Scheibe ein oder kehren zurück zur uralten Technik des Reibens von Hand. Glas mit etwas Schleifkorn und Wasser benetzt, schleift sich in einer Mulde aus Glas, Stein oder Eisen zu konvexen Rundungen, wenn es von Hand geführt wird. Mit einem Holz und Schmirgelleinen lassen sich verwegene Profile reiben. Handarbeit hat hier wieder ihren ursprünglichen Sinn. Die Arbeiten zeichnen sich durch den lebendigen Rhythmus von Form- und Oberflächengestaltung aus. Grundformen werden zersägt,

83 *Die Vergoldung des Glasschnitts bewirkt eine tiefe Plastizität der Gravur. Vase aus Buchenau-Spiegelhütte, um 1908.*

84 *Großer, mehrfach veredelter Tafelaufsatz mit Poliergoldbemalung, einem hochkarätigen Goldbelag, der nach dem Einbrennen von Hand nachpoliert wird. Vermutlich Schachtenbach, um 1860.*

mit dem Rad modelliert, geschlitzt, verfremdet, und Mattschliffe brechen den verführerischen Glanz des Glases. Losgelöst aus den Zwängen des Dekorierens, findet der Glasschliff eine neue Bedeutung.

Das dienende Schleifband. Unbeachtet und in einem unförmigen Blechgehäuse versteckt, tut das Schleifband seinen Dienst. Nur ein kurzes Stück des über drei Meter langen Bandes ist sichtbar. Endlos läuft es über zwei Rollen, von denen die untere von einem Trommelmotor angetrieben wird. Spritzdüsen verteilen das Wasser über die ganze Breite des Bandes.

Mitte der fünfziger Jahre standen den Schleifmittelherstellern wasserfeste Kunstharzbindungen zur Verfügung, die das Schleifkorn auf dem Köper des Bandes auch beim strapaziösen Naßschliff der Glasbearbeitung festhielten. Eine stoßfreie Verbindung der Schleifbandenden war Voraussetzung für den Hauptzweck: das Verschleifen der Mundränder von Trinkgläsern. Auf dem Band mit Siliciumcarbidstreuung unterschiedlicher Körnung, das vor dem Schleifer von oben nach unten läuft, werden die nach dem Absprengen schartigen Kanten der Gläser versäumt und anschließend im Feuer von Gasbrennern, den Mundrandverschmelzmaschinen, poliert.

Das endlose Band ist bei den Großserienherstellern längst durch Absprengund Schleifautomaten verdrängt worden. In den Mundblashütten verrichtet es weiterhin seine Aufgabe. Für den Dekor oder die Gestaltung wurde es nie verwendet. Zusammen mit dem rauschenden Schliff des aufgestreuten Schleifkornes bestimmt es die Höhe des Glases und formt seinen sauberen, lippenschmeichelnden Mundrand.

Die Sandstrahlveredlung. Ein General hat das Sandstrahlen erfunden und ließ sich vor etwa hundert Jahren das erste Sandstrahlgebläse patentieren. Er wußte die blinden Stellen der Fenster von Bade- und Bootshäusern am Strand zu deuten.

Wind und Sturm hatten Sandkörnchen gegen das Glas geworfen, feine Partikelchen herausgesprengt und so im Laufe der Zeit die Sicht durch die Glasscheiben getrübt.
Flachglas war übrigens auch das erste Material, das mit Sandstrahl bearbeitet wurde, vor allem als Vorstufe zur Herstellung von Eisblumenglas für Türfüllungen, verspiegelte Werbeschilder und Wanddekorationen. Es wurde auch immer wieder mit Hohlgläsern experimentiert. Grundsätzlich setzte sich das Sandstrahlen außerhalb des technischen Bereichs aber nur beim Anbringen von Eichmarken bei Wirtegläsern durch. Einfach, schnell und billig: diese Merkmale hafteten dem Sandstrahlen als Makel an. Nach dem Zweiten Weltkrieg verwendeten nur ganz wenige Kristallglashütten Sandstrahl zwar zum Signieren, jedoch fast nie zum Dekorieren von Glas in irgendeiner Form. Der Erfolg beim Markieren von Gläsern mit Firmenzeichen ist auf kleine Gummischablonen zurückzuführen, die in sorgfältig gravierten Werkzeugen aus Latexpulver vulkanisiert, innigfeine Zeichnungen und Schriften wiedergeben. Ennion, der phönizische Glasmacher, der es so liebte, seine Gläser zu kennzeichnen, wäre sicher begeistert gewesen.
Breiteren Einsatz fand das Sandstrahlen in den sechziger Jahren in den Preßglashütten. Das Nachschleifen von vorgepreßten Artikeln war zum flüchtigen Auskarieren und zum Mattschliff von Dekorelementen verkümmert. Diese Schleifarbeit des Mattierens löste das Sandstrahlen ab. Sandstrahltechnik ist stets verbunden mit *Schablonen*-Technik. Aus Kunstharzen, die als Dichtungsmasse erfunden wurden, gossen sich die Bleiglasleute für die Masken Abdrücke von ihren Preßlingen, fügten versteifende Drahtstrukturen ein und schnitten aus der weichen, gleichzeitig widerstandsfähigen Masse die Partien aus, die zu mattieren waren. Obwohl man immer noch von Sandstrahl spricht, ist das *Strahlmittel* Sand wegen seines Gehaltes an freier Kieselsäure, die zur Silikose führen kann, gegen den ungefährlichen *Elektrokorund*, ein elektrisch erschmolzenes Aluminiumoxid, ausgetauscht worden. Zum Mattieren von Glas und vor allem von weichem Bleikristall genügt geringer Luftdruck, gilt es doch auch die Schablonen zu schonen, um sie möglichst häufig einsetzen zu können. Die vom Luftdruck mitgerissenen Körnchen prallen also auf die Glasoberfläche auf und reißen kleine Splitter heraus. Dabei entstehen winzige feine, scharfe Grate, die die unangenehme Eigenschaft haben, beim Berühren geringste Spuren von Fett, Schweiß oder Staub von der Haut abzustreifen. Auf frisch ›gesandeltem‹ Glas sieht man jeden Fingerabdruck, was sich nur durch chemische oder mechanische Politur verhindern läßt.
Das Matt steigert die Plastizität des Glases, macht es unangreifbar für Licht. Matte Stellen einer Oberfläche heben sich also von der lichtdurchlässigen, blanken Umgebung überdeutlich ab. Erstaunlicherweise wurde die Technik des Sandstrahlens erst in den achtziger Jahren verstärkt auch zur Veredlung handgearbeiteter Kelche, Vasen und anderer Ziergläser ausgenutzt. Heute werden Dekore gezielt für diese Technik entworfen; das Sandstrahlmatt gilt nicht mehr als billiger Ersatz für andere, aufwendigere Techniken, sondern wird mit hellpolierten Keilschnitten oder anderen Schliff- und Gravurtechniken zu neuen Mustern kombiniert.
Der Jugendstil war die Zeit der Ätztechniken. Gläser wurden in vielen kompliziert erscheinenden Ätzverfahren bearbeitet. Bei mehrfarbigen Überfängen wurde Schicht um Schicht im Säurebad abgetragen. Das von der Luft beschleunigte Strahlkorn wirkt ähnlich, ist aber für Mensch und Umwelt völlig ungefährlich, die Einrichtung einfach und billig. Eine *Sandstrahlkabine* besteht aus einem Kasten mit zwei Löchern zum Hineingreifen, einem Sichtfenster und einem Trichter, in den der verstrahlte Korund herunterfällt und sich sammelt.
Die *Sandstrahlpistole* hat zwei Schlauchanschlüsse. Ein Schlauch wird mit Druckluft gespeist, die in der Mischkammer der Pistole einen Sog erzeugt und durch den anderen Schlauch das Strahlmittel aus dem Trichter ansaugt. Den Staub aus zertrümmertem Strahlmittel und abgesprengten Glasteilchen zieht ein Ventilator ab, Filtersäcke fangen ihn auf.
Die abrasive Wirkung des Korundes kann nun oberflächlich ausgenutzt werden – der Sandstrahl mattiert die Haut des Glases gleichmäßig, ohne seine Formen zu verändern –, oder aber, gestalterisch tiefer eindringend, reliefartige Bilder oder Skulpturen schaffen. Muß etwa der Kupfergraveur eine Vielzahl in Abmessung und Profilform unterschiedlicher Räder verwenden, so

85 *Der Zutritt zur Ätzerei bleibt dem Besucher meist verwehrt, auch wenn sich die gefährlichen Ätzbäder heute unter Absauganlagen befinden.*

86 *Jugendstil-Überfangätzung aus Buchenau nach lothringischem Vorbild. Der säureabweisende Auftrag wurde nach dem Ätzen entfernt.*

liegt die Kunst der Sandstrahlgravur im geschickten und wechselnden Abdecken. Der Sandstrahl selbst, das angreifende Werkzeug, kann kaum kontrolliert werden. Eine vorhandene Vertiefung wird also tiefer, und bei konstanter Strahlrichtung ›verwäscht‹ sich eine abgrenzende Kante nur sehr langsam. Unter Verwendung von vielen Hilfsmitteln – neben der selbstklebenden und gut zu schneidenden Klebefolie Blechstreifen, Kunststoffprofile, Draht oder Netze – entstehen tief ausgearbeitete Sandstrahlgravuren mit weicher, lebendiger Plastizität.

Säurematt und Säurepolitur. So spröde und zerbrechlich das Glas ist, so sehr widersteht es Säuren und Laugen, Ölen und Fetten. Schon Nofretete bewahrte ihre kostbaren Riechöle und Tinkturen in Glasgefäßen auf. Wird Glas tatsächlich einmal deutlich von einer chemischen Verbindung angegriffen, dann handelt es sich um das außerordentlich reaktionsfähige und giftige

Element Fluor – ein getrübtes Testglas liefert den Nachweis. Flußsäure, die Verbindung von Fluor mit Wasserstoff, zersetzt Glas und ist für den Menschen äußerst gefährlich. Durch Flußsäurespritzer entstehen schwer heilende, schmerzhafte Wunden. Jedem fremden Besucher muß der Zutritt zu einer Säuremattier- oder -polieranlage strengstens verwehrt bleiben.

Die Engländer haben das Bleikristall erfunden und lernten auch als erste, ihm mit Hilfe von Flußsäure nach dem Schleifen den funkelnden Glanz zu geben. Die Säurepolitur für Bleikristall wurde Anfang dieses Jahrhunderts entwickelt und in den zwanziger Jahren in deutschen Glasschleifereien eingeführt. Das *Polierbad* bestand aus Flußsäure, Schwefelsäure und Wasser. Die Flußsäure zersetzte das Glas an der Oberfläche, und die Schwefelsäure half, die entstandenen chemischen Verbindungen zu lösen. Das Wasser regelte die Säurekonzentration. Durch ständiges Schwenken der Körbe mit den Glasartikeln wurde der weiße ›Ansatz‹, die entstandenen Salze, von der Oberfläche gespült. Die ersten Behälter für die aggressive Flußsäure waren mit Pech bestrichene Holzbottiche, die man zusätzlich mit Blei auskleidete. Die Körbe, in die die Glaswaren gelegt wurden, fertigten die Ätzer aus Kupfer. Ein derartiger Korb hing an einer Kette und wurde vom Polierer mit einem langen Holzhebel in Bewegung gehalten, im Bad geschwenkt. Nach einer bestimmten Zeit hob er den Korb heraus, ließ ihn abtropfen und führte ihn in ein Wasserbad zum Spülen. Dieser Vorgang wiederholte sich mehrere Male bis das Glas völlig klar und die Schleifnarbe geglättet war. Der Polierer schützte sich mit einem Lodenanzug, Gummischürze und Gummistiefeln. Die Hände steckten in Handschuhen aus dem Naturgummi Latex. Kopf und Gesicht bedeckten Wachstuchhaube und Gummimaske. Das Säurebad wurde mit Dampf in Bleischlangen beheizt, und der Polierer schwitzte erbärmlich.

Dieser Zustand besserte sich in den sechziger Jahren. Neue Kunststoffe zogen in den Anlagenbau ein. Durch Polymerisation entstehen aus Gasen, wie Äthylen oder Propylen, Stoffe mit völlig neuartigen Eigenschaften. Vor allem das Polypropylen, das sich leicht bearbeiten läßt – man kann es sägen, bohren und wieder zusammenschweißen –, führte zum Bau starker Absauganlagen und schließlich zur Entwicklung technisch äußerst aufwendiger Polieranlagen mit neuen Verfahren. Bei hoher Leistungsfähigkeit und genauer Regulierung der komplexen Vorgänge wurde der Verbrauch der gefährlichen Säuren wesentlich herabgesetzt und die Belastung der Umwelt mittels Neutralisation der Dämpfe und Altsäuren aufgehoben.

87 *Eine moderne unkonventionelle Glasmalerei wendet Heinz Frisch an.*

Die Säurepolitur verleiht dem Bleikristall den Glanz und verbessert seine Oberflächenfestigkeit. Säurepolierte Gläser widersetzen sich chemischen und thermischen Beanspruchungen durch die Geschirrspülmaschine. Die funkelnde Brillanz der vielfacettigen Prismen des geschliffenen Bleikristalls und der strahlende Reichtum an Licht, der dem Bleikristall durch die Säurepolitur verliehen wird, sie bleiben für immer erhalten.

Die Stille der Malerei. Betritt man die Malerei, in der es immer etwas zu warm ist, dann sehen die dort Schaffenden nicht auf. Mit dem ›Schlepper‹, dem langen, spitzen Pinsel, der sehr viel Farbe aufnehmen kann, beenden sie – glatt, in einem Zug – erst den Strich auf dem Glas. Die Pinsel werden aus den elastischen und straffen Haaren des Rotmarders gebündelt. Manchmal stammen die Haare auch vom Feh, dem sibirischen Eichhörnchen. Das Werkzeug der Maler ist leicht, und sie sitzen meist irgendwo im ersten oder zweiten Stock. Breite Tische sind vollgestaut mit den verschiedenen Partien, die warten müssen bis eine erste Farbschicht trocken ist oder sie bereit sind für den Ofen. Auf der *Ränder-*

88 *Eine ruhige Hand und ein ständig prüfendes Auge erfordert die Arbeit des Glasmalers an der Ränderscheibe.*

89 *Glashütten verwenden heute meist Abschiebebilder. Ihr Auflegen bei einem solchen gewölbten Weinglas erfordert Geschick.*

scheibe dreht sich alles was ein Reifel bekommen soll, ein Band, einen Ring oder Mundrand. Die Farben werden mit der Stahlspachtel auf einer rauhen Glasscheibe, der Palette, gerieben und angemischt. Damit sie besser haften, gibt man jenen, die mit Wasser aufbereitet werden, Zucker oder Honig bei. Andere brauchen Dammarlack oder Terpentinöl zur Verarbeitung.

Die Farben selbst bestehen aus Glas, sind fein gemahlene, pulverisierte Glaskröseln, stark bleihaltig für eine leichte Schmelzbarkeit. Dieser ›Fluß‹, wie ihn die Maler nennen, enthält nun verschiedene Farbkörper in Form von Metalloxiden. Mit Öl verrieben kann das Glaspulver dann wie Farbe verarbeitet werden. Bei Temperaturen bis zu 600°C schmilzt der ›Fluß‹ im Ofen, zerfließt und verbindet sich mit der Glasoberfläche und bekommt Glanz. Viele Farben sind sehr giftig. Außer Blei werden noch andere Metalle wie Cadmium verwendet, vor denen sich der Glasmaler schützen muß. Statt mit dem Pinsel läßt sich die Farbe auch mit *Siebdruck* oder mit der Spritzpistole auftragen. Besonders die schillernden *Lüsterfarben* werden häufig mit Luftdruck aufgesprüht.

Nur wenige Betriebe pflegen noch die hohe Handwerkskunst der Beize, der *Gelbbeize* und vor allem der *Rotbeize*. Drei Brände sind erforderlich, um aus dem trübbraunen Anstrich aus Ocker und Kupfervitriol über Gelbgrün und Schwarz eine leuchtend rote Schicht des Glases zu schaffen. Diese Oberflächenfärbung reizt wiederum die Graveure, ihre fedrigen Muster – kontrastreich das Rubin durchbrechend – auf das Glas zu bringen. Auch sonst besteht ein reger Austausch zwischen Malern und Graveuren. Arbeiten die Graveure nach den Malern, um alte Muster oder Städtebilder auf rot- oder gelbgebeizte Gläser zu gravieren, so erhöhen die Maler Gravuren auf Glas mit Gold und Silber, malen mit dem stillen Pinsel die Spuren des singenden Gravurrades nach.

Glas, das am Ofen geformt, von den dienenden Werkzeugen für den Gebrauch vollendet wurde, findet durch Schliff und Politur, durch die Gravur und die Malerei seine schmückende Veredlung, seine Zier.

Alfons Hannes

Die Glasfachschule

von Bruno Mauder bis zur Gegenwart

Die Einweihung. Von wesentlicher Bedeutung für das Glashandwerk und die Glasindustrie in Deutschland ist die mehr als acht Jahrzehnte währende Tätigkeit der Fachschule für Glasindustrie in Zwiesel. Entwicklungsstand und Qualität des Glasgewerbes werden zu allen Zeiten bestimmt von den Ausbildungsmöglichkeiten seiner Fachkräfte. Um hier dem Bayerischen Wald eine besondere Hilfe zu geben, forcierten staatliche, kommunale und industrielle Kreise zu Beginn dieses Jahrhunderts die Errichtung einer Glasfachschule in Zwiesel. Erfolgreiche Vorbilder waren die nordböhmischen Glasfachschulen in Haida und Steinschönau in der österreichischen K. u. K.-Monarchie: »Die dort erzielten Erfolge sind geradezu ›glänzende‹ zu nennen und es ist unbegreiflich, wie die deutsche Nation mit der Schaffung einer derartigen Anstalt solange zögern konnte«, vermerkte ein zeitgenössischer Bericht und fuhr erfreut fort: »Nach unermüdlichem, langjährigem Bemühen ist diese neue Fachschule für Glasindustrie in Bayern, als erste in Deutschland, nun doch zustande gekommen.«
Am 18. September 1904 konnte die ›Fachschule für Glasindustrie‹ in Zwiesel eingeweiht werden. In seinem Festvortrag bemerkte der Bibliothekar und Sekretär des Bayerischen Gewerbemuseums in Nürnberg, Prof. Dr. Paul Johannes Rée: »... daß aus dem Leben erwachsene und mit der praktischen Kunstübung in enger Verbindung stehende Fachschulen wie diese, das beste und wirksamste Mittel sind, um unserem Kunstgewerbe und unserer Kunstindustrie die zu ihrer gedeihlichen Entwicklung nötigen Kräfte zuzuführen und sie auf die Höhe zu bringen, die wir erstreben«. Die erwartungsvollen Feststellungen haben sich bestätigt.
Die Glasfachschule Zwiesel hat einen Großteil der Hoffnungen erfüllt, die man bei ihrer Gründung in sie setzte. Als eine Keimzelle des technischen Fortschritts gab sie der formalen Entwicklung der Bayerwald-Glasindustrie und des Glashandwerks zahlreiche Impulse.

Umfassender Unterricht. Theorie und Praxis haben sich an der Glasfachschule Zwiesel von Anfang an sinnvoll ergänzt. Begonnen wurde mit je einer Fachklasse für Hohlglasmaler, Glasgraveure und Musterzeichner sowie der Ausbildung von Holz-

schnitzern, für die eine eigene Abteilung angegliedert war. Als Lehrgegenstände waren vorgegeben: »Elementar- und Fachzeichnen, Aquarellmalen und Modellieren nach Vorlagen und Natur / praktisches Glasmalen, Brennen, Glasgravieren, Ätzen und Holzschnitzen / Kunstgeschichte, Stil- und Gefäßformlehre / Geometriezeichnen, Projektion, Perspektive- und Schattenlehre / Physik, Chemie und Technologie / Realienfächer, Buchführung, Kalkulation und Handelskunde.« Aufnahmebedingung war »für diejenigen, welche die Ausbildung als Glasmaler, Glasgraveure, Glasschleifer und Musterzeichner anstreben, die Erfüllung der Werktagsschulpflicht, für diejenigen, welche sich als Fabrikwerkmeister ausbilden wollen, eine mindestens 2jährige Lehrzeit.« Das Schulgeld betrug für Deutsche pro Jahr 10,– Mark und für Ausländer pro Jahr 50,– Mark. Erfolgreiche und bedürftige Schüler sollten Stipendien erhalten. Diese Schulgeldregelung blieb übrigens bis Ende des Zweiten Weltkrieges bestehen.

Alle *Lehrwerkstätten* und die Nebenräume verfügten über zeitgemäße Apparate und Maschinen. Die Ausbildung dauerte drei bis vier Schuljahre und war der Lehrlingsausbildung in den Fabriken gleichgestellt. Eine zusätzliche intensive theoretische Schulung war damit verbunden. Die Schüler sollten von Anfang an möglichst vielseitig ausgebildet werden: Neben umfangreichem Zeichenunterricht zählte dazu auch die Einführung in Physik, Chemie und Glastechnik. Mit diesen Grundlagen konnten die Fachschulabsolventen bei einem späteren Eintritt in die Industrie nicht nur einen Teil der fehlenden Praxis ausgleichen, sondern hatten auch die besten Voraussetzungen Meister in ihrem Beruf zu werden. Den Werkstätten für Gravur und Malerei wurde im Jahre 1912 eine Fachklasse für Hohlglasschleifer angegliedert.

Auch im chemisch-technologischen Bereich konnte die Glasfachschule Zwiesel schon in den ersten Jahren Wesentliches leisten. So hatte der erste Leiter dieser Abteilung, Dr. Bernhard Müller, von 1906 bis 1912 Ätztechniken entwickelt, die auch in der Glasveredelung mit großem Erfolg eingesetzt

90 *Der Fassadenschmuck für die Einweihung der Glasfachschule wurde nach einer Idee ihres Direktors Hans Schmid verwirklicht.*

91 *Diese Überfanggläser nach Entwürfen von Bruno Mauder bestechen durch einen nahezu architektonischen Aufbau des Schliffdekors.*

92 *Den gestalterischen Reizen der Glasätzung widmete sich die Zwieseler Fachschule seit ihrem Bestehen.*

wurden. Sein Nachfolger, Prof. Dr. Ludwig Springer, der von 1913 bis 1952 an der Glasfachschule Zwiesel lehrte, nimmt einen überragenden Platz in der Geschichte der deutschen Glastechnik ein. Er ist mit vielen grundsätzlichen Publikationen hervorgetreten und hat mehr als eine Generation von Glastechnikern ausgebildet.

Im Jahre 1916 wurde die chemisch-technische Abteilung ausgebaut und der erste Jahreskurs für Glastechniker durchgeführt, der sich – aufgrund des Ersten Weltkriegs – überwiegend aus Kriegsbeschädigten zusammensetzte. Diese Teilnehmer, die bereits eine Fachschulbildung oder längere praktische Tätigkeit hinter sich hatten, wurden hier zu Hüttenmeistern, Betriebsassistenten und leitenden Angestellten für die Glasindustrie ausgebildet. Der Unterricht umfaßte das breite Gebiet der Glastechnik, von den Rohstoffen und ihren Eigenschaften bis zur Schmelze, den Glasfehlern, sowie der Feuerungstechnik und des Glasofenbaues. Dazu gehörte auch die breite Palette der sich maschinell entwickelnden Produktion von Hohl- und Flachglas. Das physikalisch-chemische *Laboratorium* der Glasfachschule wirkt mit engen Kontakten zur Industrie noch heute im breiten Feld der Glastechnik mit Beratungen, Analysen- und Forschungsarbeiten.

Nach dem Ersten Weltkrieg etablierte sich eine Abteilung für Industriezeichner und Kunstgewerbler, die zusammen mit den zwischen 1923 und 1926 angewachsenen Schülerzahlen bauliche Erweiterungen an der Glasfachschule notwendig machte. Die umfassende Ausbildung in der Fachschule vermittelte ihren Absolventen gute Grundlagen für eine spätere Tätigkeit in Glasindustrie und Handwerk. Durch praktische Unterweisung in den Lehr- und Versuchswerkstätten erhielten Glasmaler, Glasschleifer und Glasgraveure systematisch die fachliche Reife; ergänzt durch Zeichen-, Fachkunde- und Realienunterricht. Dieser dreijährigen Ausbildung fügten viele Schüler ein viertes Schuljahr hinzu. Die Anzahl der Schüler, die in vier Jahrgangsklassen durchschnittlich zwischen 100 und 110 pro Jahr lag, reduzierte sich infolge des Zweiten Weltkrieges bis zum Jahr 1945 auf weniger als die Hälfte.

Mit neuen Kräften. Am 2. September 1947, 28 Monate nach dem Ende des Zweiten Weltkriegs, nahmen die Staatliche Meisterschule für Glasindustrie, die Staatliche Fachschule für Glastechniker und Glasveredler, die Berufsfachschule für Holzschnitzerei in Zwiesel ihren Lehrbetrieb mit drei übergroßen Klassen wieder auf. Eine neue, fruchtbare Weiterentwicklung der Schule setzte ein. Im Jahre 1955 wurde mit der Inbetriebnahme einer Versuchsglashütte mit einem Dreihafenofen nicht nur die eigene Rohglasherstellung übernommen, sondern auch die Möglichkeit für praktische Übungen am Glasofen begründet. In den Folgejahren konnte mit verschiedenen baulichen Teilabschnitten die Schule neuzeitlich umgestaltet werden.

Mit dem Schuljahr 1965/66 begann die Ausbildung von Glashütteningenieuren, die zunächst von 1971 bis 1973 als Außenstelle ›Werkstofftechnik Glas in Zwiesel‹ in die Fachhochschule Regensburg und dann im Herbst 1973 in die Fachhochschule Nürnberg integriert wurde. Im selben Jahr kam die Blockbeschulung des seit September bestehenden Landes-Fachsprengels ›Glas‹ von der Kreisberufsschule zur Fachschule. Das bedeutete, daß der Berufsschulunterricht für Hohlglasfeinschleifer, Glasschleifer und Glasätzer, Flachglasveredler, Glasgraveure, Glasmaler, Hohl- und Kelchglasmacher, Glaswerker, Maschinenglasmacher, Glasapparatebläser, Glasinstrumentenmacher, Leuchtröhrenglasbläser, Thermometerbläser, Glasapparatejustierer, Thermometerjustierer, Holzformenmacher sowie Feinoptiker und Brillenmacher aus ganz Bayern jetzt in Zwiesel stattfindet.

Nach knapp siebzigjährigem Bestehen wurde die ehemalige Glasfachschule Zwiesel mit der Berufsfachschule für Glasmacher im Jahre 1973 zum ›Staatlichen Berufsbildungszentrum für Glas in Zwiesel‹ bestellt. Es gliedert sich in nachstehende Abteilungen:

1. Fachschule für Glastechnik und Glasgestaltung, mit viersemestrigen Studiengängen, die mit einem staatlichen Examen abgeschlossen werden.
2. Berufsfachschule für Glas, mit beruflicher Ganztagsausbildung als Hohlglasfeinschleifer, Glasgraveur, Hohlglasmaler und Glasapparatebauer. Die Ausbildungszeit dauert drei Jahre und endet mit dem Facharbeiterabschluß.
3. Gewerbliche Berufsschule mit den Fachrichtungen Glaserzeugung und Glasveredelung für Schüler aus Glasindustrie und Handwerk.

93 *Die klare, aus dem Glasmacherhandwerk entwickelte Form charakterisiert die Gefäße des ehemaligen Direktors Max Gangkofner.*

94 *Fließende lineare Einschnitte verleihen diesem Gefäßkörper Leichtigkeit. Formverändernder Schliff von Fachlehrer Manfred Thomczyk.*

Eine zentrale Ausbildungsstätte. Durch die Verbindung dieser drei Schultypen wurde nicht nur das Ausbildungsziel ›Glas‹ sinnvoll koordiniert, sondern auch guten Absolventen der Berufs- und Berufsfachschule die Weiterbildung zum Glasgestalter oder Glashüttentechniker am gleichen Institut ermöglicht.

Die Unterrichtskapazität am Staatlichen Berufsbildungszentrum für Glas in Zwiesel ist seit Jahren voll ausgelastet. So waren im Schuljahr 1987 in der Fach-Technikerschule insgesamt vierzehn Schüler im viersemestrigen Kurs ›Glasfertigung‹ und neun Schüler in ›Glasgestaltung‹. 14 Hohlglasschleifer, 15 Glasgraveure, 21 Glasmaler und 19 Glasapparatebauer besuchten die Berufsfachschule.

Etwa vierhundert Schülerinnen und Schüler des ›Landessprengel Glas‹ kommen aus dem gesamten Gebiet des Freistaates Bayern in die gewerbliche Berufsschule für Glaserzeugung und Glasveredelung. Sie konzentrieren sich im Zuge der Neugliederung der Ausbildungsberufe auf Glasmacher, Glasapparatebauer, Industrieglasfertiger und Glasveredeler sowie auf Feinoptiker und Brillenoptikschleifer. Die Gesamtzahl der Schülerinnen und Schüler im Bereich der gewerblichen Berufsschule Glas ist von 247 im Schuljahr 1973 auf 519 im Schuljahr 1979 angestiegen und bis 1987 auf 400 zurückgegangen. Die Schülerzahl im Fachschul- und Berufsfachschulbereich hat sich seit Jahren bei etwa 20 und 60 gehalten. Insgesamt unterrichten 16 hauptamtliche und 6 nebenamtliche Lehrkräfte an allen

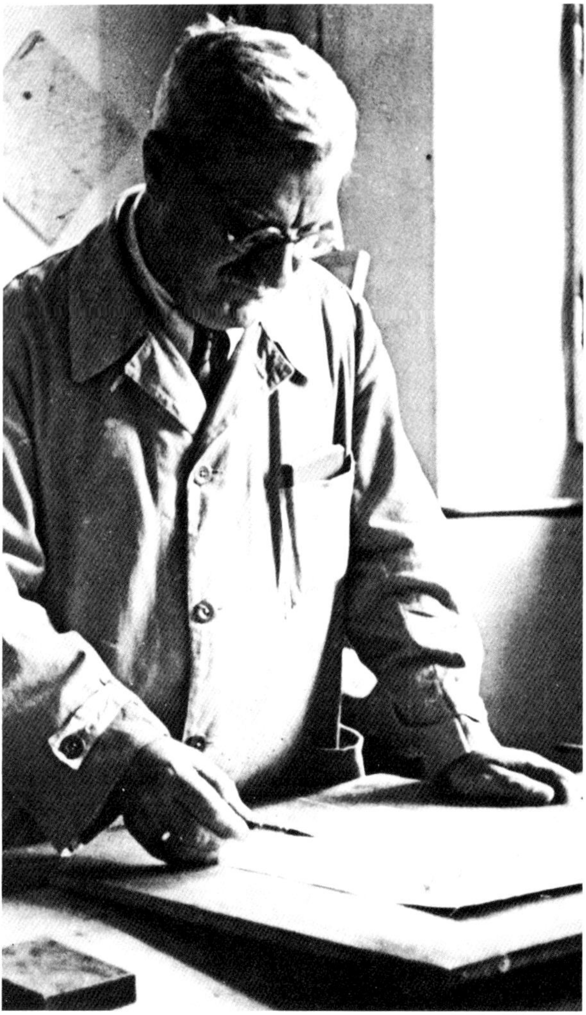

95 *Professor Bruno Mauder, von 1910 bis 1948 Direktor der Glasfachschule, die ihm Lebensinhalt war.*

96 *Rötel-Skizze für einen optisch einzublasenen Krug von Bruno Mauder vom Juli 1941.*

97 *Zwei beeindruckend große Bodenkrüge von Bruno Mauder (rechts) und seinem Sohn Hans Mauder, ehemals Fachlehrer der Schule.*

drei Zweigen des Staatlichen Berufsbildungszentrums für Glas in Zwiesel. Die Glasfachschule Zwiesel wurde der zentrale Mittelpunkt des Ausbildungswesens der Glasindustrie und des Glashandwerks in Bayern.

Im Jahre 1953 wurde die Abteilung für Holzschnitzerei aufgelöst, die seit Gründung der Glasfachschule bestanden hatte. Die ursprünglich von der Stadt Zwiesel ins Leben gerufene ›Fachschule für Glasindustrie‹ kam übrigens kurz nach ihrer Eröffnung in die Trägerschaft des Bayerischen Staates, der ab 1. 1. 1977 sein Eigentum am Flurstück Nr. 575/2 der Gemarkung Zwiesel »Fachschulstraße 325, Glasfachschule mit Wohnung, Versuchsglashütte, Lager, Hofraum, Garten zu 0,6119 ha« an den Landkreis Regen abgetreten hat. Dieser verpflichtete

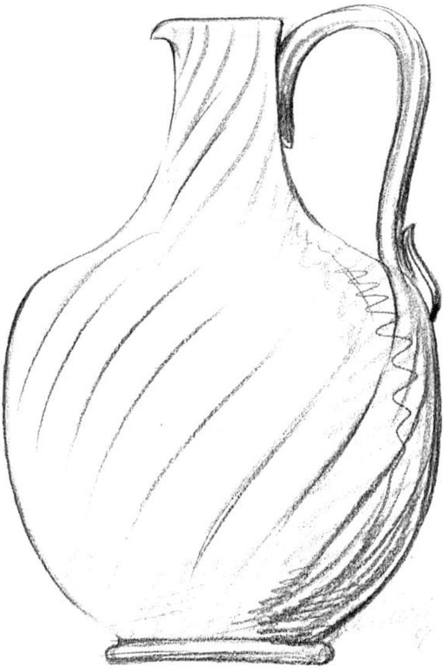

sich gleichzeitig, den Schulaufwand für die Staatliche Berufsfach- und Fachschule für Glas zu übernehmen.
Dieses wichtige Institut im Herzen des Bayerischen Waldes hat voll und ganz die Prognosen gerechtfertigt, die Johannes Rée bei seinem Eröffnungsvortrag im Jahr 1904 gestellt hat:
»Zur rechten Zeit hatten es die Glashütten des Bayerischen Waldes erkannt, daß bei den im Laufe des 19. Jahrhunderts vollständig veränderten Produktionsverhältnissen es ihnen nur durch einen bedeutenden künstlerischen Aufschwung möglich sein würde, mit den an den großen Verkehrsstraßen gelegenen Glasfabriken erfolgreich in Wettbewerb zu treten. Und daß sie sich nicht mehr durch gewöhnliche Gebrauchsware und Massenartikel, sondern nur durch gediegene Schöpfungen echt künstlerischen Gepräges auf dem Weltmarkte zu behaupten im Stande wären. So taten sie alles, um mit der echten Kunst in Fühlung zu kommen, und aus diesen Bestrebungen heraus erwuchs die Fachschule, deren Aufgabe es ist, das künstlerische Niveau derer zu heben, die in den Glashütten tätig sind.«

Ein Münchner in Zwiesel. Die Direktion der Glasfachschule Zwiesel wurde seit ihrem Bestehen vom jeweils verantwortlichen Leiter im Bereich der Glasgestaltung wahrgenommen. So war von 1904 bis 1909 der Kunstmaler und Bildhauer Hans Sebastian Schmidt als Direktor tätig. Ihm folgte vom 1. 1. 1910 bis 31. 7. 1948 Professor Bruno Mauder. Im Anschluß daran lag die Leitung bis zum Jahre 1952 beim Archi-

tekten Rudolf Rothemund und in der Folgezeit bis 1956 beim Keramiker Stefan Erdös. Von 1956 bis 1984 war Max Gangkofner Direktor der Glasfachschule und seit 1. November 1984 fungiert als Schulleiter Bernhard Schagemann, der bereits seit 1. April 1964 an der Glasfachschule im Bereich Glasgestaltung als Fachlehrer tätig ist.
Die prägende Gestalt im Wirken der Glasfachschule Zwiesel war *Bruno Mauder*. Über vier Jahrzehnte lang, also nahezu die Hälfte ihres bisherigen Wirkens, leitete er die Schule. Als ausgezeichneter Pädagoge sah er seine Hauptaufgabe in der Erziehung des kunsthandwerklichen Nachwuchses und wurde mit seinen eigenen Arbeiten einer der bedeutendsten deutschen Glasgestalter dieses Jahrhunderts.
Bruno Mauder wurde am 28. April 1877 in München als Sohn eines königlichen Oberpflegers geboren. Er besuchte in seiner Heimatstadt die Volksschule und erfuhr über die Lehre eine gründliche Ausbildung zum Porzellanmaler mit anschließender Praxis. Von September 1899 bis Juni 1901 studierte er an der Kunstgewerbeschule in München bei den Professoren Gmelin und Spieß, um dann in München und später in Stuttgart als selbständiger Kunsthandwerker tätig zu sein.
Mit Schreiben vom 23. Dezember 1909 erhielt der ›kunstgewerbliche Zeichner‹ Bruno Mauder vom ›Königlich bayerischen Staatsministerium des Inneren für Kirchen- und Schulangelegenheiten‹ für die vorläufige Dauer von drei Jahren einen festgelegten Dienstvertrag mit vorauszubezahlendem Jahresgehalt von 4800,– Mark als ›Direktor der Fachschule für Glasindustrie und Holzschnitzerei in Zwiesel‹. Ein umfangreiches Lebenswerk nahm damit seinen Anfang.
Die Leistungen des jungen Direktors waren so gut, daß der vorläufige Vertrag auf Lebenszeit verlängert, und ihm bereits im Jahre 1916 vom Kultusministerium der Titel ›Professor‹ verliehen wurde. Zeitgemäßen Anforderungen entsprechend organisierte er die Fachschule und pflegte ständigen Umgang mit den Glasleuten des Bayerischen Waldes. Gustav E. Pazaurek, der große Museumsmann und bedeutendste Glas-Fachpublizist seiner Zeit, schrieb im Jahr 1925: »Dieser Kunstmaler, der von München in das von der großen Kulturheerstraße etwas abseits gelegene Waldgebiet kam, hat sich sehr rasch in ganz trefflicher Weise in sein neues Arbeitsgebiet hineinzuleben gewußt und bildet längst die Seele nicht nur der Schule, sondern überhaupt der künstlerischen Bestrebungen im Bayerischen Wald.«

Eine Schule prägt das Glasdesign. In der Tat prägte Bruno Mauder nicht nur als Lehrer mit großem Geschick eine Generation von Glasgestaltern, sondern wirkte mit seinen Entwürfen auch direkt auf die Produktion der deutschen Glasindustrie ein. Von Anfang an schuf er den überwiegenden Teil der Entwürfe zu den Gläsern, die für die Fachschule Zwiesel repräsentativ und zum Schrittmacher des bayerischen und deutschen Glasgewerbes wurden.
Zudem entwarf er Service und Kunstgläser für die Glasfabriken in Spiegelau, Gistl-Frauenau, Poschinger-Frauenau, Theresienthal, Farbenglaswerke-Zwiesel und Steigerwald-Regenhütte. Auch für Glashütten im Neustädter Bereich, in Schlesien und für das

98 *Das in einem Feld sich verdichtende florale Ornament wie in dieser Emailmalerei ist typisch für Mauders frühe Entwürfe.*

99 *In den zwanziger Jahren schmücken frei gestaltete Motive Mauders spartanische Gefäßformen.*

Wiener Glashandelshaus Lobmeyr zeichnete sich Bruno Mauder als maßgeblicher Gestalter aus. Seine mehr handwerklich als industriell bestimmte Individualität und Ausgewogenheit wirkten stilbildend für das Glas der zwanziger bis vierziger Jahre dieses Jahrhunderts.

Mit Bruno Mauder hatte man im Jahr 1910 bewußt einen Künstler an die Fachschule für Glasindustrie in Zwiesel berufen, da man nicht nur einen technischen Fachmann suchte, sondern auch einen lebendigen künstlerischen Gestalter. Bruno Mauder entwickelte zeitlebens aus den gläsernen Gegebenheiten seine künstlerische Aussage. Auf der Suche nach Verständnis für das Material hat er auch die nahezu ausgestorbenen Techniken der ›Freihandarbeit‹ im Glasmachergewerbe nachhaltig gefördert. Er arbeitete eng mit den Hütten und Werkstätten des Bayerischen Waldes zusammen und legte in vielen Betrieben den Grundstein für eine gute Entwicklung. »Mein eigentlicher Lehrmeister ist die Glasindustrie des Bayerischen Waldes geworden«, sagte Bruno Mauder selbst.

Die Glasfachschule Zwiesel hat sich unter der Leitung von Bruno Mauder schon frühzeitig an maßgeblichen Ausstellungen im In- und Ausland mit Erfolg beteiligt. So war sie im Jahre 1927 auf der Bayerischen Handwerksausstellung in München vertreten, auf der die Fachschulen vom Leiter der Abteilung für Gewerbekunst am bayerischen Nationalmuseum, Günther von Pechmann, repräsentativ zusammengeführt wurden. Im Jahre 1928 stellte die Fachschule für Glasindustrie bei einer gemeinsamen Ausstellung der gewerblichen Fachschulen Bayerns sehr gute Glasarbeiten in Zürich vor. Die ›Leipziger Messe‹ wurde schon zu Beginn der dreißiger Jahre besucht, und bis heute ist das ›Berufsbildungszentrum Glas aus Zwiesel‹ auf der ›Frankfurter Messe‹ präsent.

Persönlichkeit und Lebenswerk. Eine umfassende Ausstellung des Werkes von Bruno Mauder organisierte der ›Kunstdienst‹ im August 1941 in Berlin. Wolfgang von Wersin schreibt im ›Werkstattbericht‹: »Bruno Mauder hat alle Irrwege vermieden, zu denen vorübergehende Zeitströmungen verleiten konnten, und hat von Anfang an den Weg zu einer klaren und zeitlos wirkenden Formenwelt gesucht. Seine Stärke ist der Sinn für das eigentlich ›Gläserne‹ am Glas: diese stets merkwürdige Verschmelzung von Starrheit und Flüssigkeit, von Festigkeit und Körperlosigkeit, von Reflexen und Durchsicht. Die Materie selbst gibt das Thema zu seinem Entwurf, der keinen anderen Inhalt sucht, als bloß schönes, als Ge-

fäß anwendbares Glas zu sein. Das gibt seinen Gläsern das schlechthin Natürliche und Selbstverständliche, wodurch sie neben schönen alten Dingen Bestand haben. Aber es verbindet sich gleichzeitig mit allem Guten aus unserer Zeit. Denn der wiedergewonnene Sinn für die natürliche Aura des Werkstoffes und der Adel der reinen klaren Form gehören zu den besten und unbestreitbaren Errungenschaften der heutigen gestaltenden Gewerbe.«

Professor Bruno Mauders Wirken an der Glasfachschule Zwiesel war in gleichem Maße pädagogische Leistung nach innen wie künstlerische Befruchtung nach außen. Damit hat er bis zu seinem Lebensende die Aufgabenstellung dieser Bildungseinrichtung bestens erfüllt. Wenige Tage nach seinem Ausscheiden aus der Schule starb er am 9. September 1948 in Zwiesel. Er selbst äußert sich im Jahr 1944 über sein Lebenswerk: »Wir waren immer bestrebt, dem Glas den ihm zustehenden Charakter zu geben. Ein Glas sollte entstehen, das nicht nur für heute und morgen Geltung hat, sondern auch bei weiteren Generationen Anerkennung findet!«

Bruno Mauder hat diese von ihm selbst gestellte Maxime erfüllt. Er war einer der bedeutendsten Glas-Persönlichkeiten des Bayerischen Waldes und ein großer Gestalter des deutschen Glases.

1979 konnte Zwiesel das 75jährige Jubiläum seiner Stadterhebung begehen. Die Glasfachschule wurde ebenso alt. Sie lud deshalb für den 6. Oktober 1979 zu einer Feier, mit der »die unternehmerische Weitsicht der Gründer gewürdigt und die Bedeutung der beruflichen Schule für die heutige Glasindustrie und das Glashandwerk hervorgehoben werden sollte.« Zahlreiche Ehrengäste, Freunde und ehemalige Schüler kamen herbei, und in eindrucksvoller Weise wurde das Schuljubiläum gefeiert. Der Direktor faßte den Erfolg der 75jährigen schulischen Aktivitäten zusammen, sich darauf grün-

dend, daß » 1. Von Anfang an ein klares Konzept vorlag. 2. Ständig die technische und künstlerische Zusammenarbeit mit Handwerk und Industrie gepflegt wurde. 3. Bis vor einigen Jahren die Entwicklung von einem Beirat überwacht wurde, die sich aus Vertretern des Staates, der kommunalen Behörden und der Wirtschaft zusammensetzte. 4. Durch die vorzügliche Zusammenarbeit der Lehrer, die sich, ganz gleich, ob Handwerker, Techniker oder Künstler, stets um ein harmonisches Schulklima bemühten.«

Auch die Glasindustrie bekundete durch das Vorstandsmitglied der ›Schott-Zwiesel-Glaswerke AG‹, Dr. Heinz Simon, zum Fachschul-Jubiläum ihre besondere Wertschätzung dieser fachbezogenen Bildungseinrichtung: »In dem klassischen Dreiklang, den die Schule bisher lehrte, Gestaltung, Handwerk und Technologie, konnte und kann heute wieder alleine die Zukunft unserer Betriebe liegen.« Und auch der Zukunftsauftrag des »Staatlichen Berufsbildungszentrum für Glas« in Zwiesel wurde vom Vertreter der Wirtschaft deutlich postuliert: »Wir brauchen alle Kräfte und alles Können dieser Schule, damit die heutigen Schüler, wie zuvor, gründlich, solide, aber auch in menschlicher Reife ausgebildet werden; damit sie in der nicht leichten Zeit, in der die Glasindustrie Deutschlands und Europas heute lebt, ihren Mann stehen und helfen können, dieser traditionsreichen Industrie den Weg in das nächste Jahrhundert zu sichern und zu bahnen.« Und das brauchen wir heute mehr denn je.

100 *Bruno Mauder war in erster Linie leidenschaftlicher Zeichner, der jedes Ornament detailliert zu Papier brachte, ...*

101 *... und nach dessen Entwürfen die Schüler Gläser veredelten. Doch bemalte er zahlreiche Gefäße auch selbst.*

102 *Die expressive Phase Mauders, in der er einen eigenwilligen Beitrag zur deutschen Art Deco lieferte, dauerte nur wenige Jahre.*

Otto Moritz

Glas im Wandel

Glasindustrie im 20. Jahrhundert

Grundlage war der Holzreichtum. Ostbayern zählt heute zu den bedeutendsten Standorten der bundesdeutschen Glasinustrie. In dieser Region findet sich ein Viertel der knapp hundert im Inland bestehenden Glashütten, und jeder Vierte der insgesamt 65 000 in der Glasindustrie Beschäftigten hat dort seinen Arbeitsplatz. Die Prozesse, die dazu geführt haben, werden hier exemplarisch dargestellt.

Die Glasschmelze ist ein sehr energieaufwendiger Prozeß. Dabei entsteht im wesentlichen aus den Rohstoffen Quarzsand, Kalk und einem Schmelzmittel (z. B. Pottasche) bei circa 1400 Grad Celsius Glas. Als Heizmaterial und als Rohstoff für die Pottascheerzeugung war Holz einst der wichtigste Standortfaktor gewesen. Neben dem Holzreichtum fanden sich im kristallinen Grundgebirge des Bayerischen und Oberpfälzer Waldes auch nennenswerte Quarzvorkommen.

Technologische, wirtschaftliche und politische Prozesse haben seither die Standortvoraussetzungen gründlich verändert. Bereits durch die Einführung der *Kohlefeuerung* im 18. Jahrhundert entwickelte sich eine zunehmende Abhängigkeit der Glasbranche von Kohlezulieferungen und brachte Glashütten in der Nähe von Kohlevorkommen (Ruhrgebiet, Schlesien) Kostenvorteile. Weiterhin ersetzte man die aus Holz gewonnene Pottasche durch synthetisch erzeugte Flußmittel, die von der chemischen Industrie der Rheinschiene geliefert werden. Die Standortbedingungen für die Glaserzeugung in Ostbayern haben sich dadurch verschlechtert.

Fabriken anstelle von Glashütten. Die eigentlichen Schwierigkeiten, die speziell die ostbayerischen Tafelglashütten betrafen, begannen mit der Entwicklung neuer Verfahren. Während die amerikanische Tafelglasindustrie schon 1915 und die belgische 1922 maschinelle Ziehverfahren eingeführt hatten, stellte man in Deutschland erst 1925 Maschinen auf. Bis zu diesem Zeitpunkt war die Tafelglasproduktion sehr arbeitsaufwendig gewesen. In Belgien, aber auch in den USA gelang es, Glastafeln direkt aus der Glasschmelze zu ziehen, beispielsweise nach dem *Fourcaultverfahren.* Damit erübrigte sich der kostspielige Umweg über den Glaszylinder.

Die Glasmacher wurden auf die neuen Maschinen umgeschult oder entlassen. Eine aggressive Preispolitik der Flachglashütten des rheinischen Spiegelglassyndikats und hohe Preise für Lizenzen auf die neuen Verfahren bedeuteten für viele Flachglashersteller in Ostbayern das Aus. Von 1927 bis 1934 wurden neun Flachglashütten stillgelegt. Zwei weitere Unternehmen haben ihre Flachglaserzeugung eingestellt. Die Inflation, die 1923 ihren Höhepunkt erreichte, und die 1929 einsetzende Weltwirtschaftskrise trugen sicherlich zu dieser Entwicklung bei. Zu Beginn des Zweiten Weltkriegs war in Niederbayern-Oberpfalz nur noch eine Tafelglashütte in Betrieb: die ›Tafel-, Salin- und Spiegelglasfabriken AG‹ in Weiden, die zur ›Detag‹ (Deutsche Tafelglas Aktiengesellschaft) gehörte.

Der technologische Fortschritt veränderte auch das Äußere der Produktionsstätten. Vor der Einführung der mechanischen Ziehverfahren waren sich Tafelglas- und Hohlglashütten im Aussehen sehr ähnlich. In der Tafelglasfertigung mußten die relativ hohen, langgestreckten Gebäude mit einem verhältnismäßig steilen Satteldach, dem zur Verbesserung der Ventilation im Hütteninneren über einen weiten Bereich des Dachfirstes Entlüfter aufgesetzt waren, flachen, ausgedehnten Fabrikationsgebäuden weichen, die kaum noch von anderen industriellen Produktionsanlagen zu unterscheiden sind.

Die Glasschleifen verschwinden aus der Region. Mit der Zahl der Flachglas-

103 *Zweimal das Jahr 1924: Die Riedlhütte verkörperte damals noch den traditionellen Hüttentyp mit Holzfeuerung, ...*

104 *... während im selben Jahr Isidor Gistl in Frauenau eine hochmoderne Glasfabrik mit Gleisanschluß baute.*

hütten verringerte sich auch die der ostbayerischen *Schleif- und Polierwerke*. In der Oberpfalz zumeist aus Hammerwerken entstanden, wurde die vorhandene Wasserkraft zum Antrieb der Anlage benutzt. Die aus Glaszylindern hergestellten oder gegossenen Scheiben waren nicht in ausreichendem Maße plan und mußten zunächst geschliffen und dann poliert werden. Als funktionstüchtige Anlage wurde in Theuern die Spiegelglasschleife Baumhof als Außenstelle des Industrie- und Bergbaumuseums wieder errichtet.

Mit dem Auflassen der Handhütten nach dem Ersten Weltkrieg versiegten allmählich die Rohglasquellen in Ostbayern. Auch die noch vorhandenen Betriebe fielen als Zulieferer weitgehend aus. Die ›Detag‹ ließ ihr Spiegelglas in eigenen Betrieben in Fürth bearbeiten, und die ›Glashütte GmbH‹ in Neustadt/Waldnaab produzierte nur übergroße Scheiben, die sich in den herkömmlichen Veredelungsbetrieben nicht bearbeiten ließen. Zudem wurde der Betrieb bereits 1936 wieder stillgelegt.
Der letzte Lieferant von Spiegelrohglas war

die Gußglashütte der ›Bayerischen Spiegelglaswerke AG‹ in Furth im Wald. Aber auch dieses Unternehmen gab nur die Produktion weiter, die seine eigenen Schleifkapazitäten überstieg. Der Niedergang dieser Werke war somit unvermeidlich.
Auch in der *Flaschenindustrie* führte der technologische Fortschritt zu einer erheblichen Kapazitätsausweitung, zu Betriebsstillegungen und zur Gründung von Syndikaten wie dem Verband der Flaschenfabriken. Ursache war die Erfindung des Amerikaners Owens: die Glasblasmaschine. Ein Glasposten wurde aus einem Wannenofen angesaugt und die fertige Flasche nach einer Umdrehung der Maschine ausgeworfen. Die handwerkliche Flaschenherstellung kam nach und nach völlig zum Erliegen. Als einzige Flaschenhütte Ostbayerns überstand die ›Amberger Flaschenhütten AG‹ diese Entwicklung, obwohl sie dem Verband der Flaschenfabriken nicht beigetreten war. Existierten 1913 noch 63 Hütten mit 17816 Beschäftigten, so war ihre Zahl bis 1929 auf 34 und der Beschäftigtenstand auf 13563 gesunken.

Handhütten bleiben konkurrenzfähig. Ist von Ostbayerns Glasindustrie die Rede, denkt man zunächst an die Kristall- und Wirtschaftsglashersteller. Ihre Produkte für den ›gedeckten Tisch‹, weitgehend manuell gefertigt, begründeten den Ruf Ostbayerns als bedeutenden Glashüttenstandort. In dieser Sparte war zwischen den zwei Weltkriegen vom technischen Umbruch wenig zu spüren. Bevorzugtes Heizaggregat blieb der Hafenofen, der von mit Braunkohle beschickten Glaserzeugern mit Brennmaterial versorgt wurde. Das handwerkliche Geschick der Glasmacher war der wichtigste Standortvorteil. Braunkohle bezog man in der Hauptsache aus der Tschechoslowakei, Quarz kam aus Nord- bzw. Mitteldeutschland. Die Oberpfälzer Vorkommen eigneten sich nur zur Flaschen- und Flachglasproduktion.
Im Jahr 1939 befanden sich im Bereich der heutigen Bundesrepublik Deutschland 13 von 26 Kristall- und Wirtschaftsglashütten, also fünfzig Prozent der Betriebe in Ostbayern. Das zeigt die besondere Bedeutung dieser Region.
Diese Glashütten, wegen der vorwiegend manuellen Produktionsweise auch Handhütten genannt, waren von den veränderten Standortbedingungen kaum betroffen. Als Erzeuger individueller Produkte hatten sie genug Preisspielraum, um die Transportkosten, die höher als die der nord- und mitteldeutschen Konkurrenz waren, auf die Käufer abwälzen zu können. Eisenbahnlinien übten auf die Gründer neuer Glashütten eine erhebliche Anziehungskraft aus. Die ›Gistl‹-Hütte in Frauenau entstand 1923 direkt an der 1890 eröffneten Bahnstrecke Zwiesel-Grafenau.
Ein Beispiel dafür, daß ein Bahnanschluß noch nicht allein über wirtschaftlichen Erfolg oder Mißerfolg entscheiden muß, ist die Firma ›Nachtmann‹ in Riedlhütte. Der Einsatz von LKWs machte den fehlenden Gleisanschluß wett und brachte die Kohle vom nahegelegenen Bahnhof in Spiegelau zum Betrieb der Gasgeneratoren an ihren Bestimmungsort.
Zwischen die zwei Weltkriege fällt auch der Ausbau von Kristallglasschleifereien zu

105 *Die Technologie bestimmte nun den Habitus der Produktionsstätten: Das hohe Gebäude der Weidener Tafelglasfabrik (Foto von 1935)...*

106 *...entwickelte sich aus dem Fourcault-Verfahren, bei dem das Glasband senkrecht nach oben abgezogen wurde;...*

107 *...hingegen erfordert das Float-Verfahren (Abb. 126) ein flaches Werk von etwa einem Kilometer Länge.*

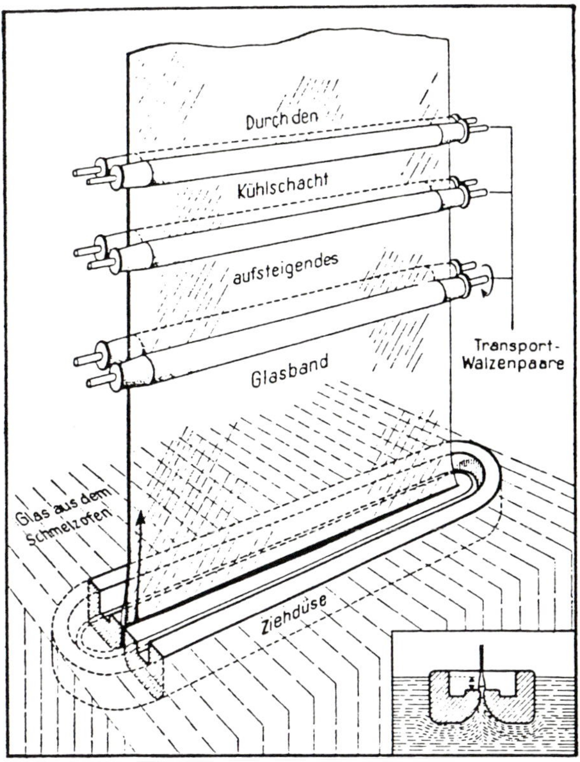

Hohlglashütten. Eine eigene Rohglasbasis machte die Firmen flexibler in ihrem Produktionsprogramm und unabhängig von den Lieferungen konkurrierender Glashütten. Hier sind die Firmen ›Beyer‹ (1930) in Ullersricht (später Neustadt/Waldnaab) und ›Hofbauer‹ (1928) in Neustadt/Waldnaab zu nennen. Die Firma ›Hofbauer‹ erwarb zudem 1931 eine 1927 in Windischeschenbach stillgelegte Tafelglashütte und baute sie zu einem Hohlglasbetrieb um.

Wiederaufbau und Wirtschaftswunder. Der Eiserne Vorhang schnürte nicht nur die Glasindustrie Westdeutschlands von Rohstofflieferanten und Abnehmern im Osten ab, sondern bedingte auch einen großen Zustrom von Beschäftigten aus der dortigen Glasbranche. Dies führte zur Gründung neuer Betriebe und zu neuen Strukturen.

Zunächst sorgten die verheerenden Kriegsschäden für einen expandierenden Bau-

108 *Die beschauliche Hafenstube, hier in der Poschinger-Hütte in Frauenau, gehört schon fast der Vergangenheit an.*

109 *Farbglasscherben stehen zum Wiedereinschmelzen in Trögen bereit.*

110 *Eine Aufnahme mit Seltenheitswert: Das Mischen des Glasgemenges erfolgt heute fast nur noch mechanisch.*

markt und damit für steigende Flachglasnachfrage. Das Wirtschaftswunder förderte zudem die Privatnachfrage, die sich auch auf die Hohlglasproduktion belebend auswirkte.

Das sich infolge der technischen Entwicklung nach dem Zweiten Weltkrieg ständig ausweitende Angebot stieß somit zunächst auf expandierende Märkte, und es kam zu zusätzlichen *Glashüttengründungen* in Ostbayern.

Die Gründungen in den Nachkriegsjahren waren zumeist Behelfsgründungen und sollten die im Osten verlorengegangenen Kapazitäten ersetzen. Aufgrund des Engpasses bei Glühbirnen in der Nachkriegszeit und der Begünstigung durch Maßnahmen im Zuge der Zwangsbewirtschaftung konnte ›Osram‹ die Fertigung unter anderem in einem Betrieb der ›Spiegelglaswerke‹ Mitterteich wieder aufnehmen. In Neustadt/Waldnaab entstand 1946 ein Betrieb zur Fabrikation von Sonderkolben im Mundblasverfahren, der das vorhandene Potential an Glasmachern nutzte.

Ende der zwanziger Jahre hatte sich die Firma ›Schott‹ an Gesellschaften wie den ›Vereinigten Farbenglaswerken‹, die auch eine Glashütte in Zwiesel betrieben, sowie an der ›Deutschen Spiegelglas AG‹ mit den Werken in Grünenplan (Niedersachsen) und Mitterteich beteiligt. Diese Betriebe wurden durch Umbaumaßnahmen den neuen Erfordernissen angepaßt. In Mitterteich ging eine Anlage zur Fertigung von Röhren in Betrieb, und in Zwiesel fand die Produktion von optischem Glas eine vorübergehende Bleibe. Bereits 1951 verlagerte ›Schott‹ seine optische Fertigung von Zwiesel und Mitterteich in das ab 1951 gebaute Werk in Mainz.

Neben ›Schott‹ waren auch andere Glashersteller auf eine Konzentration ihrer Fertigung bedacht. Die ›Beyer Bleikristall Werke‹ hatten 1955 die Rohglasproduktion aus Gründen der Fertigungskonzentration von Ullersricht in das Hauptwerk nach Neustadt/Waldnaab verlegt. Das Zweigwerk in Ullersricht wurde als Veredelungsbetrieb weitergeführt.

Eine Vielzahl von sudetendeutschen Glasveredlern, die in den Westen gekommen waren, gründeten neue *Glasschleifereien* in der Bundesrepublik. Im Bayerischen Wald war aber bisher eine Glasveredelung außerhalb der Glashütten nicht üblich gewesen. Deshalb ergaben sich für diese Betriebe über die nachkriegsbedingten Beeinträchtigungen hinaus Schwierigkeiten in der Rohglasversorgung. Einige bauten sich daher in dieser Phase eine eigene Rohglasproduktion auf. Im Unterschied zu den in den ersten Jahren nach Kriegsende gegründeten Glashütten handelte es sich nur um die Angliederung von Schmelzaggregaten an bereits bestehende Veredelungsbetriebe. Dazu zählen die Glasfabriken ›Füger & Taube‹ in Vohenstrauß, ›Weiss & Ullmann‹ in Osterhofen und in den sechziger Jahren die Firma ›Klokotschnik‹ in Zwiesel. Valentin ›Eisch‹ aus Frauenau wollte seinen Veredelungsbetrieb ausbauen. Die eingesessenen Hütten verweigerten in falsch verstandenem Konkurrenzdenken weitestge-

hend die Lieferung von Rohglas. Deshalb errichtete die Firma, um von den Rohglaslieferanten – auch in gestalterischer Hinsicht – unabhängig zu werden, in Frauenau eine eigene Glashütte.

Das Floatverfahren. Der Technisierungsprozeß und die damit verbundene Ausweitung des Angebots trafen auf expandierende Märkte. Der Bauboom und die sich ausweitende Automobilindustrie, aber auch eine allgemeine Konsumwelle begünstigten die Nachfrage in allen Sparten der Glasindustrie.

Die Entwicklung des sowohl qualitativ als auch quantitativ den bislang gebräuchlichen Verfahren zur *Flachglasproduktion* überlegenen Floatverfahrens zeigte auch in der Oberpfalz Wirkung. Bereits in den sechziger Jahren nahmen diese Anlagen in der Bundesrepublik die Produktion auf. Die Ziehanlagen in Weiden wurden aber erst 1979 stillgelegt und eine Floatglasanlage im nahegelegenen Weiherhammer errichtet. Neben dem eigenen Veredelungsbetrieb in Wernberg versorgt die Anlage den süddeutschen und österreichischen Markt mit Rohglas.

Außer der ›Flachglas AG‹, dem Betreiber dieser Anlage, erzeugen noch zwei weitere Glashütten Flachglas. Die Glasfabrik ›Lamberts GmbH‹ in Waldsassen produziert im Mundblasverfahren Echtantikglas und mundgeblasene Butzen- und Mondscheiben. Die ›Desag‹ (Deutsche Spezialglas AG, Grünenplan/Niedersachsen) fertigt in einem Zweigwerk in Mitterteich ebenfalls mundgeblasenes Antikglas und neben einigen Spezialtypen wie Signal- und Filtergläsern auch gegossenes Colorescent- und Opalescentglas. Das Unternehmen gehört der Schottgruppe an.

Die ›Bayerischen Spiegelglasfabriken AG‹ in Furth im Wald sind seit 1950 nur noch Veredeler. Neben veredelten Flachgläsern und Autospiegeln umfaßt die Produktionspalette unter anderem auch Reflektoren für Solarkraftwerke. In Fürth befindet sich der Firmensitz und ein weiteres der insgesamt vier Werke. Als Unternehmen der ›Flabeg‹ (Flachglasbearbeitungsgesellschaft mbH) gehört es zur ›Flachglas AG‹.

Der ›Eiserne Mann‹. Die Erzeugnisse der Handhütten sind so vielseitig und die Serien, sieht man einmal von den Trinkgläsern für den Gastronomiebereich ab, so klein, daß sich der Einsatz von vollautomatischen Maschinen in diesem Bereich lange Zeit nicht lohnte.
Doch die gestiegene Mobilität, die Expansion des Tourismus und ein damit verbundener Boom im Fremdenverkehrsgewerbe schufen eine andere Ausgangslage. Aus der Gastronomiebranche kam eine zunehmende Nachfrage nach Trinkgläsern. Aber das Interesse galt nicht hochwertigen und somit teuren Handprodukten, sondern Gläsern mit einem entsprechenden Preis-Leistungs-Verhältnis, um gegen die Konkurrenz aus der Preßglasfertigung und später gegen die Substitutionskonkurrenz aus dem Kunststoffsektor bestehen zu können. Dieser Nachfrage konnten die Glashütten, die auf traditionelle Mundblastechnik eingestellt waren, zu den genannten Bedingungen nicht nachkommen.
Wegbereiter auf dem Gebiet der maschinellen *Kelchglasfertigung* war die Firma ›Schott‹-Zwiesel. 1957 lief die maschinelle Fertigung von Milchflaschen, Teegläsern und Bechergläsern an, und das Problem der mechanischen Herstellung dünnwandigen Hohlglases war damit prinzipiell gelöst. Heute produziert man hier nach diesem Verfahren dünnwandige Gläser mit einer Toleranzgrenze in den Wandstärken von 0,1 Millimeter. An den maschinengeblasenen Kelchglaskopf fügt man mit einer Presse einen Stiel an.
Der ›Eiserne Mann‹ ermöglicht eine rein *maschinelle Fertigung von Stielgläsern*. Damit wurde eine Entwicklung vollzogen, die bei der Flachglas- und Flaschenfertigung längst abgeschlossen war. Zunächst war die Gastronomie Hauptabnehmer, dann entdeckte man im Endverbraucher einen neuen Abnehmerkreis. 1984 verfügte ›Schott‹-Zwiesel über drei Wannen mit insgesamt neun Linien. Abhängig von der Artikelart ergibt dies bei optimalen Bedingungen eine Tageskapazität bis zu 65 000 Stück pro Linie, jährlich werden etwa 100 Millionen Gläser produziert.
Zu Beginn der siebziger Jahre setzten weitere Glashütten Glasblasmaschinen ein. Lieferant war die Firma ›Forma‹-Zwiesel, deren Firmengründer bei ›Schott‹ im Maschinenbau tätig gewesen war. Heute produzieren in Ostbayern außerdem ›Rosenthal‹, die ›Kristallglasfabrik Spiegelau‹ und die Firma ›Nachtmann, Bleikristallwerke‹

111/112 *Das Hafeneintragen – ein glühendheißes, beeindruckendes Hüttenereignis, bei dem der neue Hafen in den Glasofen gehievt wird.*

113 *Unteres Bild: Der Hafen im Glasofen. Blick auf den Schmelzkegel, die Gemengeaufschüttung, welche gerade zu schmelzen beginnt.*

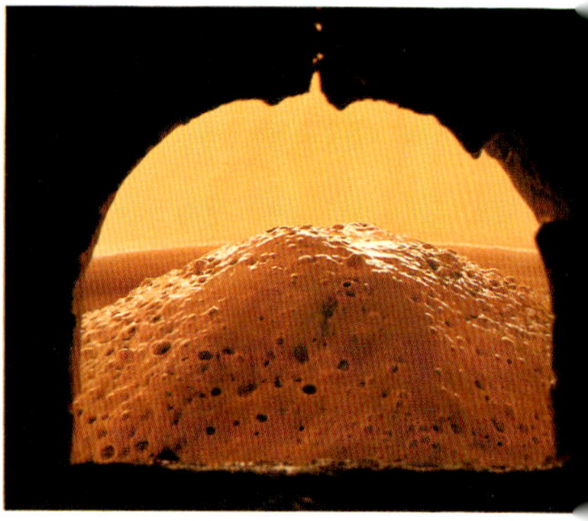

114 *Nicht mehr aus Hafen, sondern aus Glaswannen, die zudem elektrisch beheizt werden – wie hier in Riedlhütte –, arbeiten viele Glasmacher heute.*

auf speziellen Kleinanlagen Hohlglas auf maschinellem Weg.

Neben der Einführung der Glasblasmaschinen haben auch andere technische Neuerungen die Erzeugung von mundgeblasenen Gläsern revolutioniert. Es sei hier nur auf die Einführung des kontinuierlichen *Kühlbands,* des Tretkastens, der Kölbelmaschine und des Förderbands zum Glastransport des Rohglases zum Kühlband hingewiesen. Die handwerkliche Kelchglasfertigung wurde zu Beginn der sechziger Jahre mit Hilfe von handbetriebenen *Stielpressen* rationalisiert. Die Weiterentwicklung zu vollautomatisch arbeitenden Stielpressen war eine wichtige Voraussetzung für die vollautomatische Kelchglasproduktion. Vor Einführung dieser Technik mußte jeder kantig geformte Stiel zuerst von Hand gezogen und dann in der Veredelung zugeschliffen werden.

Auch in der Veredelung leistungsfähiger. Lange Zeit war das Schleifen der Gläser ein sehr arbeitsaufwendiger Prozeß. Entscheidende Fortschritte auf dem Sektor des *maschinellen Glasschleifens* gelangen erst in den letzten dreißig Jahren. Zunächst fanden bei der Schleifmaschinensteuerung Kurvenscheiben Verwendung, die je nach auszuführendem Schliff ausgewechselt werden mußten. Gleichzeitig kamen *Diamantscheiben* zum Einsatz. Die Diamantscheiben ermöglichen einen erhöhten Ausstoß und somit einen günstigeren Nutzungsgrad der Aggregate. Mit Hilfe der Mikroelektronik auf numerisch gesteuerten Schleifmaschinen werden heute Gläser geschliffen, die im Hinblick auf die technische Ausführung mit handgeschliffenen Dekoren voll konkurrieren können. Die Kapazität einer Schleifmaschine, bestückt mit Vier-Scheiben-Schleifköpfen auf acht Stationen, entspricht ungefähr der Tagesleistung von acht Handschleifern.

In den eigenständigen Veredelungsbetrieben, für die stellvertretend die Firmen ›Rimpler‹ in Zwiesel und ›Hackl‹ in Röhrnbach genannt seien, blieb jedoch ausschließlich das handwerkliche Können Basis des Produktionsprozesses.

Am Ende des Schleifvorganges ist die bearbeitete Glasoberfläche rauh und glanzlos. Dies kann ein Gestaltungselement und somit Teil des Dekors sein; im Regelfall, vor allem in der Bleikristallproduktion, bringt man das Glas durch Politur auf Hochglanz. Lange vor dem Zweiten Weltkrieg hatte die Säurepolitur die mechanische Politur verdrängt. Aber erst in den sechziger Jahren wurde das Verfahren in vollautomatischen Anlagen durchgeführt.

115 *Erwecken schon Nostalgie: Gläser des Bayerischen Waldes aus den fünfziger Jahren.*

Die Automatisierung von Nachbearbeitung, Schliff und Politur ermöglichte eine Massenproduktion von geschliffenem Bleikristall. Infolge der sich aus der Rationalisierung ergebenden Kostenverringerung konnte das Bleikristall, das wegen seines hohen Preises zu den Artikeln des gehobenen Bedarfs gehörte, bald zu günstigen Preisen abgesetzt werden. Weil es sich hier nicht um ›Verbrauchsglas‹ handelt, ist der Markt für Ersatzbeschaffung relativ unbedeutend und die Gefahr der Marktsättigung im Marktanteil des qualitativ hochwertigen Glases größer als bei gewöhnlichem Gebrauchsglas.

Hohe Kapazitäten – stagnierende Nachfrage. Abnehmendes Wirtschaftswachstum und stagnierende Nachfrage einerseits und im Inland vorhandene Überkapazitäten, verbunden mit einem sich verstärkenden Importdruck, andererseits machten seit Mitte der siebziger Jahre nicht nur den Glashütten Ostbayerns sondern auch der gesamten Bundesrepublik zu schaffen.

Die Qualität der Maschinenerzeugnisse nahm auch im Hohlglasbereich ständig zu, und voll oder teilweise maschinell gefertigte Gläser sind kaum noch von mundgeblasenem Glas zu unterscheiden. Insofern stellt das Prädikat ›mundgeblasen‹ für sich allein betrachtet keinen besonders wertbildenden Faktor dar, sondern die Erzeugnisse aus Handhütten müssen sich allein aufgrund ihrer besonderen, dem Mundblasverfahren eigenen Individualität vom Maschinenglas unterscheiden. Diese produktionstechnischen Nischen werden aber mit fortschreitender technologischer Entwicklung immer kleiner. In der Folge kam es zu Betriebsstillegungen in Regenhütte, Ludwigsthal, Neustadt/Waldnaab und Warmensteinach. Die einzige Flaschenhütte Ostbayerns in Amberg wurde 1980 stillgelegt.

Im Jahr 1984 errichtete die Firma ›Nachtmann‹ in Weiden ein neues Werk. Daneben entstanden zahlreiche Kleinbetriebe, in der Hauptsache Schauglashütten, die vornehmlich auf den Fremdenverkehr ausgerichtet sind. In Freyung, Lindbergmühle, Bodenmais, Arnbruck, Eckersberg und Neustadt/Waldnaab befinden sich Betriebe dieser Art.

Die Zentren. Die Hohlglashütten konzentrieren sich im Raum Zwiesel-Frauenau und Neustadt/Waldnaab. Der größte Glaserzeuger in Ostbayern ist die Firma ›Schott‹-Zwiesel. 1985 erzielte das Unternehmen einen Umsatz von 154 Millionen DM vor dem größten Bleikristallhersteller der Bundesrepublik, der Firma ›F. X. Nachtmann GmbH‹ in Neustadt/Waldnaab, Riedlhütte und Weiden, deren Umsatz auf etwa hundert Millionen DM geschätzt wird. Damit stellen diese beiden Unternehmen immerhin etwa 25 Prozent der gesamten inländischen Wirtschafts- und Kristallglasproduktion. Neben den genannten Unternehmen besitzt noch die ›Kristallglasfabrik Spiegelau‹ in Frauenau ein Zweigwerk. In Frauenau setzen sowohl die Glashütte ›Eisch‹ als auch die ›Freiherr von Poschinger'sche Krystallglasfabrik‹ verstärkt auf individuelles Glas.

Schwerpunkt der Bleikristallproduktion ist nach wie vor Neustadt/Waldnaab. Dort sind drei Hersteller konzentriert: ›Beyer‹,

›Hofbauer‹ und ›Nachtmann‹. Die Kristallfabrik ›Alfred Taube‹ produziert im nahegelegenen Vohenstrauß und die Annahütte in Windischeschenbach.
Die Keramikhersteller ›Hutschenreuther‹ und ›Rosenthal‹ (beide Selb) sind ebenfalls in der Glasbranche tätig. ›Hutschenreuther‹ ist an der ›Theresienthaler Krystallglas- und Porzellan-Manufaktur‹ beteiligt. Die Firma ›Rosenthal‹ betreibt in Amberg das ›Thomas Glaswerk‹.
Die Betriebe ›Lamberts‹ (Waldsassen), die ›Desag‹ und die ›Ruhrglas GmbH‹ (Mitterteich) sowie das Floatglaswerk in Weiherhammer (›Flachglas AG‹) haben mit den oben genannten Glashütten wenig gemeinsam. Als Flachglas- beziehungsweise Spezialglashersteller tragen sie zur Vielfalt ostbayerischer Glaserzeugung bei.
Bei den Hohlglasveredlern zeigt sich ein ähnliches Verteilungsmuster. An den Hüttenstandorten sind diese Betriebe besonders zahlreich vertreten. Die Betriebsgründer kommen zumeist aus dem Veredelungsbereich der Glashütten. Daneben üben aber auch Fremdenverkehrsorte eine besondere Anziehungskraft auf diese Betriebe aus.

Die Bedeutung für Ostbayern. Wie die Entwicklung seit dem Ersten Weltkrieg zeigt, sind in der Glasindustrie ebenso wie in der übrigen Wirtschaft ständig Kräfte am Werk, die ihr Erscheinungsbild und ihre räumliche Verteilung immer wieder verändern. Dieser Prozeß ist auch heute nicht abgeschlossen, wie die Glashüttengründungen und Stillegungen in jüngster Zeit wieder besonders deutlich gemacht haben. Trotzdem läßt sich feststellen, daß die Bedeutung Ostbayerns besonders als wichtiger Standort der Kristall- und Wirtschaftsglasproduktion seit dem Ersten Weltkrieg in Deutschland zugenommen hat. Dies ist zu begrüßen, denn Ostbayern ist aufgrund seiner Strukturschwäche in besonderem Maß von diesem Industriezweig abhängig.
Im Landkreis Regen war 1982 jeder dritte, im Landkreis Neustadt/Waldnaab jeder vierte und in den Landkreisen Tirschenreuth sowie Freyung-Grafenau etwa jeder fünfte aller im produzierenden Gewerbe Tätigen in der Glasindustrie beschäftigt. Diese Zahlen belegen die hohe wirtschaftliche Rangstellung, die die Glasindustrie gerade in Ostbayern auch heute noch einnimmt, besonders deutlich.

116 *Glashüttenstandorte in Ostbayern in den Jahren 1939 und 1988.*

Christiane Sellner

Bleikristall

Kleine Geschichte des funkelnden Glases

»Vom Bley-Glaß. Das Bleyglaß ist in der Glaßmacher-Kunst wenigen bekannt; so viel die Farben betrifft / so ist gewißlich dieses Glaß / unter allen andern / welche im Ofen bereitet werden / das allerschönste und edelste / mit welchen wir die Farben der Orientalischen Edelgesteine nachahmen können / welches mit dem Crystall / oder andern dergleichen Glaß nicht geschehen kan.«

Mit diesen Worten lobte der Florentiner Antonio Neri bereits 1612 in seinem vierten Buch ›Von der Glaßmacher-Kunst‹ das Bleikristallglas. Man kannte es also schon. Mit seiner Übersetzung aus dem Italienischen machte Christopher Merret ein halbes Jahrhundert später diese Geheimnisse des Glasschmelzens den Engländern zugänglich. Erst nachdem das Buch in der Gelehrtensprache Latein erschienen war, fand 1679 dank Johannes Kunckel das damalige Standardwerk der Glastechnologie den Weg auch in deutsche Glashütten.

Um so erstaunlicher ist es, daß das Bleikristallglas trotz solcher Lobesworte so spät von den hiesigen Hütten wahrgenommen worden ist. Noch in Wilhelm Mertens ›Fabrikation und Raffinierung des Glases‹ von 1889 kann man nachlesen: »Außerhalb Frankreich und England, wo die Arbeiter in Folge ihrer eigenen Arbeitsmethode speciell an das Bleiglas gewöhnt sind, treffen wir dieses Glas sehr selten an. Böhmen, welches mit seinem schönen und feurigen Schleifglase, das dem Bleikrystalle völlig gleichgestellt werden kann, weltberühmt ist, kennt die Verwendung der Mennige nur dem Namen nach.«

Vielleicht hielt man es nicht für notwendig, Bleiglas einzuführen, vielleicht schreckten aber auch die anfänglichen Schwierigkeiten ab, von denen Merret 1662 zu berichten weiß: »Das Bleiglas ist bei unseren Glasmachern in England nicht in Gebrauch, und zwar wegen seiner großen Zerbrechlichkeit.« Doch bald zwangen technologische Probleme zu einer Auseinandersetzung mit Zusätzen von Bleioxid zum Glasgemenge.

Brillantes Glas. Im 17. Jahrhundert sahen sich englische Glashütten genötigt, Steinkohle – statt Holz – als Brennmaterial zu verwenden. Damit durch den entstehenden dicken Qualm das Glas nicht verdorben

117 *Schleifer lieben das Bleikristallglas wegen seiner Weichheit.*

118 *Leuchtend ist die Farbpalette des Bleikristallglases. Es wird daher bevorzugt als Überfangglas produziert.*

wurde, schmolz man es in sogenannten gedeckten Hafen, die aber die Schmelzdauer verlängerten – vorausgesetzt, es fand sich ein leichter schmelzbares Gemenge. Gerade in diese Zeit fällt das Wirken einer Wissenschaftler-Persönlichkeit, des Londoner Glashüttenbesitzers George Ravenscroft, welcher in sehr modern anmutenden Versuchsreihen systematisch die Einflüsse der einzelnen Glaskomponenten untersuchte. Vornehmlich durch den Zusatz von *Mennige* gelangte er Ende des Jahres 1675 zu in vielerlei Hinsicht überraschenden Ergebnissen. Nicht nur, daß er endlich die früher beobachteten feinen Haarrisse und andere Zersetzungserscheinungen des Bleiglases behoben hatte, sondern das zugegebene Bleioxid bewirkte auch eine Erniedrigung der Schmelztemperaturen und verlieh dem Glas darüber hinaus gleichzeitig eine starke Lichtbrechung und eine besondere Weichheit, die es vor allem zum Schneiden geeignet machte. Mit seinem brillanten Schliffglas eroberte sich England bald eine Monopolstellung in der ganzen Welt.

Wo große Erfolge greifbar werden, hütet man seine Geheimnisse wie seinen Augapfel. Eifersüchtig wachte das Land des Bleikristallglases über Ravenscrofts Rezepte, und unter Androhung von Strafen war es englischen Glasmachern verboten, sich im Ausland niederzulassen. Trotzdem präsentierte nach mannigfaltigen und langen Versuchen die lothringische Glashütte St. Louis 1783 ihr hochbleihaltiges ›Cristal‹, das nach ersten Berichten dem Vergleich mit den besten englischen Erzeugnissen standhielt, »war es nun in Bezug auf Entfärbung, Reinheit, Schönheit, Gewicht oder Klang«.

Das scheinbar völlige Übergehen dieses begehrten Glases in Böhmen mag auf Unkenntnis zurückzuführen sein. Wenn Mertens 1889 glaubte, »bei Schliff- und Graveurarbeiten, wo die böhmische Concurrenz der französischen überlegen ist, spielt das Bleiglas keine so wichtige Rolle«, so irrte er in seiner nationalen Arroganz. Er mußte zugeben, daß es »in den besseren Häusern Deutschlands und Oesterreichs gar so sehr in der Mode (ist), Tafelservice und andere Luxusgegenstände blos von Baccarat und Sèvres den einheimischen ebenbürdigen Producten vorzuziehen.«.

Eine Premiere in Neustadt. Eingang in die Glasfabrikation des bayerischen Grenzgebirges fand dieses für die Veredelung geeignete Glas erst im 20. Jahrhundert. Im Oktober 1912 war in der Glashütte Nachtmann in Neustadt an der Waldnaab Premiere für das ostbayerische Bleikristall. Es enthielt 27,5 Gewichtsprozent Bleioxid. Bald, 1923, stellte auch der Nachtmann-Betrieb in Riedlhütte seine Produktion auf bleihaltige Schmelze um. Sicher nicht zufällig steht gerade diese Firma am Beginn der hiesigen Bleikristallära. Das Unternehmen war 1819 von einem Glasschneider, dem Johann

119 *Die Totalreflektion des Lichts bewirkt das silbrige Glänzen des Schliffs, wie an diesem Meisterstück aus Bodenmais.*

120 *Mit Bleikristallglas lassen sich beliebige Stielformen verwirklichen, ...*

121 *... da es sich vorzüglich zum Pressen eignet. Im Bild wird gerade ein Glasposten in die Form der Handstielpresse eingeschnitten.*

Michael Nachtmann aus Waldmünchen, als Schleiferwerkstatt – wenige Jahre später mit einer angekoppelten kleinen Hohlglasfabrik in Unterhütte bei Herzogau – gegründet worden.

Inzwischen ist der Raum Neustadt zu einem Herstellungszentrum dieses schweren, funkelnden Glases erwachsen. Man hat die Vorzüge seiner Produktion erkannt. Durch sein ›geschmeidiges‹ Verarbeitungsverhalten läßt es sich besser als anderes Glas in Formen pressen, und das fertige Produkt besitzt eine außergewöhnlich hohe Elastizität, die der Bruchgefahr entgegenwirkt.

Schliff und Licht. Laut DIN-Vorschrift muß ein ›Bleikristallglas‹ 24 Prozent Bleioxid enthalten und eine Mindestdichte von 2,9 aufweisen; *›Hochbleikristall‹* darf ein Glas erst dann genannt werden, wenn es wenigstens 30 Prozent Bleioxid hat und eine Dichte von 3,0 oder mehr besitzt. Die hohe *Dichte,* verursacht durch das gewichtige Blei, bedingt die Schwere des Glases. Weitaus bedeutsamer aber sind seine optischen Eigenschaften, die es über seine Weichheit hinaus für den Schliff so prädestiniert machen. Die hohe *Lichtbrechung* ist sein Markenzeichen, und seine breite *Lichtstreuung* zerlegt die Strahlen in einzelne Farben, läßt das regenbogenartige Funkeln entstehen. Bei einem Schliffwinkel von 97 Grad erfährt das Licht eine Totalreflexion. Dieser glitzernde *›Silberschliff‹* ist der Stolz eines jeden Schleifers.

Große Bleikristall-Schleifereien sitzen vor allem im Bayerischen Wald. Sie haben nicht zuletzt durch den Zustrom böhmischer und schlesischer Handwerker nach dem Kriege einen ungeahnten Aufschwung erlebt und konnten der Automatisierung bislang trotzen. So bildete sich beispielsweise ein Zentrum mit mehreren Betrieben in *Röhrnbach* heraus; die *›Riedlhütte‹* (Nachtmann) beschäftigt immer noch rund hundertzwanzig Schleifer, die Glashütte Klokotschnik in *Zwiesel* ist in erster Linie ein Veredelungsbetrieb, und in *Bodenmais* gibt es trotz mengenhaft importierter Ware ortseigene Schleifereien (Josef Kagerbauer). Das geschliffene Bleikristall, aber auch das manuell wie maschinell gepreßte, hat sich zwar etwas spät, aber um so massiver einen Stellenwert in Ostbayern erobert, der imageprägend geworden ist und seinen Ruf in alle Welt zu tragen weiß.

Karl-Heinz Horina

Technologien

Glaserzeugung heute und morgen

›Technologien‹ sind Herstellungsverfahren für beliebige Produkte. Man kennt unter anderem die Begriffe ›*thermische* Technologie‹ bei Verfahren mit nicht normaler (Raum-) Temperatur, ›*chemische* Technologie‹, immer dann, wenn Stoffänderungen stattfinden, und ›*mechanische* Technologie‹ bei der Anwendung mechanischer Kräfte oder Bewegungen. Beim Glas kommen fast immer alle drei Varianten zusammen.

Wenn sich dieses Kapitel mit modernen Technologien des Glases befaßt und dabei auch Firmennamen genannt werden, so kann das nur in einigen Fällen eine Ausschließlichkeit bedeuten. Viele dieser Verfahren sind nicht allein auf e i n ostbayerisches Unternehmen beschränkt, sondern werden in ähnlicherem oder geringerem Umfang oft noch anderweitig angewandt. Eine Vollständigkeit der Aufzählung kann in diesem Rahmen ohnehin nicht angestrebt oder gar erreicht werden.

Die endlose Glasröhre. Derjenige, der im Krankenhaus, beim Arzt oder über seine Apotheke ein Medikament in einem Fläschchen oder einer Ampulle bezieht, wird kaum wissen, daß das Glas dafür mit großer Wahrscheinlichkeit aus Mitterteich stammt. In diesem grenznahen Städtchen erzeugt die ›Schott-Ruhrglas-GmbH‹ mehr als 50 000 Tonnen Spezialglasröhren im Jahr, die als Halbfertigware vor allem in die pharmazeutische Industrie gelangen, aber auch zu den Glasapparatebläsern und Instrumentenbauern, die die Rohre für verschiedenste Zwecke im Bereich der Chemie, Physik und Technik weiterverarbeiten.

122 *Die kontinuierliche Glasröhrenherstellung: Ein endloser Glasstrang läuft auf die rotierende Dannerpfeife, an deren Ende ...*

Die einzelnen Teilschritte der Fabrikation bis zur Glasschmelze ähneln denen in anderen Glasbereichen. Allerdings sind für die beständigsten und festesten Glassorten meist höhere Temperaturen nötig – die thermische Technologie ist also aufwendiger. Die mechanische Technologie, die Formgebung, jedoch weicht gegenüber anderen Glaswaren stark ab. Am häufigsten erfolgt das maschinelle und kontinuierliche (ununterbrochene) Röhrenziehen nach dem *Danner-Verfahren:* Das zähflüssige Glas, das durch einen Speiserkanal von der Glaschmelzwanne kommt, fließt auf die Außenfläche eines schräg nach unten geneigten, sich drehenden, etwa zylindrischen Rohres aus feuerfester Keramik. Diese *Danner-Pfeife* wird von außen beheizt. Während durch ihr Inneres Luft geblasen wird, zieht man ununterbrochen an der Außenseite in Achsenrichtung, also schräg nach unten, das noch weiche Glasrohr ab und lenkt es in die Horizontale um.

Der Durchmesser und die Wandstärke des fertigen Rohres werden bestimmt durch die Größe der Pfeife, ihre Drehzahl, die Temperatur und damit die Zähigkeit des Glases, besonders aber durch den Blasluftdruck und die Ziehgeschwindigkeit, die bis zu drei Meter pro Sekunde betragen kann. Da zu diesen veränderlichen Größen auch noch unterschiedliche Glassorten hinzukommen, kann man sich das komplizierte Know-how sicher vorstellen. Für schwerschmelzende Borosilikatgläser wie zum Beispiel das Labor-Glas ›Duran‹ kommt eher das *Vello-Verfahren* in Frage. Hier wird die Glasmasse nicht aufgewickelt, sondern fließt durch eine ringförmige Düse mit einem darunterliegenden konischen Dorn. Für Rohre mit sehr großem Durchmesser (bis etwa 350 Millimeter) eignet sich das *Down-draw-Verfahren,* bei dem nicht in die Horizontale geschwenkt, sondern senkrecht nach unten gezogen wird.

Das verpackungsgerechte Zuschneiden der Rohre erfolgt am Ende der Kühlstrecke – natürlich vollautomatisch. Für Zwecke, die besondere innere Sauberkeit erfordern, werden die Rohrenden zugeschmolzen. Auch das Bündeln zu Verpackungseinheiten, die auf Paletten aufgesetzt und mit Schrumpffolien überzogen werden, verläuft ohne Berührung mit der Hand.

Ein Heer von Trinkgläsern aus der Maschine. Obwohl Ostbayern seit Jahrhunderten und auch heute noch ein Mittel-

123 *... das endlose Glasrohr abgezogen wird. Die einzelnen Ziehbahnen enden in der automatischen Verpackung der Röhrenabschnitte.*

punkt des mundgeblasenen Glases ist, wäre es falsch anzunehmen, daß moderne Technologien hier keinen Zugang gehabt hätten. Vielmehr haben einige Unternehmer großes Engagement darauf verwandt, Trinkgläser maschinell zu blasen und gleichzeitig ihre Qualität an jener von mundgeblasenen zu messen. Bis vor etwa 25 Jahren konnte man mittels maschinellem Blasen höchstens einfache Becher herstellen, die zusätzlich durch einen verdickten Mundrand unvorteilhaft auffielen. Es war ein großer Fortschritt, auch Kelchgläser direkt auf der Maschine produzieren zu können. Man benötigt dazu für jede Produktionslinie (-›straße‹) zwei Maschinen: eine, die den Stiel in einem Vorgang mit Bodenplatte preßt und eine zweite – die eigentliche Blasmaschine –, die das Kelchoberteil (die *Kuppa*) fertigt. Diese Maschine rotiert in der Regel (*Karussellmaschine*) und hat zwischen 16 und 28 Einzelformen, wobei beim Lauf an jeder ein spezieller Teilprozeß stattfindet.

Der eigentliche Formgebungsprozeß für das Kelchoberteil oder für den geblasenen Becher ist dem Mundblasen nachgeahmt. Man könnte sich anstelle der Maschine beispielsweise zwanzig hängende und sich im Kreis drehende Glasmacherpfeifen vorstellen. Zu Beginn braucht man jedoch zwei genauestens dosierte Glastropfen – jeweils einen für das Fußteil und das Oberteil. Die Tropfen erhält man aus einem abwärts fließenden Glasstrang, der aus einem Rohr und einem Tropfring aus Keramik heraustritt, von einem Stempel (dem ›Plunger‹) unterbrochen und von einer darunter angebrachten Schere schließlich zerschnitten wird. Beim *Drehform-Verfahren* (Paste-Mould-Prozeß) wird nun der zu einer Linse vorgepreßte, auf einem Metallring liegende Tropfen durch einen Blaskopf von oben zu einem ›Külbel‹ (keulenförmiger Hohlkörper) aufgeblasen, um das sich dann die Fertigform zuklappend schließt.

Es ist von wesentlicher Bedeutung, daß der Hohlglaskörper – ähnlich wie bei der Mundblasfertigung – in der Form gedreht wird. Dies und die Glätte der Forminnenflächen entscheiden über die spätere Glasoberflächen-Qualität. Diese ist einem in Holzformen mundgeblasenen Glas ebenbürtig und einem Preßartikel, der nicht nachbearbeitet wird, überlegen. Im gleichen Takt mit der Blasmaschine bekommt auch die Stielpresse je einen Glastropfen, aus dem sie den kompletten Fuß mit vorgegebenem Dekor – beispielsweise einer Schliffimitation – preßt. Dieses Fußteil wird von der Seite her der Blasmaschine zugeführt und dort mit einem Oberteil verschmolzen.

Noch ist an der Kuppa die beim Blasen unvermeidliche ›Kappe‹ vorhanden. Sie wird nach dem Durchlaufen des Kühlbandes durch ein Anritzen auf gewünschter Glashöhe und durch Absprengen mit einem kleinen Stichflammenkranz entfernt. Als Scherben wandert sie wieder in den Ofen zurück, wo sie dem schmelzenden Glasgemenge beigefügt wird. Hat das Glas nun so seine vertraute Form erreicht, so muß sein Mundrand noch beschliffen (naß) und nach dem Trocknen mit einem breiteren Flammenbogen geglättet werden (*Verwärmen*). Nun durchläuft es die Phase der ersten *Qualitäts-Kontrollen* mittels optischer Prüfgeräte, die sich dem vollautomatischen Ablauf anpassen. Die Ergebnisse der Prüfung werden von Computern ausgewertet und dienen als Hinweis für mögliche Fehlerabhilfen. Das glatte Glas ist jetzt fertig und zur sofortigen Verpackung oder zur Weiterbearbeitung bereit. Auch bei diesen Prozessen, wie vollautomatischem Schliff beziehungsweise Gravur oder Siebdruck, wird hochmoderne Technologie eingesetzt. Müssen diese Prozesse doch mit dem Tempo der schnellen Formgebungsmaschinen synchron laufen.

In Ostbayern gibt es drei Standorte von Unternehmen, die größere Mundblashütten betreiben, darüber hinaus aber den sehr großen Investitions- und Technologieaufwand tragen, der für maschinell geblasene Gläser nötig ist. – Es sind in der Reihenfolge steigender Produktionsgrößen:

Frauenau, wo die ›Kristallglasfabrik Spiegelau GmbH‹ (Hauptwerk in Spiegelau selbst) etwa dreißigtausend vollautomatisch geblasene Kelchgläser pro Tag herstellt.

Amberg mit der modernen Glasfabrik der ›Rosenthal AG‹-Selb und *Zwiesel* mit der zur Schott-Gruppe gehörenden ›Schott-Zwiesel-Glaswerke AG‹, einer der weltgrößten Produktionsstätten für Kelchglas. Der tägliche Ausstoß an Kristall- und Bleikristallgläsern aus drei kontinuierlich schmelzenden Glaswannenöfen und von meist acht bis neun Produktionslinien umfaßt hier zwischen 270 000 und 350 000 Gläser. Das bedeutet rund hundert Tonnen geschmol-

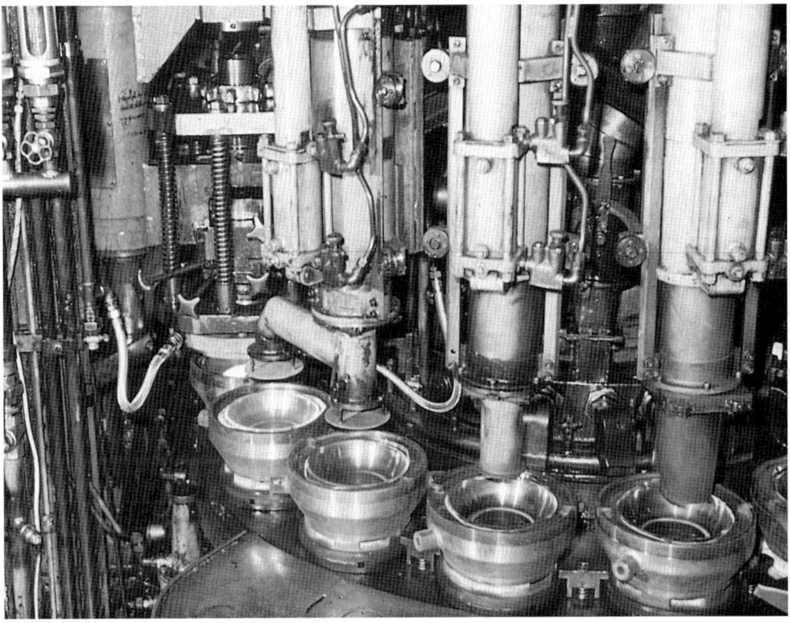

124 *Das Heer der Automatengläser verläßt das Kühlband.*

125 *Automatische Herstellung von Gläsern am ›Karussell‹: Hier werden gerade Schüsseln gepreßt.*

zenes Glas. – Die vom Unternehmen selbst gebauten oder zumindest weitgehend umgebauten Maschinen leisten ›Schnittzahlen‹ zwischen 25 und 60 Gläsern pro Minute. – Ständig sind rund tausend verschiedene Artikel im Angebot, so daß die Maschinen im Durchschnitt alle drei Tage auf neue Formensätze umgerüstet werden müssen.

Mancher wird sich fragen, wohin diese mehr als hundert Millionen Gläser pro Jahr wandern: Der Export geht fast in die ganze Welt. Da sind Fluggesellschaften und Schifffahrtslinien, große Hotelketten und Staatsbahnen und natürlich auch Kaufhauskonzerne, Großhändler, Brauereien, Weingroßhändler oder Werbeartikelvertreiber.

Formenbau – eine Wissenschaft für sich. Eine moderne Maschinenglashütte für Wirtschaftsglas, die jährlich viele Millionen Gläser produziert, braucht eine sehr hohe Anzahl von Formen. Zu den erwähnten tausend verschiedenen Artikeln kommt ja der Faktor von etwa achtzehn bis zwanzig (Zahl der Formen pro Maschine) und zusätzlich nochmals der Faktor von etwa zwei,

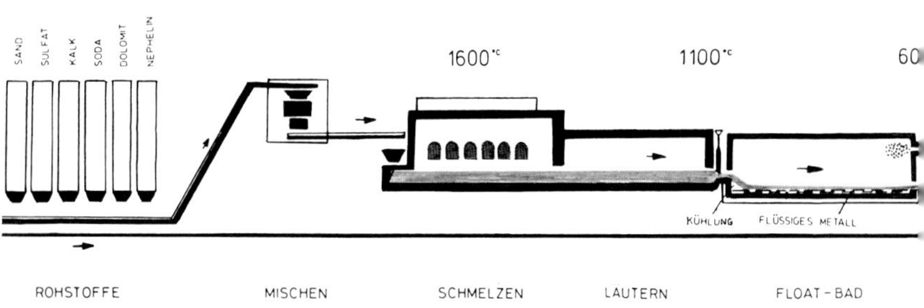

weil man meist nicht mit einem Formensatz in der Produktion auskommt (Pflege- und Überholbedarf). Das bedeutet ein Formenlager von sehr vielen Tausenden von Formen.
Ihre Herstellung verlangt höchste Präzision und stellt für sich eine hochmoderne und aufwendige Technologie dar: Aus Spezialstählen, die zur Entgasung unter Vakuum gegossen und unter hohem Druck geschmiedet werden, fertigt ein Edelstahlwerk halbkreisförmige Blöcke. – In der Formenbauabteilung der Glashütte werden zwei solcher Blöcke vorübergehend zu einem Vollkreis zusammengefügt und in den äußeren Konturen abgedreht. Die benötigten Maschinen werden sowohl bereits im Konstruktionsbüro elektronisch programmiert (CAD) als auch während ihrer Arbeit elektronisch gesteuert (CNC). – Die Innenkonturen hingegen arbeitet man nicht wie früher spanabhebend heraus (also durch Drehen oder teilweise sogar Ausmeißeln von Hand), sondern durch das modernste Abtrageverfahren, die Funken-Erosion. Sie garantiert Genauigkeiten von 1/1000 Millimeter und hochblanke Innenflächen. Die meisten dieser Maschinen kommen nicht auf den Markt, sondern werden von der Glashütte gemeinsam mit einem Werkzeugmaschinenhersteller entwickelt und laufend verbessert. So wird es verständlich, daß beispielsweise in einem Glaswerk wie Schott-Zwiesel allein mehr als siebzig Personen nur im Formenbau und in der Formenpflege tätig sind. Dieser große personelle Aufwand ist ebenfalls in den hohen Formenkosten enthalten. Sie liegen für den Formensatz eines einzigen Kelchglases zwischen fünfzigtausend und siebzigtausend DM. Für eine neue Kelchglasgarnitur mit zehn Größen beläuft sich also der Grundaufwand für Formen auf über eine halbe Million DM. Ein solcher Satz muß folglich mindestens zehn Millionen Gläser ausarbeiten können.
Das erklärt sicher, warum der *Preis* das beste – und oft einzige – Kennzeichen für die Art der Verarbeitung (Hand oder Maschine) ist: Ein Maschinenglas *muß* preisgünstig sein, damit es in der großen Menge abgesetzt werden kann, die die sehr hohen Vorabkosten deckt.

Glasscheiben von höchster Qualität. Bis vor wenigen Jahren hatten Verbraucher von Flachglas die Wahl zwischen zwei her-

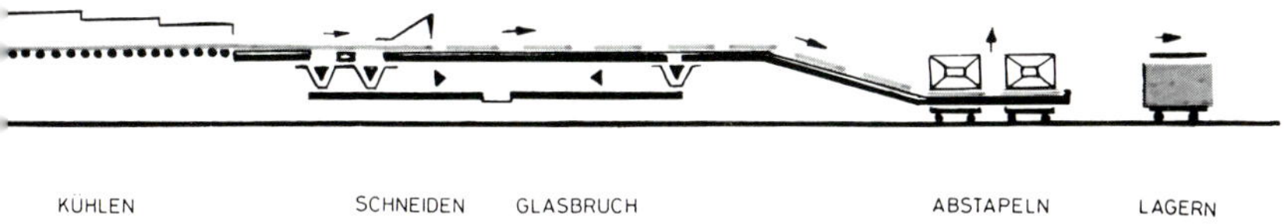

126/127 *Flachglasherstellung im Floatverfahren: Das auf das flüssige Zinnbad sich ergießende Glasband verfestigt sich, wird horizontal abgezogen*
... und läuft über Transportrollen automatisch bis zum Lager.

stellungs- und qualitätsmäßig grundverschiedenen Sorten: Das preisgünstigere *Tafelglas* wurde als unendliches Band aus dem über 1200 Grad heißen Glasbad durch eine Schamotte-Schlitzdüse oder auch aus der freien Oberfläche herausgezogen und mittels Doppelrollen entweder neun Meter senkrecht nach oben transportiert oder nach einer Umlenkung in der Horizontalen weiterbefördert, bis es im Kühlkanal erstarrte und abgeschnitten wurde. Ergebnis war ein Flachglas, das durch die unvermeidliche Verwendung der Transportrollen und die Ziehkräfte nie ganz streifen- und damit verzerrungsfrei war. Das viel teurere *Spiegelglas* wurde im Überlauf aus dem Ende des Glaswannenofens gegossen und zu einem Band gewalzt. – Um eine ideale glatte Oberfläche zu erhalten, mußte man das in große Platten unterteilte Glas auf einem langen Transportband mit viel Aufwand schleifen und polieren. Das Verfahren war nur bei Gläsern mittlerer und größerer Wandstärke möglich.

Eine Erfindung des Engländers Pilkington Ende der fünfziger Jahre revolutionierte nach einer gewissen Anlaufzeit die Flachglasherstellung völlig. Seit 1979 ist auch in Ostbayern eine entsprechende Anlage in Betrieb: in *Weiherhammer* in der Nähe von Weiden (Opf.). Für das neue *Floatglass-Verfahren* entstand hier eine gewaltige Glasfabrik sozusagen auf der ›grünen Wiese‹. Diese Anlage kostete rund eine halbe Milliarde DM und gehört zu den größten ihrer Art in Europa. Sie befindet sich auch heute

128 *Verspiegelung: Mit Druck wird die Silberlösung am Belegband auf die Glasscheiben gesprüht.*

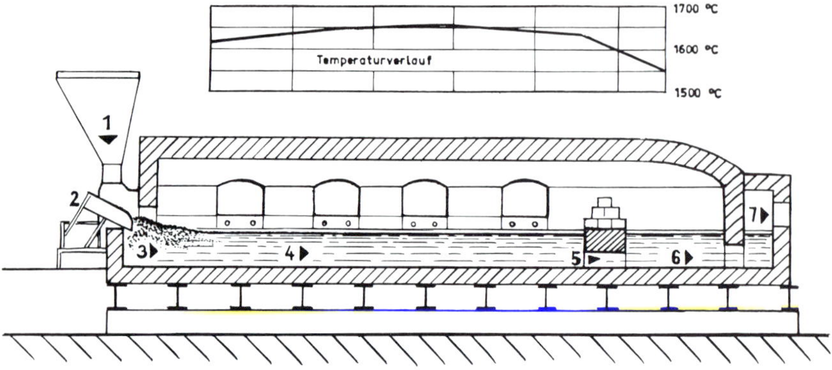

129 *Moderne Schmelzwanne: Durch die kontinuierliche Gemengezufuhr (1–3) erhält das Glasbad (4) Nachschub, welches den Durchlaß (5) passiert und im Bereich der Arbeitswanne (6) entnommen werden kann (7), sei es durch Glasmacher oder Automaten.*

technisch auf dem modernsten Stand. Die Produktions-›Linie‹ ist über einen Kilometer lang, und der tägliche Ausstoß beläuft sich auf die imposante Menge von sechshundert bis achthundert Tonnen Glas. Der *Herstellungsprozeß* geht folgendermaßen vor sich: Mit einer Geschwindigkeit von (je nach vorgegebener Scheibenstärke) mehreren Hundert Metern pro Stunde schiebt sich ein flüssiges Glasband von anfangs etwa 1100°C auf eine Zinnbadoberfläche in einem langgestreckten Becken und schwimmt auf dieser. Da die schwere Flüssigkeit Zinn immer eine horizontale und absolut glatte Oberfläche bildet, wird auch das darauf gleitende Glas an seiner Unterseite extrem glatt. Zusätzlich wird anfangs von oben her das Glasband schwach befeuert, so daß sich eine ›Feuerpolitur‹ ausbildet. Am Ende des Zinnbeckens ist bei circa 600°C das Metall noch flüssig (Schmelzpunkt 232°C), das Glas aber bereits soweit erstarrt, daß es die Glätte seiner beiden Flächen beibehält. Nach einem unmittelbar anschließenden Kühlprozeß (Entspannung) wird das endlose Glasband ab- und nach Bedarf zugeschnitten.

130 *Der Blick in eine große Schmelzwanne während der Bauarbeiten vermittelt eine Vorstellung von ihren Ausmaßen.*

Es war zunächst problematisch, unterschiedliche Glasstärken zu erzielen. Überläßt man nämlich das Glasband auf dem Zinnbad sich selbst, so stellt sich eine Dicke von circa sechs Millimetern ein. Will man eine abweichende Stärke, so kann man einmal die Ziehgeschwindigkeit ändern. Für dünnere Gläser muß man außerdem noch die Temperatur am Zinn-Badanfang erhöhen und der Einschnürung des Bandes entgegenwirken. Das geschieht durch gekühlte Zahnscheiben, die in das Band an den Rändern eingreifen und es in seiner Breite fixieren. Um ein Glas zu erhalten, das dicker als sechs Millimeter ist, verringert man die Ziehgeschwindigkeit und die Temperatur am Badanfang, muß aber teilweise auch noch mit seitlichen Barrieren die Bandbreite begrenzen. – Das Ergebnis ist ein Glas mit der Oberflächengüte von Spiegelglas und dem Preis von Tafelglas.

Floatglass – ein vielfältiges Produkt. Die Angebotspalette für weiterverarbeitetes und veredeltes Floatglass ist riesengroß. Vor allem in Ostbayern bietet sich der Raum um Weiherhammer als Rohglaslieferant für diese Technologien an. Zehn Kilometer von Weiherhammer entfernt steht in *Wernberg-Köblitz* ein Zweigwerk der Flachglas-AG, das Spezialglastypen für den Bau und zum kleineren Teil auch für den Großfahrzeugbau (Autobusse, Schienenfahrzeuge) liefert.

Eine Reihe von Zielrichtungen, die sich sehr oft überlagern, sind vorgegeben: Isolation gegen jeglichen Wärmedurchgang oder schwerpunktsmäßig gegen Wärmedurchstrahlung. Im ersteren Fall sind es die gut bekannten *Doppelscheibengläser* für Fensterverglasungen (gelegentlich auch Dreifachscheiben), einerseits mit Abstandshalter-Stegen (›CUDO‹), andererseits ganz aus Glas mit verschmolzenem Randverbund (›GADO‹). Die Zwischenräume sind mit getrockneter Luft oder, um eine noch bessere Wärmedämmung zu erzielen, mit Kohlendioxid gefüllt. Speziell oder zusätzlich gegen Wärmedurchstrahlung isolieren Gläser mit *Reflexionsschichten* aus metallischem Silber oder Gold (der Unterschied liegt vorwiegend im Farbton, also in der Ästhetik). Diese Edelmetalle werden auf zwei Glasscheiben auf den jeweiligen späteren Innenflächen aufgedampft. Es handelt sich um eine hochentwickelte Technologie, bedenkt man allein die exakte Dosierung, die beim teuren Gold erforderlich ist. Spezialisieren kann man solche bedampften Gläser sowohl für möglichst geringe Wärmeverluste von innen nach außen (Heizkosteneinsparung), als auch mit Schwerpunkt der Brem-

131 *Hitzeabweisende Spezialkleidung verlangt jede Arbeit im Bereich einer Schmelzwanne, wie hier die Glasprobenentnahme.*

sung der Sonneneinstrahlung (Bürogebäude, Fensterfront nach Süden). Natürlich kann man beide Wirkungen kombinieren. *Schallisolation* und Lärmschutz werden nach dem heutigen Stand der Technik am besten durch Isolierglaskombinationen einer stärkeren Glasplatte (außen) mit einer dünneren Einzel- oder besser noch Verbundglasscheibe (innen) erreicht.
Ein anderes Kriterium für die Gebäudeverglasung ist die Sicherheit. Gegen Personenschäden, Verletzungen, bieten Gläser Schutz, wie sie ähnlich bereits vom Auto bekannt sind: *Einscheiben-Sicherheitsglas* (in Wernberg ›Delodur‹ genannt), das besonders bruchfest ist. Falls es doch einmal brechen sollte, bildet es keine ›Glasdolche‹, sondern Krümel. – Das Zweischeiben-Verbundsicherheitsglas (z. B. ›Sigla‹) hat ebenfalls erhöhte Festigkeiten in Form einer größeren Durchbruchshemmung. *Verbundgläser* aus mehr als zwei Scheiben (mit ausgewählten elastischen Zwischenschichten) sind deshalb entweder ›durchbruchhemmend‹, ›durchwurfhemmend‹ oder als Panzerglas ›Allstop‹ ›durchschußhemmend‹.
Auch vor Brand soll die Verglasung schützen. Eine der Technologien auf diesem Gebiet, wie sie in Wernberg betrieben werden, ist die Herstellung von Doppelscheibengläsern mit einer unsichtbaren Zwischenschicht, die nach dem Platzen der dem Feuer zugewandten Scheibe aufschäumt. Sie übt dadurch eine starke Isolier- und Schutzwirkung für die zweite Scheibe aus.
Neben dem Werk Wernberg gibt es in Ostbayern noch weitere flachglasveredelnde Industrie: Die ›Flabeg‹, eine Tochter der ›Flachglas AG‹, mit ihrem Hauptsitz in Fürth, hat in *Furth im Wald* ein Werk der Spiegelerzeugung. – Ebenfalls eine Fabrik zur Spiegelerzeugung besitzt die Firma ›Schöninger – München‹ in *Luhe (Opf.)*, nahe Weiherhammer.

Der Glasofen – Urzelle der Glaserzeugung. Leistungsfähige Öfen, vor allem *Schmelzöfen*, sind die Grundbedingung für moderne Glasproduktionsverfahren. Auch in Ostbayern haben sich Unternehmen auf diesem für die Region so wichtigen Gebiet spezialisiert.
Von Süd nach Nord lassen sich nennen: In *Zwiesel* die Firma ›Wagenbauer-Glasofenbau‹, deren Schwerpunkt die ›Hafenöfen‹ der Mundblashütten sind; in *Plößberg (Opf.)*

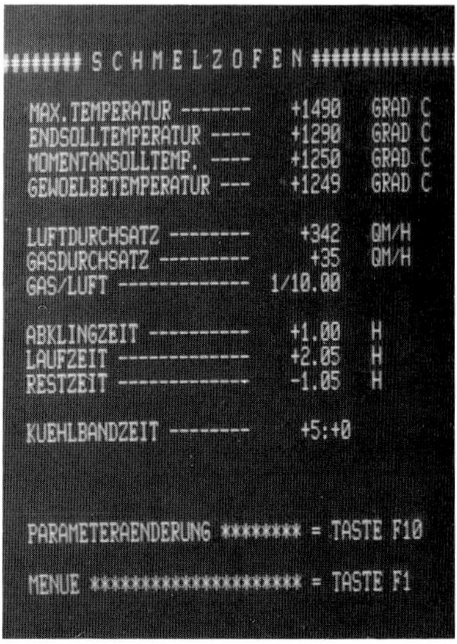

ist mit den drei Firmen ›Karl Aug. Horn Söhne‹, Inh. Helmut Horn (Schwerpunkt große Ofenanlagen), ›Karl Horn, vorm. Konrad Aug. Horn‹ und schließlich der Fa. ›Heinrich Schnappauf Söhne‹, Inh. August Hildebrand ein richtiges Zentrum des Glasofenbaus entstanden.

Der Schritt ins 21. Jahrhundert. Die Steuerung der Verfahren konnte mit den modernen Technologien der ostbayerischen Glasindustrie bis vor wenigen Jahren nicht ganz mithalten. Inzwischen entwikkelte die Firma ›Ultrakust-Ruhmannsfelden‹ mit ihrer ›Anlagen und Service GmbH (UAS) – Zwiesel‹ Hard- und Software eines rechnergesteuerten Systems speziell für die Feuerungsanlagen der Glasindustrie.
Durch den Einsatz des *Prozeßrechners* kann die Temperatur aller Ofentypen der Glasindustrie, also Schmelzöfen, Kühlöfen oder Temperöfen, an den verschiedensten Stellen und die Brennstoff-Luft-Gemisch-Zusammensetzung nach Programm geregelt werden. – Folglich wird der Produktionsablauf genauer und unabhängiger von menschlichen Fehlern, was wiederum der Glasqualität und Energieeinsparung zugute kommt. Bei Störungen sorgt ein Alarmsystem für die Produktionssicherheit. Das System kann per Telefon abgefragt werden. Ein Sprachspeicher gibt dann Auskunft über die Art der Störung. Das System ist so einfach zu bedienen, daß beispielsweise der Schmelzer neue Daten über einen Code und durch Tastendruck eingeben kann.

Zeitproblem Umweltschutz. Das Glasland Ostbayern verband besonders in den letzten 25 Jahren in erstaunlicher Weise die Funktionen eines Erholungsgebietes mit relativ hohen wirtschaftlichen Zuwachsraten, die sich zu einem erheblichen Teil auf das Glas zurückführen lassen. Die Glasindustrie mußte zwar große Anstrengungen unternehmen, aber der Erfolg zeigt sich deutlich:

So wurde beispielsweise die Stadt *Zwiesel* vor fünfzehn Jahren ›Luftkurort‹. Sie trägt dieses Prädikat, das mit hohen Auflagen verbunden ist, noch heute, obwohl im Stadtgebiet drei Glaswerke stehen (die Theresienthaler Krystallglasmanufaktur, die Glashütte Klokotschnik und vor allem Schott-Zwiesel, das größte Glaswerk Niederbayerns und das zweitgrößte im ostbayerischen Raum). – Ähnlich Positives wäre über viele ostbayerische Orte zu berichten, wie beispielsweise über Riedlhüte mit der Firma F. X. Nachtmann, die ein reines Bleikristallwerk betreibt. Das Unternehmen trägt mit einem Bündel von technologischen Maßnahmen zum Schutz der Umwelt bei. Es stellte die Glasofenbeheizung weitgehend von Öl- oder Gasflammen auf *Elektroenergie* um, und reduzierte so den Ausstoß von Abgasen und damit auch von Schadstoffen. Es hat weiterhin bei der bislang problematischen *Säurepolitur* geschliffener Gläser fluorhaltige Abfälle reduziert, indem es andere Ätzsäuregemische verwendete. Diese und andere Erfahrungen hat es auch in seinem neuen Werk Weiden konsequent genutzt.

In den drei großen Bleikristallhütten in *Neustadt an der Waldnaab* und der Hütte im Nachbarort *Windischeschenbach* gab es zwischen 1983 und 1985 Probleme mit einer zu starken Bleiabdampfung, die den Boden belastete. Die vier Hütten lassen jedoch inzwischen ihre Abgase nur noch durch *Filter* laufen, was übrigens für die gesamte ostbayerische Glasindustrie einschließlich der Gewerbebetriebe gilt.

132 *Der Computer hat inzwischen auch die Glashütten erobert: Bildschirmanzeige von Produktionsdaten der Schmelzwanne.*

133 *Filteranlagen zur Reinigung der Abgase gehören inzwischen schon zum gewohnten Bild einer Glashütte.*

Gabriele Bahmann

Glas-Kunst

Die Glasrevolution nach 1945

Die gewohnte Rolle. Zwischen den korinthischen Säulen quellen die Bediensteten hervor, beflissen, denen zu servieren, die vor der Balustrade prunkvoll tafeln. Dort lassen sich die Gäste in goldbestickten Seidengewändern und exotischen Perlenbehängen in hauchdünnen Glasschalen den roten Wein reichen. Und der Speisemeister hebt prüfend den Hohlbalusterkelch, in dem sich das biblische Wunder vollzieht. So wie in Paolo Caliaris Darstellung ›Hochzeit zu Kana‹ (1562) auf dem Platz von Venedig begleitet uns die Vorstellung von ›Glas‹ durch die Jahrhunderte. Denn Glas steht in engem Zusammenhang mit Durst und Hunger auf höherer Ebene. Seine Kulturgeschichte spiegelt sich in den Gemälden der Zeit wider und erscheint dort in seinem klassischen Sinn: Als Gefäß – kunstvoll verziert auf altholländischen Stilleben oder schlicht geformt in den pompejanischen Fresken, aber immer funktionsbetont inmitten einer Umgebung des Lebensgenusses.
Nahezu zwei Jahrtausende lang spielte das Glas diese Rolle als Gebrauchsobjekt. Es blieb dem 20. Jahrhundert vorbehalten, diesen grenzenlos formbaren Werkstoff auf eine neue Bühne zu stellen, auf der er nicht mehr nur Statist war, sondern bald auch Protagonist werden sollte. Man kann durchaus von einer Glasrevolution sprechen, die, über die Jahrhunderte hinweg betrachtet, plötzlich erfolgte, sich aber unter dem Blickwinkel einiger Nachkriegsjahrzehnte als schrittweise Entwicklung entpuppt. Diese vollzog sich zu einem wesentlichen Teil im ostbayerischen Raum und gehört zu den bemerkenswerten Tatsachen dieser außergewöhnlichen Landschaft.

Erste Veränderung. Sie begann im Jahre 1953, als *Alois F. Gangkofner*, Inhaber des Lehrstuhls für Glas an der Münchner Akademie, sich dem frei geformten Gefäß zuwandte. Mit heißem Glas zu arbeiten, erfordert viel mehr noch als andere Sparten der gestaltenden Kunst ein technisches Umfeld, das in der Aufbauphase der fünfziger Jahre die Mittel einer Akademie überstieg. In der Glasfabrik Lamberts in Waldsassen

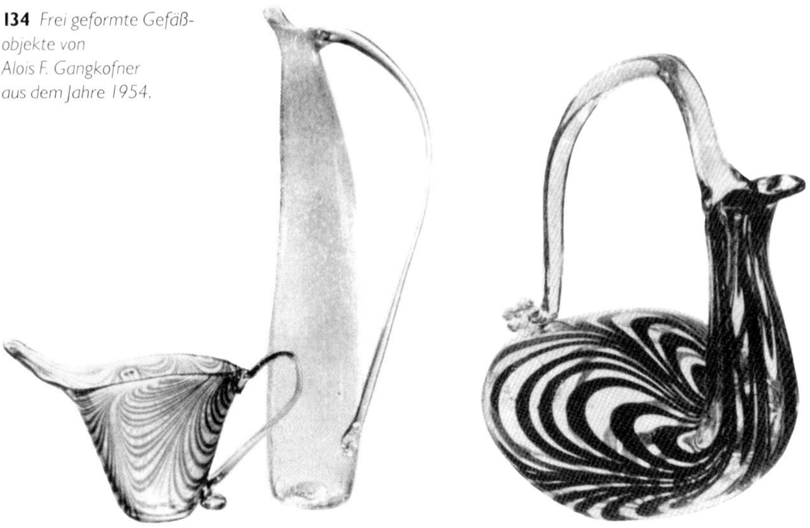

134 *Frei geformte Gefäßobjekte von Alois F. Gangkofner aus dem Jahre 1954.*

135 ›*Weiche*‹ *Gefäßplastiken von Erwin Eisch mit goldglänzendem Verfremdungseffekt:* ›*Telefon*‹ *und* ›*Schuh*‹ *von 1970.*

fand Gangkofner schließlich den geeigneten Ort, um seine Ideen zu verwirklichen. Diese Glashütte, die bis heute reizvolle blasige, marmorierte, opake oder transparente Antikglasscheiben erzeugt, Fensterglas mit Eigenleben und Poesie, schmilzt eine schier unbegrenzte Palette farbiger Gläser. Hier fanden sich Glasmacher, die begeistert waren, dem traditionellen Gefäß ungewohnte Ansichten abzugewinnen, neue Formen zu wagen und aus dem Experiment mit der flüssigen, leuchtenden Masse neue Wege zu beschreiten.

In Feierabend- und Wochenendstunden entstanden spielerische, freischwingende Formen, eingeknickte ›Krüge‹ mit bügelförmig sich aufbäumenden Henkeln, mehrröhrig in sich verflochtene Vasen und asymmetrisch ausgezogene Schalen, mit ›Kammzug‹ verziert, oder schlanke dekadente Krüge, die im Winde zu schwanken scheinen, mit grazilen ausgezogenen, zerbrechlich dünnen Henkeln. Dies sind eigentlich keine Gefäße mehr, denn auf die Verwendbarkeit als Gebrauchsgegenstände legte Gangkofner keinen Wert. Vielmehr widersetzt sich die Gestaltung der traditionellen Funktion, wird betont antifunktional und schafft einen neuen Typus der Form: das Gefäßobjekt.

Im Februar 1954 wurden die ersten dreihundert Glasobjekte in der ›Neuen Sammlung‹ in München ausgestellt. Sie erregten großes Aufsehen, und ein Kritiker lobte die »wechselvolle Fülle farbiger Valeurs, von den dezentesten bis zu den kräftig leuchtenden, in Streifen, Bändern, Wölkungen … oft so schwebend, als seien sie wie bei Naturgebilden mit ihr (der Glaswand) verwachsen«. Und »was die Formen selbst betrifft, so wollen sie in neue Räume ein neues Leuchten tragen.«

Kampf dem Gefäß. Was in Waldsassen so frisch und wagemutig begann, fand seine Fortsetzung, gewissermaßen seinen zweiten Akt, in einem kleinen Ort mit großer Glastradition: in Frauenau. *Erwin Eisch,* viele Semester Gangkofner-Schüler an der Münchner Akademie, begann Ende der fünfziger Jahre in der elterlichen Glashütte mit Glas zu experimentieren. Er griff die Idee des frei geformten, nicht an eine Funktion gebundenen Gefäßes auf und entwikkelte sie auf seine Weise fort. Bald ging es ihm nicht mehr einzig um die Demontage der traditionellen Form. Ein Jahrzehnt später waren seine ›Gefäße‹ körperlich, organisch geworden, ja hatten sogar Geschlecht angenommen. Kelche wurden aufgeschnitten und wieder ›genäht‹. Aus bauchigen Körpern erwuchsen exaltiert gespreizte Hände. Vasen streckten lasziv zwei farbige Brüste hervor, und an einem demolierten Bierkrug schnappt ein vergoldeter Penis erschöpft nach Luft. Hier erinnert nur noch ein Stiel, ein Henkel, eine verzogene Öffnung entfernt an ein Gefäß.

Was bei den Gläsern Gangkofners noch spielerische Überdehnung, Verdrehung der klaren Designform war, enthusiastisches Spiel mit dem traditionellen Gefäß, wird bei Erwin Eisch nun aufsässig, provozierend, er-

hält die Insignien des Protests. Als Junior der elterlichen Glashütte und als ausgebildeter Designer war er mit den Artikeln der Massenproduktion bestens vertraut. Er greift sie an, indem er die bis zum Überdruß bekannten Grundformen aufgreift und sie in einer Persiflage verzerrt. Diese Gefäße spotten der Vorherrschaft des Glasdesigns, dem Millionenheer der identisch aus dem Automaten marschierenden Trinkgläser. Auch aufgrund ihrer Geschlechtlichkeit (›männlicher Krug‹, ›weiblicher Krug‹) erheben sie sich aus der Anonymität und erwachen zu Individuen mit niederbayerisch-trotziger Mentalität.

»Motiv für eine Veränderung ist immer ein leichtes Unbehagen«, schreibt Donald Judd 1965, und die Arbeiten Erwin Eischs, die um 1970 entstanden sind, fügen sich noch nahtlos an die Kunstszene der sechziger Jahre an. So vielfältig diese auch war, strebte sie doch immer danach, die gewohnten Formen abzuschaffen oder zumindest durch das Herausstellen eines gewohnten Objekts in ungewohnter Weise neue Bewußtseinsstufen zu aktivieren.

Weiche Skulpturen. Eischs weich wirkende, oft scheinbar in sich zusammensakkende Gläser erinnern ganz an die ›soft-sculptures‹ jenes Jahrzehnts, die aus Gummihaut alltägliche Dinge nachformten – »eine Kunst, die sich ausdehnt und quietscht wie ein Akkordeon«. So bekennt Claes Oldenburg im Jahre 1961: »Ich bin für eine Kunst, die ihre Form den Linien des Lebens selbst entnimmt, die sich krümmt und ausdehnt und anhäuft und spuckt und tropft und schwer ist und grob und ungehobelt und süß und dumm wie das Leben selbst«. Zu diesen ›weichen Plastiken‹ gehören auch Erwin Eischs verformter ›Schuh‹ oder sein bekanntes ›Telefon‹ von 1970. Dieses Telefon, ein im Alltag funktional gestyltes Stück aus dem Design-Büro, wird nun in seiner gläsernen Umsetzung zum wachsartig dahinsinkenden Objekt, das durch seine Gold- oder Platinbemalung einen zusätzlichen Verfremdungseffekt erhält.

Was eignete sich besser für die Verfremdung der geläufigen Form als das honigweiche Material Glas, das sich im heißen Zustand willig zieht und krümmt, ausdehnt und

136 *›Der Künstler mit dem Sprechverbot‹, eine kritische Kopfplastik Erwin Eischs, um 1977.*

137 *Erwin Eisch beim Gemengeeinlegen vor seinem ›Flügelofen‹. Ein Ausschnitt aus dem Film ›Schmelzpunkt 1300 Grad‹ von Hans Herrmann.*

138 *›Gläsernes Heim‹, eine mit Gold und Platin bemalte Glasplastik von Gretl Eisch, 1977.*

tropft. Ein Material, das zwei Jahrtausende lang warten mußte, bis es endlich in den sechziger Jahren dieses Jahrhunderts aus der kunsthandwerklichen Tradition heraus den Anschluß an die bildende Kunst erreichte. Ein Kunstempfinden, das die Qualitäten des Materials nicht mehr objektiv, sondern in subjektiv verfremdender und ungewohnter Weise nutzt, gab auch dem Glas die Chance, nicht mehr ausschließlich Werkstoff für Römer, Saftkrüge und Eisschalen zu sein. Über die antifunktionale ›Gefäßplastik‹ ging das ›Kristallglas‹ nun den Weg zum zweckfreien Kunstobjekt, das oft sehr wenig mit der von alters her bekannten transparenten Masse gemeinsam hatte. Provokativ schwarz eingefärbt und metallisch schimmernd war die Geburt der Glasplastik endlich vollbracht.

Einen wohl nicht geringen Anteil an dieser Entwicklung trägt die Bildhauerin *Gretl Eisch.* 1960 hatten Gretl Stadler, Erwin Eisch und Max Streck in München die Gruppe ›Radama‹ gegründet, die jedoch von kurzer Dauer war. Zwei Jahre später ließen sich Gretl und Erwin Eisch endgültig in Frauenau nieder und traten mit einer ersten gemeinsamen Glasausstellung ans Licht der Öffentlichkeit. Aus jener Zeit sind kaum Objekte erhalten. In den siebziger Jahren formte Gretl Eisch bildhauerisch ausdrucksvolle Gipsmodelle großer Porträtköpfe und Kompositionen zu den Themen Liebe, Leben und Tod. Aus den Negativen wurden dann Glasplastiken geblasen. Während seine Frau ihre Plastiken vorwiegend übermalte, variierte Erwin Eisch Köpfe und andere Grundformen in verfremdender Manier. Porträtköpfe erhielten kaugummihafte Sprechblasen oder aus dem Schädel quellende Gedankenblasen (um 1977 bis 1979).

Kontakte nach Amerika. Man sollte sich hier an die amerikanische Kunst der sechziger Jahre erinnern, und dieser Einfluß kam nicht von ungefähr. Im Herbst 1962 stieß der Amerikaner Harvey Littleton zufällig auf Frauenau und Erwin Eisch. Littleton war zu jener Zeit gerade im Begriff, in den USA die erste amerikanische Glasklasse aufzubauen. Aus diesem Kontakt entwickelte sich schlagartig eine heftig pulsierende Wechselwirkung, bei der Ideen, Erfahrungen und Anregungen ausgetauscht wurden, Ideen, die Kreise zogen wie ein Stein, der ins Wasser geworfen wird. 1964 besuchte Erwin Eisch das erste Mal die USA, wo er zusammen mit amerikanischen und niederländischen Bildhauern, Keramikern und Designern an einem kleinen, einfach gebauten Glasofen öffentlich Glasblasen demonstrierte.

Diese lässig-lockere Art kreativen Agierens mit heißem Glas hatte Elemente der Kunstszene der beginnenden sechziger Jahre integriert. Nicht professionelles Können war gefragt, sondern spielerisches Experiment, bei dem aus handwerklichem Dilettantismus heraus Objekte geformt wurden, die mehr vom zähen Willen des tropfenden Materials selbst als von der Vorstellung des Gestaltenden geprägt waren. Viel entscheidender wirkte sich der Vorgang der gemeinsamen Ofenarbeit aus. Aus den kollektiven Erleb-

nissen schöpfte die sich nun weltweit entwickelnde *Studioglasbewegung* ihre Kraft. Studioglas oder ›Freies Glas‹ – wie es anfangs genannt wurde – zu gestalten, war ein öffentliches Ereignis, war Happening. Eine weitaus größere Rolle als das Aussehen der fertigen Arbeiten spielte ihr Werdungsprozeß, die Zur-Schau-Stellung und die Erlebnisübertragung an das Publikum, das – zusehend – beteiligt war. Erwin Eischs theatralischer Studioofen, den er sich 1970 in der elterlichen Hütte gebaut hatte, spiegelt jene Einstellung ausdrucksvoll wider. Die Studioglasbewegung der sechziger und frühen siebziger Jahre, die sich zu einem großen Teil auch in Frauenau abspielte, muß somit als ein Ableger der damaligen ›Prozeßkunst‹ angesehen werden.

Jener Geist des Provisorischen, des theatralischen Moments durchströmte nicht allein die Arbeiten – die Relikte oder Requisiten , wie Beuys einmal die zurückgelassenen Utensilien seiner Aktionen bezeichnete –, sondern schlug sich auch in den größeren, aufwendiger gestalteten Plastiken nieder. Die sechziger Jahre waren eine Zeit des großen Umbruchs, in der sich die alten Werte wandelten, ja radikal umgestürzt wurden. Die neue revolutionäre Einstellung zum Glas war nur eine logische Folge dieser allgemeinen geistigen Haltung. Auch die neue Skulptur löste sich mitsamt den damit verbundenen Vorstellungen vom klassischen Sockel des Museumssaals. Sie begann sich auszudehnen, ergriff Besitz von den Räumen, sprengte den gewohnten Rahmen, war nicht mehr ›museumsfähig‹.

In diesem Sinne ist auch Erwin Eischs ›Narziß‹ aus dem Jahre 1971 zu verstehen, der jetzt im ›Leeren Beutel‹ in Regensburg ausgestellt ist. Das scheinbar zusammengewürfelte ›Interieur‹ erweckt mit seinen beiläufig abgestellten Glasgefäßen und der halb herausgezogenen Besteckschublade den Eindruck eines unaufgeräumten, bewohnten Raumes. Eine lebensgroße, grob geformte Gipsfigur scheint gerade im Begriffe, eine Bahre anzuheben oder abzusetzen – eindeutig ist hier nichts. Dort, zentral, ruht der Narziß, aus verspiegeltem Glas geformt, untätig, sich selbst betrachtend, ein Spiegelbild seiner selbst. Diese Raumskulptur ist nicht ästhetisches Erbauungsobjekt, sondern wurde inszeniert, ist ›eingefrorenes Happening‹ und lokalisiert zwischen ›Aktion‹ und ›Situation‹.

›Fundstücke‹ und Gravur. Die Ansammlung von verschiedenen Materialien und Fundobjekten – objets trouvés, wie die Dadaisten es nannten – findet sich in kleinerem Maßstab auch in den Arbeiten *Karin Hubertovas* wieder. Ebenfalls ehemalige Studentin von A. F. Gangkofner an der Münchner Akademie, wohnt und arbeitet sie seit einiger Zeit in Frauenau. Ihre liebevollen, dabei aber doch sehr spröden Assemblagen aus Fundstücken des täglichen Gebrauchs und gravierten Glasbruchstücken sind eigentlich Stilleben, die Geschichten erzählen. Bekannte Gegenstände werden in einer derart ungewohnten Weise miteinander verknüpft, daß man stutzt und sie nicht mehr als solche wahrnimmt, sondern in einem anderen hier gebildeten Zusammenhang. Die Dinge erscheinen denaturiert und werden als Träger einer künstlich geschaffenen Objekteinheit neu empfunden. Diese Werke durchkreuzen unser festgefahrenes Konsumdenken und versetzen unserer überzüchteten Warenhauskultur spitze Seitenhiebe. Gegenüber dieser Welt wirken sie so poetisch wie eine unentdeckte Speicherecke unserer Seele, regen die Fantasie an und besitzen so viele Ansichten wie sie Betrachter haben.

Die Gravuren des Zeichners *Helmut Köhler*

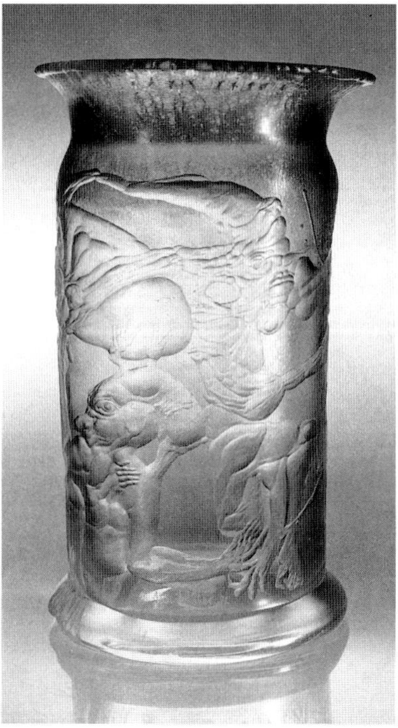

139 *Das Gefäß als Bildträger für phantastische Gravuren verwendet Helmut Köhler.*

140 *›Gewächs‹ nennt Karin Hubertova ihr eigenwilliges Objekt, das sie für den ›Zweiten Coburger Glaspreis‹ geschaffen hat.*

141 *›Katerfrühstück II.‹: Mit Phantasie und Humor gestaltet Ursula Merker mittels Sandstrahltechnik heitere Gefäßskulpturen.*

sind dagegen mehr von einer graphischen Durchgestaltung der Fläche geprägt. Köhler war Maler, Bildhauer und Bühnenbildner, bevor er sich in Regenhütte dem Glas zuwandte. Karikaturhafter Witz und Humor ebenso wie eine sich thematisch verdichtende Schwere bestimmen seine Arbeiten. Unbekannte Schemen tauchen aus den Tiefen unseres Traumes auf und bleiben als transparente, nur vom Licht beseelte Wesen auf seinen gläsernen Werken zurück.

Die Saat der Idee. Der ostbayerische Raum ist heute übersät mit freien Gestaltern – es mögen an die Hundert sein. Diese

Entwicklung ist sicher eine unmittelbare Folge der Studioglasbewegung. Doch das wenigste, was man dort sieht, hat etwas mit Kunst zu tun. Vielmehr hat die Studioglasidee, die einst eine individuelle Reaktion auf die Serienproduktion war, hier Anschluß an den Kommerz gefunden. Publikumsgefälliges Kunstgewerbe gehört heute ebenso zum Bild der ostbayerischen Glaslandschaft wie noch unbekannte, hoffnungsvolle Gestalter, die auf der Suche nach neuen, unverbrauchten Ideen sind.

An zwei Beispielen aus der schillernden Vielfalt zeigt sich auf ganz unterschiedliche Weise die Fortentwicklung jener Studio-Idee der sechziger und siebziger Jahre. Die Studioglasbewegung brachte jenen Typ des Glasgestalters hervor, der, unabhängig von

142 *›Spuren‹ von Theodor G. Sellner: Archaische Piktogramme scheinen in kristallinen Blöcken zu schweben.*

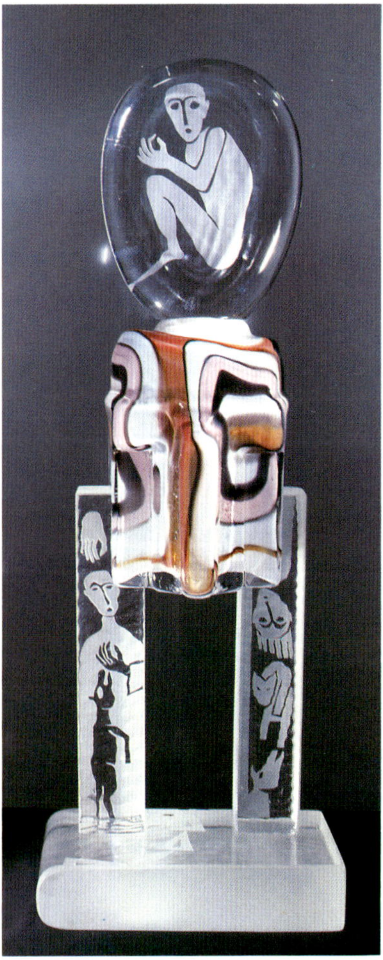

Institutionen und Betrieben, selbständig am selbsterbauten Schmelzofen individuelle Objekte formt. Was in den Vereinigten Staaten reiche Blüte trieb, ist hierzulande nur selten anzutreffen. In Eckersberg auf einem Einödhof, abseits der Bundesstraße, wenige Kilometer vor Patersdorf, haben sich *Ingrid Donhauser* und *Heinz Fischer* eine kleine Hütte gebaut, in der sie eigenwillig schöne Gefäße blasen.

In Kelheim ersinnt *Ursula Merker* heitere Gefäßskulpturen. Sie zerlegt industrielle Gebrauchsformen, und unter einer humorvollen Thematik entstehen in ideenreichem Formenspiel kleine Skulpturen, die in ihrer neuen Gestalt keine Verbindung mehr zu den Ausgangselementen erkennen lassen. Die figürliche Sandstrahl-Gestaltung der Flächen – Indianer, Nixen, Fingerspitzen oder Fußnägel – nimmt mit Witz und Charme Bezug auf die Gefäßfragmente oder das Wortspiel. Hier kann keine Rede mehr von der einst provokativen Auflehnung gegen gläserne Massenware sein. Vielmehr sind jene Produkte nur Bausteine, aus denen mit Hilfe einer bevorzugten Technik – des Sandstrahls – neue Formen erwachsen.

Glas und Mythos. Mit *Theodor G. Sellner*, der in Regenhütte (am Arber) arbeitet und lebt, erlangte die Glasgestaltung eine neue Dimension. Mit der Studioglasbewegung scheint ihn, außer einer zufälligen Gleichzeitigkeit und mehreren gemeinsamen Ausstellungen, nichts zu verbinden. Bereits in den siebziger Jahren bewegte er sich mit seinen aus menschlichen Grundfragen heraus entstandenen und später gesellschaftskritischen Plastiken außerhalb des ›Stils‹ jenes neuen Glases. In seinen Arbeiten wurde die Ebene der Ironisierung des Designs und des Gefäßes überwunden, auch die Protestwelle gegen die Glastradition nicht mehr berührt. Es gibt weder Bezüge zur Historie noch zur Studioglasidee, bei der die Spontaneität des Moments über die Form entschieden hat. Sellners Plastiken und Skulpturen sind in einem langen gedanklichen Prozeß gereift; Zufälligkeiten werden ausgeschaltet, allein entscheidend bleibt das gestalterische Element. Skizzen gehen der Umsetzung voraus – eine Methode von Bildhauern und Designern, der Uridee der Glasbewegung zutiefst zuwiderlaufend. Diese Plastiken in einem anderen Material auszuführen, wäre durchaus denkbar, auch

143 *An die Welt der Mythen erinnern Theodor G. Sellners maskenhafte Skulpturen wie die ›Wind-Seelen‹ von 1987.*

wenn gerade das Glas ihnen einen unverwechselbaren Charakter verleiht.

Auch in anderer Weise kehren die Arbeiten Sellners die Postulate des vorangegangenen Jahrzehnts um: sie stehen außerhalb der Aktion, wirken still, ja ganz privat auf den Betrachter fixiert, sind in den geschlossenen Raum zurückgekehrt und – sie haben den Sockel zurückerobert. Aus ihnen spricht ganz das Gestaltungsempfinden der achtziger Jahre.

Diese schweigend präsenten Skulpturen mit ihren unverwandt blickenden Augen und farbigen Masken, der Anhäufung von flächigen Zeichen und der Leuchtkraft ihrer Farbkontraste berühren in rätselhafter Weise. Ihre erhaben erstarrte Haltung, ihr nach oben strebender Charakter und ihr bisweilen lithogen anmutender formaler Aufbau verleihen ihnen etwas Würdiges, etwas Ur-Sakrales und erinnern an jene Zeiten, als die absoluten Dinge noch die Welt zusammenhielten. Sie beschwören Zeiten herauf, in denen Kunst und Mythos noch eins waren.

Die Maske zieht sich wie ein roter Faden durch Sellners plastisches Werk der letzten Jahre. Von maskenhaft unterteilten Köpfen tiermenschlicher Mischwesen, die aufstrebende Hörner tragen, wandelte sich die Maske in verschiedenen Stufen zur Dämonie, wurde streng und geheimnisvoll. Die farbigen Linien der Mimik wuchsen zur unterteilenden, kontrastreichen Bänderung heran. Asymmetrisch dem Glasfluß folgend erfuhr das Gesicht eine Abstrahierung. Seine Binnenstruktur wird zeichenhaft, nähert ein magisches Ornament an, wird mythisches Symbol.

Einst ausgegangen von einer ›organischen‹ Gestaltungsweise, die mit dem Prinzip der glasigen Rundung operiert, sind Theodor Sellners Plastiken heute kantig und wirken formal wie aus einem Holzstamm gehauen oder lithogen wie aus Stein gemeißelt. Mit dem Sich-Schließen der Form und ihrer Verdichtung ist ein gestalterischer Kristallisationsprozeß verbunden, der von der plastischen Weichheit des Glases wegführt, welche die Studioglasplastiken der sechziger und siebziger Jahre ausgezeichnet hatte.

Nicht der Gestaltungsprozeß, sondern allein die ausgeführte Idee steht hier im Zentrum der Verwirklichung. Manche Objekte erscheinen wie Totems. Leuchtende opake Farbstreifen wirken wie eine aus der Tiefe dringende Bemalung. Oder massive, transparente Flächen tragen figurenhafte

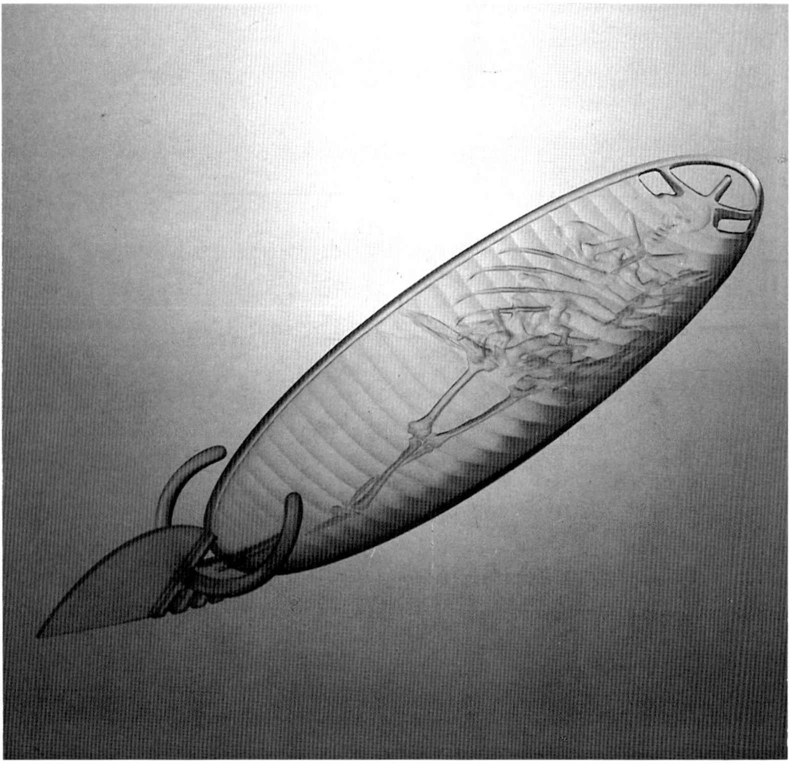

144 *Die Verbindung von Wesen und Gegenstand verkörperte Franz X. Hoeller in der Synthese von Skelett und Bootskörper: ›Das Boot‹ von 1986.*

Mattierungen – zeichenhaft, schemenhaft. Sie wirken wie Felszeichnungen, wie auf Steinen hinterlassene Piktogramme, deren Bedeutung verlorengegangen ist.

Neuer Ausdruck verlorengegangener Werte. Solche Skulpturen entziehen sich einer vordergründigen Interpretation, stehen außerhalb jeglicher glasästhetischer Bewertungskriterien. Sie haben eine Thematik verinnerlicht und sich aus der Welt der lauten Demonstrationen in einen eigenen Kosmos zurückgezogen, der der versagenden Welt als Anti-Welt gegenübersteht. So betrachtet sind Sellners Arbeiten also doch eine Form des Protests – aber in mythischer Verkleidung.

Thomas Lehnerer hat vermutet, »daß neuzeitliche Kunstwerke nicht nur Transformationen von religiösen Kultobjekten, sondern auch Transformationen von Theologie sind«, denn »sie verweisen nicht nur auf das Unsichtbare, sondern sind selbst die sinnfällige Logik des Unsichtbaren« (1985). Unsere technokratisch denkende Welt wird von Vordergründigkeit beherrscht. Die Kunst tritt nun an die Stelle verlorener dauerhafter, haltvermittelnder Werte und atmet den Geist des Mythos. Die bildhauerische Gestaltung mit Glas, die ja in den siebziger Jahren den Anschluß an die Kunst gefunden hat, kann nun, nachdem die Phase der offenen Auflehnung überwunden ist, auf einer anderen, neuen Ebene wirken.

Ähnliche Elemente finden sich auch in den Skulpturen von *Franz Xaver Hoeller* aus Zwiesel, auch wenn dieser zu einer ganz anderen Ausdrucksweise als Sellner fand. Auch er gestaltet frei von jener Aufsässigkeit der vorangegangenen Glasphase, behandelt das Glas wie ein Material unter vielen, um zur Form zu gelangen. Er arbeitet mit den Techniken des Schliffs und der Gravur, mit denen er das massive Glas abträgt, mattiert, in dieses eindringt, einschneidet, es rundet und wieder poliert. Getragen von einer nahezu abstrakten Ordnung und Klarheit strahlen seine Werke eine langandauernde Stille aus, gleich den Zeichen einer heiligen Handlung. Zu seiner auf dem ersten

Bayerwald-Glaspreis 1984 prämierten Arbeit bemerkte Helmut Ricke, daß diese »sich nicht in der Darstellung seiner formalen Präzision und der Spekulation auf die eigenwertige Schönheit des Materials erschöpft, sondern in seiner suggestiven Ausstrahlung Raum läßt für vielfältige Gefühlsmomente und Assoziationen bis hin in Bereiche des Magischen und Rituellen.«

Glas-Kunst. Gerade diese neuere Entwicklung in der Glasgestaltung zeigt, wie weit sich die Ausdrucksformen des Glases von der zufallsergebenen und technikverachtenden Ausgangsidee (›technique is cheap‹ – Harvey Littleton) fortentwickelt haben. Durch die Wiederzulassung einer auch handwerklich untermauerten Arbeitsweise ist die Palette künstlerischer Möglichkeiten reicher geworden. Technik macht keine Kunst, aber sie kann sie bereichern.
Seit dem ersten Nachkriegsjahrzehnt mit seinem zunehmenden Heer von Automatengläsern ist nun der Werkstoff Glas aus seinen zu eng gewordenen Kinderschuhen einer viel zu langen, schwer mitgeschleppten Tradition endlich erwachsen zu einem eigenständigen Medium, das heute mit den vielfältigen Möglichkeiten seiner Handhabung eine gleichwertige Stufe mit Stein, Bronze und Stahl erreicht hat. Glas hat sich über das Gefäß hinweggesetzt, ist endlich ein Material der Kunstäußerung, der Bildhauerei geworden. Kein Gestaltungswerkstoff der Menschheit bedurfte hierfür so langer Zeit. Um so heftiger verlief sein revolutionärer Wandel. Daß der kleinen Region Ostbayern, im besonderen dem Bayerischen Wald ein so immenser Anteil an dieser weltweiten Entwicklung zukam, das bleibt ein Phänomen und wird ihr in der Geschichte des Glases auf immer einen Stellenwert verleihen, den beispielsweise Venedig für die Blüte des historischen Glases innehat.

145 *Aus optischen Glasblöcken schleift Karl Berg aus Wegscheid seine mathematisch-exakten Skulpturen heraus.*

Christiane Sellner

Reise-Wege

Route I
Von Passau zum Nationalpark

Fürstliche Stadt. Majestätisch reitet Prinzregent Luitpold in die Dreiflüssestadt ***Passau*** ein, in diese Stadt, die eine der schönsten und sicherlich die italienischste Deutschlands ist. Ihre kirchlich geprägte Geschichte weiß sie prachtvoll zu demonstrieren, sie zeugt noch heute von Reichtum und fürstbischöflicher Macht. Szenen aus Passaus Vergangenheit wurden in dem seit 1410 in mehreren Stilepochen überaus prunkvoll ausgestatteten *Rathaussaal* in Glas gefaßt. Diese farbigen Fenster der Historismuszeit von ›E. de Bouché kgl. bayr. Hofglasmaler München‹ sind – im Gegensatz zu dem in gleicher Zeit errichteten Turm – bisher viel zu wenig beachtet worden. In Passau selbst arbeitete damals in der Bräugasse eine Glasmalerwerkstatt, die 1903 von F. X. Kurländer übernommen wurde.

Doch hat die Glasmalerei hier auch eine alte Tradition. Im frühen 16. Jahrhundert werden in Passau-Stadt und »auf der Grillnöd« bei Hacklberg bereits mehrere »Maler und Glaser« urkundlich erwähnt, welche »Schmelzarbeit in Glaswerk« fertigen. Die im *Museum Veste Oberhaus* ausgestellten Verglasungen der heiligen Barbara und des heiligen Hieronymus sind bereits 1513 – zwei Jahrzehnte vor der Vollendung des gotischen Domes – gestaltet worden. Im südlichen Chorfenster der *Heiliggeist-Spitalkirche* vermitteln hingegen zwei leuchtkräftige Kopien die Wirkung dieser Glasmalereien.

›Glaspalast‹ zum Wilden Mann. Seit dem Jahr 1985 besitzt Passau nun ein überregional bedeutsames Glaszentrum, das in dieser Drei-Flüsse-Grenzstadt der Blütezeit der Glasregion Böhmen – Österreich – Bayerischer Wald ein eigenwilliges Denkmal gesetzt hat: Das *Passauer Glasmuseum.* Eine ehemalige Patrizierresidenz zu Füßen des Rathausturms, bereits 1303 erwähnt und im 19. Jahrhundert als der ›Wilde Mann‹ zum renommierten Hotel avanciert, beherbergt heute die gigantische Privatkollektion des Sammlers Georg Höltl.

Museen präsentieren in der Regel nur Einzelobjekte und lassen diese durch freien

146 *Prinzregent Luitpold besucht Passau am 9. Mai 1887, im Hintergrund die Veste Oberhaus. Zu den Glasfenstern des Passauer Rathaussaals ...*

147 *... gehört auch die zeitgenössische Ansicht der Schiffsanlegestelle vor dem Rathausplatz.*

Raum um sich herum auf den Betrachter wirken. Nicht so in diesem Glasmuseum. Hier gewinnt der Besucher den Eindruck, er wandle durch ein scheinbar nicht enden wollendes Archiv, er hat die Möglichkeit, in einer Stunde rund 17000 gesammelte Exponate (keine Null ist zuviel!) dicht an dicht Revue passieren zu lassen. Ein erster Besuch kann daher nur der groben Orientierung dienen, zur näheren Betrachtung der rund 150 Wandvitrinen benötigt man Tage. Nirgendwo sonst hat man den gläsernen Formenreichtum des böhmischen Raumes in solcher Fülle vor Augen. In dieser Sammlung, der weltweit größten ihrer Art, werden keine Einzelkunstwerke vorgestellt, sondern vollständige, umfangreiche Erzeugungsprogramme wohlbekannter Glashütten und Veredeler, wie von Loetz' Witwe, Schachtenbach oder Egermann. Vier Stockwerke, angefüllt mit teils einzigartigen Gläsern – allein hierdurch sichert sich das Museum seine vielgepriesene Einmaligkeit –, vermitteln ein Bild von der florierenden Glasproduktion jenes vergangenen Jahrhunderts. Nirgendwo sonst umhüllt den Besucher so viel schillerndes Jugendstilglas aus Klostermühle, oder eine solche ihm noch niemals begegnete Ansammlung stein- und porzellanimitierenden Alabasterglases, aufgefächert in die vier Produktionsfarben Weiß, Hellblau, Rosé und Grün. Ein großes Sortiment der berühmten Moser-Gläser steht dort wie eine komplette historische Karlsbader Musterkollektion, und ein ›Feuerwerk‹ aus roséfarbenen, reichbemalten und -verzierten Vasen und Schalen mit vielfach gewellten Rändern führt vor Augen, was man in Böhmen damals so liebte und zu welcher handwerklichen Akrobatik die dortigen Glasmacher fähig waren.

Dieses Museum geleitet seine Besucher wie in einem überwältigenden Rausch durch die böhmische Glasgeschichte des 19. Jahrhunderts. Dieser Streifzug offenbart auch die schier unbegrenzte Veredelungspalette jener Zeit, beginnend mit den Raffinessen des Biedermeierschliffs, über die minuziösen Darstellungen jener Blüte der Glasmalerei und endend mit den liebevollen gravierten Details, die nur aus der Nähe betrachtet ihren Reiz offenbaren. Biedermeierglas bedeutet immer intime Schönheit im Kleinen. Lebhafte Fantasie und Einfühlungsvermögen sollte der Besucher zum Betrachten der Gläser daher unbedingt mitbringen.

148 *Das Passauer Glasmuseum neben dem Rathaus birgt die weltweit größte Sammlung böhmischer Gläser des 19. Jahrhunderts, ...*

149 *... wobei allein die Jugendstilgläser der Loetz-Hütte mehrere Räume umfassen.*

Wenige Minuten von hier, direkt am Donauufer, kann er Uschi Ullmann und Sabine Matejka beim Arbeiten an ihrem Studio-Glasofen zusehen.

Über den Hügeln des Bayerischen Waldes. Die Hochstraße auf dem südlichen Ausläufer des Bayerischen Waldes gewährt nach allen Seiten weiten Ausblick. Beiderseits des Höhenkamms fällt die Landschaft in die sanft geformte Bergwelt ab, steigt an, senkt sich, wie in hundert Wogen. Vielgestaltig und saftig grün, mit dunkel bewaldeten Hügelkuppen schwingt sie fort bis in die kaum noch wahrnehmbare Ferne. Linkerhand hinter den letzten Hügeln ruht das Donautal. Rechterhand durchschreitet sie alle Abstufungen der Naturton-Skala, bis die letzte Bergkette im Nordosten wie mit einem bewegten Pinselstrich in dunstigem Blau den Horizont markiert. Dort liegt der ›Böhmerwald‹.

Denn als den Bayerischen Wald bezeichnete man einst allein den Gebirgszug, der sich von Passau aus über Tittling, den Predigtstuhl bei St. Engelmar bis nach Regensburg zieht. Es ist das offene Bergland der Burgen, Glas wurde hier wenig erzeugt. Hingegen verläuft parallel dazu entlang der Grenze ein zweiter Gebirgszug, ehemals

Böhmerwald genannt, der in den großen Bergen Dreisessel, Lusen, Rachel, Falkenstein, Arber und Osser seine höchsten Erhebungen hat. Das ist die Heimat des Glases, jener dunkle, verschlossene Wald, der jenseits der Grenze nach Norden abfällt. Heute heißen beide Bergketten bis zur tschechischen Grenze ›Der Bayerische Wald‹, doch die Charakterunterschiede bleiben, wenn auch inzwischen etwas verwischt, dem aufmerksamen Reisenden nicht verborgen.

Glas aus dem Böhmerwald. Die einstige Böhmerwaldglashütte Loetz aus Klostermühle von 1931 steht nun wieder aufgebaut bei ***Tittling*** im *Museumsdorf Bayerischer Wald.* Leider dient sie nicht mehr ihrer ursprünglichen Bestimmung, sondern der Unterhaltung mit Bier und Gesang. Doch der Glasfreund entdeckt an ihren Wänden Jugenstilverglasungen und weiter unten im Museumsdorf im fünfhundert Jahre alten Rothaumühlhof eine Fülle volkstümlicher Glasobjekte für den Gebrauch oder die bäuerliche ›Kredenz‹, wie das verspiegelte ›Bauernsilber‹.

Von Tittling aus über Göttersberg, von wo der Blick wie aus der Vogelsicht über die Lande streift, durchquert man das romantische Ilztal über enge Straßen nach ***Röhrnbach.*** Dort führte einst der ›Goldene Steig‹ vorbei, der Säumerweg, welcher über Jahrhunderte als Handelsweg, auch für Glaswaren, von Böhmen nach Passau diente. Heute ist dieser Ort Sitz eines blühenden Schleifereigewerbes, das durch die Zuwanderung von Schleifern aus Haida nach dem Kriege begründet worden ist. Die Veredelungsmuster entsprechen auch ganz der nordböhmischen Schlifftradition.

Nach Waldkirchen, das wie auf einem Adlerhorst thront, erhebt sich vor Neureichenau hinter der breiten Senke dunkel das gewaltige Bergmassiv des Böhmerwaldes. Sein schwarzer Wald mit eingestreuten kargen Wiesen vermittelt noch die Atmosphäre der Landschaft, die Adalbert Stifter so einfühlsam im ›Hochwald‹ geschildert hat. Er erzählt darin auch vom sagenumwobenen *Dreisesselberg:* »In der uralten Heidenzeit saßen auf ihm einmal drei Könige und bestimmten die Grenzen der drei Lande: Böheim, Bayern und Österreich – es waren drei Sessel in den Felsen gehauen und jeder saß in seinem eigenen Lande.« Doch unheimliche Vorgänge vertrieben die Könige aus ihrem Wald, »daß er eine Einöde bleibe auf ewige Zeiten.«

Hier verlaufen sich auch vereinzelte Spuren früher Glasgeschichte. In ***Neureichenau*** erinnert noch das Hüttenherrenhaus von 1635 – heute ›Gasthof zum Hüttenmeister‹ – an die ehemalige ›Göshlhütt‹, die direkt gegenüber bis ins späte 18. Jahrhundert Hohlglas und Scheiben gefertigt hat. Ihr vormaliger Standort befand sich in ***Altreichenau.*** Einige Kilometer entfernt hatte bereits 1449 der ›Hainreich Glasser auf dem Hobelsperg‹ vielfältiges Glas, so auch Glasperlen hergestellt; 1677 wurde die Hütte an den *Duschlberg* verlegt.

150 *Den Raimundsreuter Hinterglasbildern begegnet man im Passauer Oberhausmuseum (Abb.) und im Freyunger Schramlhaus.*

151 *Mächtige Baumbestände überziehen die Berge nahe der Grenze wie hier um den Rachelsee.*

Diese Region ist nach vorübergehender Belebung wieder in lautlose Einsamkeit zurückgekehrt. Wo im Frühindustriezeitalter die stattliche Spiegelglasfabrik ***Schwarzenthal*** mit Öfen und Werkstätten, Aschen- und Kiesbrennerei, mit Verwalter- und Arbeiterwohnungen und Ökonomiegebäuden gestanden hat, arbeitet jetzt nur noch ein Sägewerk. Einen Großteil jener Häuser sucht man heute vergebens. Auch die Kreuzberger Hütte, im 14. Jahrhundert bei *Heldengut* gelegen, hinterließ keine Spuren. Dieses Hüttengut wird bereits 1438 genannt und hatte seinen letzten Standort in Neuhütte, wo sie im 18. Jahrhundert wegen Absatzschwierigkeiten einging.

Bilder für den Herrgottswinkel. Blühend war einst das Gewerbe der *Raimundsreuter Hinterglasmalerei.* Wohl um die Mitte des 18. Jahrhunderts von dem Schönbrunner Tobias Peterhansel begründet, breitete sich diese volkstümliche Malerei bald auf die benachbarten Orte Kreuzberg, Bierhütte und das fünfzehn Kilometer von Freyung entfernt gelegene *Perlesreut* aus, sowie in das böhmische Außergefild. Die Glasscheiben lieferte die *Schönbrunner Hütte* (auf damaligem Standort Glashütte) und mag infolge der regen Heimindustrie recht gut floriert haben. Der Wunsch nach bunten Heiligentafeln im häuslichen Herrgottswinkel entsprang einem Zeitbedürfnis. Zu gleicher Zeit wurde auch an anderen Orten Bayerns die Hinterglasmalerei gepflegt. In ***Freyung*** birgt das im Jahre 1700 erbaute Schramlhaus, heute *›Wolfsteiner Heimatmuseum‹*, eine reiche Sammlung dieser Armenseelentaferl.

Wer durch diesen Bereich des Bayerischen Waldes reist, sollte immer ein offenes Auge für die Landschaft haben, die in ihrer bergig bewegten Gestaltung vor allem im Raum Grafenau und Schönberg von einer nahezu märchenhaften Schönheit ist. Von der Höhe kommend, liegt ***Grafenau*** geborgen im Tal. Hier vermag das *Schnupftabakmuseum* so manches Kuriosum und Wissenswerte über das anregende Pulver zu zeigen, und natürlich auch vielerlei Varianten der sogenannten Schmalzlerglasl.

Im 19. Jahrhundert entwickelte sich Grafenau zur Insel eines regen Glasschneider- und Schleifergewerbes. Diese selbständigen Veredeler bezogen ihr Rohglas von nahen Hütten (wie von Schönau), bei hohen Ansprüchen auch von entfernteren, wie Frauenau, um die verzierten Bier- und Weingläser, Halbmaßkrüge und Schnupftabakgläser in Passau und Vilshofen abzusetzen. Hier sind vor allem der Glasschneider Adam Hackl von Schönangermühl und die meisterhaft arbeitenden Grafenauer Brüder Michael und Max Schmitzberger erwähnenswert.

Am Rande des Nationalparks. Über Rosenau führt uns der Weg nach ***St. Oswald*** in das neu errichtete *Waldkundliche Museum.* Wer gerne einmal selbst die Glasmacherpfeife in der Hand halten möchte, kann hier seine eigene Kugel blasen. Darüber hinaus erfährt er in wechselnden Ausstellungen Interessantes über neues und altes Glas der Nationalparkgegend. In diesen urwüchsigen Wäldern liegt sicherlich noch ein bedeutender Teil der Waldglasgeschichte unter Baumwurzeln, Farnen und Moosen verborgen. Dies läßt eine 1983 erstmals durchgeführte Grabungskampagne an der *Lusenhütte* erahnen, welche um 1600 in Blüte stand. Fundamente eines großen Glasschmelzofens sowie sechs Nebenöfen traten dabei ans Tageslicht, und zahlreiche Scherbenfunde verweisen auf eine vielseitige Hohlglasproduktion. Der Rohstoff Quarz war in nur drei Kilometern Entfernung gebrochen worden.

Heute bildet die ständig wachsende ***Riedlhütte*** mit ihrem Nachbarort ***Spiegelau*** das Glaszentrum dieser Region. Beide blikken auf eine lange, beständige Glastradition, die bis ins 15. Jahrhundert zurückreicht. 1527 gab Georg Riedl der Riedlhütte ihren Namen, den sie bis auf den heutigen Tag, trotz wechselnder Besitzer, beibehielt. In der Chronik dieser beiden Glashüttengüter lesen wir immer wieder die Namen großer bayerisch-böhmischer Hüttengeschlechter: der Familien Hilz, Preißler und Poschinger.

Von größter Bedeutung für den Fortbestand des wirtschaftlich so anfälligen Glasgewerbes war die Heiratspolitik. Eheschließungen dienten der Zusammenführung von Glashüttengütern, oder aber der finanziellen Aufbesserung. So ehelichte der Hüttenmeister von Riedlhütte, Adam Wieland, 1623 die reiche Vilshofener Kaufmannstochter Margaretha Alram. Und ab 1772 setzte Johann Michael Hilz die Hütte mit dem Vermögen seiner jungen Frau, einer wohlhabenden Passauer Bürgerstochter, instand. Mit dem Zeitalter der Industrialisierung gewannen andere Faktoren zunehmend an Bedeutung. Die zunächst riskante Umstellung auf neue Verfahren sicherte einen technologischen Vorsprung, der bald gewinnbringend sein konnte. So baute Gottlieb Roscher 1834 einen zweiten – französischen – Ofen und stellte sein Gemenge bereits auf die Verwendung von Glaubersalz statt Pottasche um: mit Erfolg. 1907 wurde die Riedlhütte von der Neustadter Firma Nachtmann übernommen und gehört heute zu den modernsten Glasbetrieben Deutschlands.

Wie verträgt sich ein ständig wachsendes Glaserzeugungszentrum mit der Nachbarschaft eines weitgehend unberührten Naturparadieses: des ›*Nationalparks Bayerischer Wald*‹? Gerade die Riedlhütte ist ein Beispiel dafür, wie mit hochentwickelter Technologie umsichtig und schadstoffarm produziert werden kann. Denn Glaserzeugung im Wald bedeutete seit jeher einen schwankenden Balanceakt zwischen dominierenden Produktionsinteressen und Erhaltung der wertvollen Landschaft. Galt es einst zur Zeit der Holzfeuerung und Pottaschegewinnung den Wald behutsam zu verwerten, so muß heute die Luft und das Wasser unser sorgsam zu pflegendes Gut sein. Dem Umweltschutz in der Glashütte kommt dadurch eine viel weitreichendere Bedeutung zu als dies dem Touristen gemeinhin bewußt wird; er hilft zu sichern, daß das Glasland auch das Land zum Reisen und Wandern bleibt.

Route 2
Von Frauenau bis Waldmünchen

Das gläserne Herz. Es nennt sich »das gläserne Herz des Bayerischen Waldes«, dieses an der Flanitz im sonnigen Tal gelegene ***Frauenau*** – und hat in der Tat allen Grund dazu. Denn hier wird seit rund sechs Jahrhunderten Glas gemacht. Und das älteste und einflußreichste Hüttenherrengeschlecht, die Familie von Poschinger, konnte sich bis auf den heutigen Tag ihre Hütte samt ausgedehntem Glashüttengut bewahren. Hier entstand mit selbstgedrucktem Inflationsgeld in den zwanziger Jahren eine glasunternehmerische Großtat – die Gistl-Kristallglasfabrik –, aus einem kleinen Schleifereibetrieb wurde nach dem Krieg die junge dynamische Eisch-Glashütte.
Unweit der schmucken Rokoko-Kirche schließlich erwuchs seit 1975 im *Frauenauer Glasmuseum* – dank des vitalen Bürgermeisters Alfons Hannes – ein Zentrum modernen Studioglases. In ihm vermitteln nicht nur Sonderausstellungen ein wechselhaftes Bild vom lebendigen Glasgeschehen im Bayerischen Wald, sondern auch Waldglasfunde und vielfältige Gebrauchs- und Ziergläser verweisen auf die Hüttenvergangenheit in und um Frauenau. Wie ein erfahrener Lehrmeister erzählt das Museum dem Fragenden von alten Verfahren, der Pottasche-Herstellung, der Pocherfunktion, von den Vorgehensweisen der Glasmalerei, aber auch – in seiner technischen Abteilung – von Glaskeramik, Lichtleitfasern und optischem Glas.
Frauenau ist nahezu weltweit berühmt für seine Feste: im Winter für die geisterhafte ›Rauhnacht‹, in der die Masken tanzen, und im Sommer für die fidelen Hüttenfeste an rotglühenden, fauchenden Schmelzöfen, wenn zu internationalen Glassymposien Studioglasleute aus aller Welt hier zusammentreffen, Vorträge halten oder hören und ihre neuesten Arbeiten zeigen. Von dieser herzlichen Atmosphäre spricht man gewöhnlich noch lange und jedermann spürt es: In diesem Ort lebt und pulsiert alles mit jenen emsig im Raume schwingenden gelbglühenden Glasmassen.

Zentrum des Jugendstils. Die Straße von Frauenau in Richtung Zwiesel gewährt einen Rundblick auf die schöne Mächtigkeit dieses Teils des Bayerischen Waldes. Der gerade Blick trifft auf einen kamelhöckerigen Berg, den Hennenkobel bei Rabenstein; schräg hinter ihm erhebt sich das Arbermassiv. Wenn man bei Dampfsäge – ein Jahrhundert lang Standort der Hütte am kleinen Regen – rechts die malerische Alleestraße hinanfährt, die sich durch saftiggrüne Kuhweiden windet, fühlt man sich in die Zeit der Romantik zurückversetzt, als noch keine Störung die Naturidylle trübte. Auf der Anhöhe breitet sich die schloßartige Anlage des ehemaligen Oberzwieselauer *Glashüttengutes* aus, im vergangenen Jahrhundert ein Sitz der Glasherren-Familie Poschinger. Vor allem im ausklingenden Historismus und im Jugendstil erwarb sich ***Oberzwieselau*** einen großen Namen durch meisterhafte florale Glasmalereien, die sich um prunkvolle Bowlengefäße rankten, vielgestaltige Römer schmückten und wohlgeformte Karaffen zierten. Hier wurde auch die beliebte Weiß- oder Schneemalerei gepflegt. Nach 1900 entwarfen stilbildende Designer wie Peter Behrens und Richard Riemerschmid avantgardistisches Gebrauchsglas für die bürgerlichen Tafeln der neuen Zeit.
Diese Hütte Benedikt von Poschingers steht heute ebensowenig mehr wie die zwei an-

152 *Der Glasmacher – ein Symbol von Frauenau. Die Brunnenfigur der ehemaligen Gistl-Hütte steht heute vor dem Glasmuseum.*

153 *Das gewaltige Frauenauer Schloß der Hüttenherren von Poschinger ist nach seiner Sprengung zur Legende geworden.*

154 *Aus Oberzwieselau stammen die schönsten Jugendstil-Glasmalereien, wie dieses Exponat aus dem Frauenauer Glasmuseum.*

deren großen Jugendstilhütten seines Bruders Ferdinand von Poschinger in Buchenau und Spiegelhütte. Die Rundfahrt durch diese Orte ist eine Reise in eine erloschene glanzvolle Vergangenheit, die diesen Teil des Bayerischen Waldes (einst Böhmerwald) als ein kulturelles Glaszentrum Europas gekannt hatte. Nur die Namen der Orte und ihre stolzen Hüttenherrenhäuser zeugen noch von jener Epoche.

Über die *Pochermühle*, die auf den Standort eines einstigen Pochers hinweist, gelangt man abwärts durch tiefen Wald, der sich über der engen Straße zu schließen scheint, nach jenem berühmten ***Buchenau.*** Auf einer Höhe von rund 950 Metern gelegen, hatte dieser Ort vor allem zur Zeit seiner Blüte bitter gegen das rauhe Klima anzukämpfen. »Die Schneedecke liegt durchschnittlich 5 Monate«, vermerkt ein zeitgenössischer Bericht. Trotzdem war Buchenau bereits »1895 mit electrischer Beleuchtung versehen und meteorologische Station II. Ordnung«. Allen naturbedingten Widernissen zum Trotz wurde das Glas sommers wie winters mit Pferdetransporten zu Tal gebracht. In Buchenau selbst stellte man das berühmte Farbtafelglas her, das zu Glasfenstern und vor allem zu Glasmosaiken der Jugendstilzeit verarbeitet wurde. Das große Forsthaus am Waldrand zeigt heute noch die sprühende Farbpalette jener Erzeugnisse.

Diejenigen Gläser jedoch, welche unter ›Poschinger Buchenau um 1900‹ in den Museen zu bewundern sind, stammen nicht von hier, sondern von **Spiegelhütte,** die zum Glashüttengut Buchenau gehörte. Dorthin gelangt man über den Weiler *Jungmeierhütte,* einsam in einer großen Waldlichtung stehend im Angesicht des riesenhaften dunklen Falkenstein. Hier hatten die Poschinger im 17. Jahrhundert eine Hütte betrieben. Spiegelhütte liegt freundlicher am steilen Hang mit weitem Durchblick. An schönster Stelle thront das alte Herrenhaus. Von der ehemaligen Fabrik ist nur die ›neue Schleiferei‹ erhalten, die jetzt ein Tiermuseum beherbergt.

Kein anderes Glas vertritt in unserer Zeit die Vorstellung vom deutschen Jugendstilglas so herausragend und beispielhaft wie jene gekämmten und gelüsterten ›Buchenau‹-Vasen aus Spiegelhütte, die wegen ihrer Seltenheit zu den begehrtesten Sammlerobjekten gehören. Die umsponnenen, pfauenfederdekorierten Gefäße, die trotz einer gewissen Verwandtschaft mit den berühmten Loetz-Gläsern einen ganz charakteristischen Stil verraten, wurden nach ihrer Auszeichnung auf der Pariser Weltausstellung 1900 nur kurze Zeit produziert. Diese und die gravierten, vom lothringischen Jugendstil beeinflußten Überfanggläser sind in den Glasmuseen von Passau und Frauenau, sowie im ›Leeren Beutel‹ und im Museum der Stadt Regensburg zu bewundern. Auch heute noch wirkt jener gestalterische Geist fort, und wer sich in Frauenau umsieht, wird den Buchenauer Jugendstil neu interpretiert vielfach wiederfinden.

Auf der abschüssigen Straße durch den Wald erreicht man rechter Hand **Lindbergmühle.** Wer einmal zusehen möchte, wie in einem kleinen Zwei-Mann-Betrieb handwerklich meisterhaftes Glas geblasen wird, sollte die dortige *›Falkenstein-Glashütte‹* aufsuchen. Glasmacher waren in der Vergangenheit zeitlebens zu Lohnabhängigkeit verurteilt gewesen, weil es ihnen wegen des hohen Aufwands an Kosten für einen eigenen Ofen und die zusätzliche Einrichtung praktisch unmöglich war, selbständig zu werden. Max Kreuzer hat erstmals

156 *Viele Gläser aus Oberzwieselau verraten eine Verwandtschaft mit dem Wiener Secessionsstil.*

155 *Zeitlose Gläser entwarf Peter Behrens bereits im Jahre 1900 für Oberzwieselau.*

157 *Das Buchenauer Herrenhaus in der Blütezeit der Glashütte Ferdinands von Poschinger.*

diesen Schritt gewagt, und seine Erzeugnisse, zu denen auch die bunten ›Zwieseler Tassen‹ gehören, lassen die Tradition des Bayerwald-Glasmachers wiederaufleben.

Museum mit hoher Tradition. Wie großartig die Glasvergangenheit des hinteren Bayerischen Waldes gewesen ist, wird dem Glasreisenden besonders in ***Theresienthal*** bewußt. Diese Glashütte arbeitet, im Gegensatz zu den anderen bedeutenden Historismus- und Jugendstilhütten, heute noch, und in ihren Produkten tauchen die Stilzitate ihrer Vergangenheit immer wieder auf.

Die ganze Palette meisterhafter, ja virtuoser Glasgestaltung aus der Zeit des 19. Jahrhunderts, vor allem des Historismus bis zum Jugendstil, fächert sich in jenem kleinen gelbfarbenen Schlößchen – dem *Theresienthaler Glasmuseum* – auf, in welchem noch die feudalen Büroräume des einstigen Hüttenherrn Michael von Poschinger zu besichtigen sind. Max Gangkofner, ehemals Direktor der Theresienthaler Krystallglasmanufaktur, hat hier seine Privatsammlung, die historische Mustersammlung der Hütte, aufgestellt. Sensibel eingebettet in das antike Interieur mit einer reichgeschnitzten Holzverkleidung im Stil der Neorenaissance und romantisch bemalten Kartuschen stehen die Vitrinen, die – von Ausnahmen abgesehen – das bewundernswürdige Werk einer einzigen Glashütte an dem Ort ihrer Entstehung präsentieren. Dies verleiht dem Museum seine Einzigartigkeit gegenüber allen anderen Museen dieser ostbayerischen Region. Um das Museum und die Glashütte herum ist inzwischen ein beachtliches Glaszentrum erwachsen. In der Theresienthaler Rotkot-Siedlung kann man oberhalb des Wiesenhangs noch die niedrigen, langgestreckten *Glaserhäuser* sehen, wie sie früher zu jeder Glasfabrik gehört hatten.

Eine Kirche in nazarenischem Stil. Von der großen Blüte jener Hütten auf unserem weiteren Weg erzählen nur noch steinerne Zeugen oder ihre Gläser in den Sammlungen. In ***Ludwigsthal***, wo das Hüttengebäude schon dem Verfall preisgegeben ist, vermag hingegen das feudale, renovierte *Hüttenherren-Schloß* den einstigen Glanz des vergangenen Jahrhunderts widerzuspiegeln.

Keinesfalls übergehen sollte man die außergewöhnliche *Herz-Jesu-Kirche,* die den Besucher bereits durch farbige Glasmosaiken über den Eingangsportalen begrüßt. In ihrem Inneren breitet sich eine lichtgedämpfte, weltentrückte Stille aus. Alles überspannende ikonenhaft-strenge Wand-

malereien sowie architekturartig gestaltete Mosaiken im Apsisbereich, nur wenig erleuchtet durch brennende Kerzen und den Widerschein farbenprächtiger Glasbilder, strahlen die allem Irdischen entschwebende Atmosphäre byzantinischer Sakralräume aus. 1893 von dem Münchner Architekten Johann Baptist Schott erbaut – der um die Jahrhundertwende auch den Bau des heutigen Deggendorfer Stadtmuseums errichtete –, übernahm der Münchner Maler Franz Hofstötter die gesamte Ausstattung der Kirche, einschließlich der Glasfenster; sie war 1902 abgeschlossen. Bei der Ausmalung der Ludwigsthaler Kirche folgte er stilistisch noch den Nazarenern der deutschen Romantik. Erst drei Jahre später sollte er sich, wie wir in Weiden noch sehen werden, spontan dem Jugendstil zuwenden.

Medaille aus Paris. »Formen von unübertrefflicher Schönheit, Farben, wie sie an Pracht nur die Pflanzenwelt und das Gefieder der Luftbewohner aufweisen kön-

158 *Aufnahme der einstigen Seebachhütte um 1896 mit dem Besitzer Geheimrat Zacharias Frank.*

159 *Das Taufbecken der Ludwigsthaler Kirche. In seine Kuppelhaube sind Glassteine eingefaßt.*

160 *Die reichveredelten ›Oberammergaupokale‹ wurden in der Regenhütte eigens für die Passionsspiele hergestellt.*

nen«, schwärmt ein zeitgenössischer Journalist im Jahre 1853 von den Gläsern der Glashütte *Schachtenbach*. Viel zu wenig ist die Produktion dieser so bewunderten Hütte noch erforscht, und es werden wohl immer Wissenslücken bleiben, da keine Musterzeichnungen und nur wenige Berichte die Gläser beschreiben.

Auch die 1865 ins Tal, nach **Regenhütte** verlegte Fertigung läßt viele Fragen offen, obwohl zu vermuten ist, daß sie qualitativ auf gleicher Stufe mit Theresienthal gestanden haben muß. Von 1893 bis 1906 leitete das Unternehmergenie Isidor Gistl, der später in Frauenau so spektakuläre Erfolge verbuchen sollte, die Hütte. Er führte sie gegen Ende des 19. Jahrhunderts zu höchster Blüte, so daß ihr auf der Pariser Weltausstellung von 1900 eine ›médaille de bronce‹ zuerkannt wurde. Leider fehlen uns heute, im Gegensatz zu Buchenau, die prämierten Gläser. Ein Kapitel bedeutender Glasgeschichte ging zu Ende, als diese Fabrik 1986 nach Konkurs ihre Tore schloß.

Auf der Weiterfahrt von Regenhütte nach Bayerisch Eisenstein möge man sich eine Rast in ***Seebachschleife*** nicht entgehen lassen. Dieses letzte noch erhaltene ehemalige Glasschleiferdorf mit großer Schleiferei und kleinen Nebengebäuden ist in seinem Kern von verfälschenden Umbauten weitgehend verschont geblieben und vermittelt einen raren Eindruck von dem reizvollen ursprünglichen Baustil des älteren Böhmerwaldes. Zuletzt diente die Seebachschleife bis 1929 als Zweigwerk der ›Optischen Werke Rodenstock‹.

Im Lamer Winkel. Über den Grenzort ***Bayerisch Eisenstein***, in dem Elisabeth Sjöström dem Gast gern ihre außergewöhnliche Kollektion seltener Gläser aus der Zeit der Art deco und der noch unterschätzten fünfziger Jahre zeigt, führt uns unsere Route jenseits des gewaltigen Arbermassivs, vorbei an der *Mooshütte*, in den Lamer Winkel.

Die Glashüttengeschichte dieser Region ist inzwischen dank Ulrich Winkler eingehend erforscht und läßt sich bis ins 13. Jahrhundert zurückverfolgen. Doch auch die große Zeit der Glashütten hinterließ in ***Lambach*** bemerkenswerte Spuren. Prunkvolle Historismusgläser mit reicher Bemalung sind noch erhalten in der Familie des ehemaligen Hüttenherren, der im Jahre 1904 die herrlichen Glasfenster der *Wallfahrtskapelle Mariahilf* gestiftet hat. Hier war auch dem Gründer der Lambacher ›Salin-Tafelglasfabrik‹, Oberstbergrat Franz von Baader, im Jahre 1809 als Erstem erfolgreich die Glasschmelze unter Beimengung von Glaubersalz gelungen – eine Erfindung von großer Tragweite: »Als mein Hüttenvolk zuerst Glaubersalzglas zu sehen bekam, pries es mit Recht dessen im Verhältnisse zum Pottascheglas schönere Farbe oder Farblosigkeit und erklärte dasselbe vorzüglich zur weißen Hohlwaare geeignet.« Franz von Baader verfaßte darüber hinaus ein bedeutsames philosophisches Werk, so daß seine Büste einen Platz in der Ruhmeshalle der Münchner Theresienwiese erhielt.

Als ein Hussit im Jahre 1450 einer am Wege verehrten Marienfigur einen Hieb mit seinem Schwert versetzt hatte, soll aus der hölzernen Statue frisches Blut geflossen sein. Seither blühte die Wallfahrt in ***Neukirchen zum Hl. Blut.*** Aufbauend auf diesen Marienkult entwickelte sich im 18. Jahrhundert das volkstümliche Gewerbe der Hinterglasmalerei. Als herausragende Persönlichkeit schuf *Johann Georg Wittmann* (1715–1771) meisterhafte Votivbilder und Kreuzwegstationen. Er begründete mit sei-

161 *Das künische Gebirge, einst Sitz der künischen Freibauern, war ein Bollwerk gen Böhmen.*

nen das Handwerk weiterführenden Nachkommen einen charakteristischen Neukirchener Stil, der allerdings bis zum letzten Viertel des 19. Jahrhunderts beständig an Qualität verlor und – wie auch anderenorts – zum billigen Devotionalienhandel verkam. Eine reichhaltige Sammlung von Hinterglasbildern aus Neukirchen bei Hl. Blut, aber auch aus Bodenmais, dem Geburtsort Georg Wittmanns, kann im *Landestormuseum* in ***Furth im Wald*** betrachtet werden. Die Glasscheiben für die fromme Malerei stammten aus den im Raume Furth – Neukirchen gelegenen Glashütten.

Spiegel und Spiele. Gegen Ende unserer Reise entlang den Glasstätten der Blütezeit sind wir in eine Region ehemaliger Spiegelhütten gelangt. Noch heute ist Furth im Wald Sitz der Spiegelindustrie, die jetzt unter dem Firmennamen ›Flabeg GmbH‹ produziert.

Bei dieser Stadt treffen Böhmerwald und Oberpfälzer Wald aufeinander, und die Senke zwischen ihnen bildete seit jeher eine natürliche Verbindung zwischen Bayern und Böhmen. Schon die Grafen von Bogen errichteten an diesem strategisch bedeutsamen Grenzort im 11. Jahrhundert eine Burg gegen böhmische Angriffe. Mittlerweile wird in Furth im Wald nur noch gegen einen flügelschlagenden, rauchspeienden Drachen angekämpft, Hauptattraktion des berühmten, fünfhundert Jahre alten Volksschauspiels, das bis 1878 noch Teil der Fronleichnamsprozession war.

Mit dem Einstieg der Familie Kupfer in das Flachglasgeschäft erlebte diese Gegend im Zeitalter der Industrialisierung einen ungeahnten Aufschwung. Wohl ab 1870 betrieb sie die Rohspiegel-Glasfabrik in *Voithenberghütte* sowie eine im benachbarten, doch schon böhmischen Fichtenbach (heute Bystřice). 1882 schließlich erbaute sie in Furth selbst eine neue Fabrik mit vier Schmelzöfen und angekoppelter Schleif- und Polierwerkstatt. Dieser einst so rührigen Unternehmerfamilie werden wir nochmals im Raum Weiden begegnen.

Auch eine zweite Familie begründete in diesem Grenzbereich ihren Aufstieg im Glasgeschäft. 1834 errichtete der Glaschneider Michael Nachtmann aus ***Waldmünchen*** in Unterhütte bei Herzogau eine kleine Hohlglasfabrik, die bald nach Voithenberg-Ödhütte verlegt wurde (später aber, nach dem 1884 erfolgten Bahnbau, nach Neustadt). Heute machen nur noch geographische Namen auf die viele Jahrhunderte andauernde Glasgeschichte aufmerksam: *Voithenberghütte, Althütte, Unterhütte* und *Pucher* (hier stand der Pocher), *Lenkenhütte* und *Perlhütte* bei Waldmünchen, und zwanzig Kilometer nordwestlich nahe der Grenze erinnert noch der ›*Hüttenbach*‹ an eine frühere Glasproduktion. Waldmünchen selbst läßt alljährlich ein anderes Ereignis seiner Geschichte wiederaufleben: Jeden Sommer reiten wie im 18. Jahrhundert wieder Trencks säbelbewehrte Panduren in die Stadt – ein wildes Spiel und ein Fest für die Augen.

Route 3
Von Regensburg bis Zwiesel

Römerkastell und Handelsmetropole. Am nördlichsten Knie der Donau breitet sich in einem weiten Tal gegenüber dem Zufluß des Regen, die Stadt **Regensburg** aus. Einst als castra regina zur römischen Festung ausgebaut, birgt diese Stadt heute noch Schicht um Schicht reichen Kulturguts unter den Grundmauern ihres mittelalterlichen Stadtgefüges. Ihre zweite Blüte hatte mit dem Ausbau der Handelswege durch Karl den Großen begonnen. Hier kreuzten sich Wege bis aus Rußland und aus Byzanz und ließen Regensburg zu einer der frühesten mittelalterlichen Großstädte erwachsen.

Beherrscht wird sein Zentrum immer noch von dem gewaltigen Dom, in den Jahren 1260 bis 1525 erbaut, damals jedoch unfertig geblieben, bis er nach sechshundert Jahren, in einer Zeit der Rückbesinnung, endlich vollendet wurde. Selbstbewußt erhebt er seitdem sein filigranes Turmpaar über dem Meer von eng gedrängten Dächern und Geschlechtertürmen.

162 *Der Regensburger Dom, Zentrum der Stadt, in einem Gemälde von Manfred Sillner.*

Gläserne ›Teppiche‹ im Dom. Für den Glasreisenden hält der Dom als seltene Kostbarkeit noch eine vollständige *Hauptchorverglasung* aus der Zeit zwischen 1310 und 1380 bereit. »Accedit verbum ad elementum et fit sacramentum – Wenn das Wort zum Element kommt, vollzieht sich das Wunder«. Mit kaum einem anderen Satz läßt sich die geheimnisvolle Wirkung gotischer Glasfenster besser erfassen. Riesige Flächen, wie tausend Edelsteine leuchtend, tauchen die aufstrebenden Hallen der Kathedralen und Dome in verklärtes Dämmerlicht. In diesen in sich versunkenen überirdischen Räumen sollte der Mensch selbst in Andacht versinken. »Nirgends in der Natur begegnen unsere Augen einem Rot, das so rot, einem Blau, das so blau wäre, nirgends fügen sich so starke, lautere Farben so sanft zueinander. Verschlungen in wechselnden Gruppierungen scheinen sie in immer höheren, immer ferneren Sphären zu schweben«, beschrieb Ricarda Huch einmal diesen Eindruck.

Mittelalterliche Kirchenfenster sind wie riesige gläserne Teppiche, zusammengesetzt aus kleinen farbigen Scherben, eine mosaikhafte Komposition in stark betonter Umrißzeichnung. Weder Perspektive noch Relief stören die flächige Harmonie. Farben haben keinen absoluten Wert, sondern beeinflussen sich durch wechselseitige Überstrahlung. Gotische Fenster waren nie pure Dekoration, sondern sollten den Glauben stärken, waren gleichsam ein leuchtender Katechismus. Sie zeigen Szenen aus der Bibel, Ereignisse aus dem Leben der Heiligen, denn »die Bilder der Glasfenster sind zu nichts anderem da, als den einfachen Leuten, welche die heilige Schrift nicht lesen können, zu zeigen, was sie glauben sollen«, sagte einst Abt Suger von St. Denis.

Die beabsichtigte gedämpfte Lichtatmosphäre des Regensburger Domes wird beeinträchtigt durch das lichtdurchflutete Fenstergeschoß über dem Triforium. Allein der Hauptchor gibt noch den wahren Eindruck mittelalterlicher Dome wider. Über die Herkunft jener Glasscheiben läßt sich nichts Befriedigendes mitteilen. Doch führen vergleichende chemische Analysen von gotischen Fensterscherben zu dem Schluß, daß bestimmte Farben von weit her, bis aus dem Orient, hierher transportiert worden sind. ›Waldglas‹ aus Ostbayern mag vereinzelt mit eingesetzt worden sein.

163 *Mittelalterliches Glasfensterdetail aus dem Regensburger Dom mit der Szene von Christi Geburt.*

164 *Erst 1859–69 erhielt der Dom seine aufstrebenden Türme. Dieses Biedermeierglas zeigt noch den reingotischen Zustand.*

165 *Von Regensburgs einstiger Handelsmacht zeugt dieser syrische Becher, ausgegraben im ehemaligen Domherrenhof und heute ausgestellt im Museum der Stadt.*

Einen ganz anderen Charakter strahlen jene Westfenster des 19. Jahrhunderts aus, die in den Jahren um 1828 bis 1831 von der Königlichen Glasmalereianstalt München, noch vor der Vollendung der Domtürme, eingesetzt worden sind. Sie lehnen sich in ihrer Gestaltung, im Gegensatz zu der gotischen Verglasung, an die Tafelmalerei des späten Mittelalters an, zeigen Perspektive, Raumtiefen und Ausblicke in ferne Landschaft, verharren minuziös im Detail: statt einem Farben-›Teppich‹ nun illusionäre Plastizität. Hier sind romantische Bilder auf Glas geschaffen worden aus einer melancholischen Sehnsucht heraus nach einer längst vergangenen Zeit.

Ein Museum geleitet durch die Glasgeschichte. Nur ein paar hundert Meter östlich des Doms ist in dem ehemaligen Minoritenkloster St. Salvator das *Museum der Stadt Regensburg* untergebracht. Hier läßt sich in der musealen Stille die rühmliche Historie dieser Stadt durchschreiten, beginnend bei kostbaren Funden aus jener römischen Zeit, über die meisterhaften Zeugnisse ihres weltgewandten Mittelalters mit ihrem großen ›Sohn‹ Albrecht Altdorfer, bis hin zur Gegenwart, die vor allem im ›*Leeren Beutel*‹ vertreten ist.

Glasgeschichte war in dieser Stadt immer mit dem Leben der Bürger verquickt. Neben vielfältigen Gefäßen aus der Römerepoche beherbergt das Museum das derbe grünlichtransparente Gebrauchsglas des Mittelalters, das ›Waldglas‹. Nuppenbesetzte Stangengläser, seltene Keulengläser, bauchige Krautstrunke fanden sich an den unterschiedlichsten Orten der Stadt, zwischen alten Fundamenten wie auch in ehemaligen Latrinen. Ihre Entstehungsgeschichte fällt in die Anfangszeit der Hütten im Bayerischen Wald und so ist – wenn auch nicht belegbar – eine Herkunft aus dem nahen Waldgebirge sehr wohl anzunehmen, zumal es sich dabei um Gebrauchsglas gehandelt hat.

Ergänzt wird die Regensburger Sammlung durch bedeutende Schnittgläser des 17. und 18. Jahrhunderts aus dem nahen Nürnberg, wo sich damals ein Höhepunkt der Glaskunst vollzog. Die Nürnberger Glasgravur verweist auf die vielfältigen Verflechtungen zwischen Bayern und Böhmen, die im Bereich der Glasgestaltung immer bestanden haben. Im München des 16. Jahrhunderts wiederentdeckt, in Prag zur Meisterschaft entwickelt und von dort aus nach Nürnberg gelangt, wo sie als polierte Variante (›Blankschnitt‹) einen eigenen Stil begründete, hatte die Glasgravur weithin die Gunst der Fürsten erobert. Auch der Passauer Bischof hielt sich um 1600 seinen ›fürstlichen Glasschneider‹ Hans Tanperger. Lange Zeit blieb diese Veredelung eine Spezialität Böhmens. Die handwerkliche Meisterschaft böhmischer Biedermeiergläser, wie sie in der Regensburger Sammlung bemalt, geschliffen oder graviert zu sehen sind, dienten ostbayerischen Hütten als erstrebenswertes Vorbild und müssen auch den Stil ihrer Produktion geprägt haben, wenn dieser vielleicht auch weniger vollkommen war. In diese deutsch-böhmischen Verflechtungen gehört ebenso die bedeutende Sammlung von Jugendstilgläsern aus Buchenau-Spiegelhütte, unter denen sich auch die prämierten Weltausstellungsstücke befinden.

Straubings leuchtende Fenster. Mittelalter und Jugendstilzeit vereinen sich in der farbenprächtigen Verglasung der gotischen *St. Jakobskirche* in Straubing. Auch sie überragt weithin sichtbar die Silhouette ihrer Stadt. Glasfenster von 1418 erzählen in ihrem Kapellenkranz Ereignisse aus dem Leben Jesu. Nach 1900 erfolgte eine Restaurierung und Ergänzung durch die Münchner Hofglasmalerei F. X. Zettler. Diese Firma schuf daneben beeindruckende Neuverglasungen im Mittelschiff. So verbinden sich im großen Christophorus-Fenster an der Nordseite (Entwurf von 1895) mittelalterliche Gestaltungselemente mit schon aufkeimender floraler Bewegtheit des Jugendstils zu einer erstaunlichen Harmonie. Die Vorliebe für leuchtende Kathedralglasfarben hatten die Glasmaler der Jahrhundertwende mit ihren gotischen Vorgängern gemein.

Nicht nur wegen seines mittelalterlichen Glasfensters im Chor, sondern auch wegen seiner späteren reizvollen Rokoko-Ausstattung lohnt sich auf der Weiterfahrt ein Abstecher zu dem kleinen *Salvatorkirchlein* unterhalb der Wallfahrtskirche am ***Bogenberg.***

Das Tor zum Bayerischen Wald. Man kann seinen Weg ›über die Dörfer‹ fortsetzen – ein genereller Rat, den der Reisende befolgen sollte, um mit größerer Landschaftsnähe belohnt zu werden –, doch von Straubing nach Deggendorf nehme er ausnahmsweise die Autobahn. Linkerhand erhebt sich aus der Donauebene das breite Gebirgsprospekt des (vorderen) Bayerischen Waldes, für den eine lebhaft geformte Bergwelt mit vereinzelten Burgen typisch ist. Wie ein Vorreiter hat sich die Hafenstadt ***Deggendorf*** an der Donau dem Anstieg zum Bayerischen Wald vorgelagert. Eigentlich verbindet sie wenig mit dem ›Glasland‹, gäbe es nicht ihr 1983 neu eröffnetes *Stadtmuseum,* das in seiner volkstümlichen Abteilung eine ganze Reihe sehenswerter Exponate birgt. ›Geduldfläschchen‹ und ›Heilig-Geist-Kugeln‹ zeugen von einst mals tiefer Volksfrömmigkeit im Bayerischen Wald; und Hinterglasbilder von einer Qualität wie jene der Neukirchener Malerfamilie Wittmann aus dem letzten Jahrhundert begegnen uns nur noch selten. Die beachtliche frühgeschichtliche Abteilung des Museums basiert auf Bodenfunden der Region und zeigt auch Glas aus dem 6. Jahrhundert.

Bevor die Straße in das Waldgebirge buchstäblich eindringt, sollte man nicht versäumen, am Ruselkraftwerk noch einen Blick auf das große Glasmosaik von H. W. Gol-

dack zu werfen, der unweit von hier in *Zwieslerbruck* lebt und arbeitet. Himmel, Landschaft und Wasser mit eingearbeiteten rohen Glasbrocken verquirlen sich durch einwirkende Sonnenstrahlen zu bildhafter und visuell empfundener Bewegung.

Entlang einer tief einschneidenden Schlucht windet sich die Route den Berg hinan und vorbei an der einstigen *›Oberglasschleife‹*, erklimmt sie die *Rusel*. Von hier oben reicht der Blick bei schönem Wetter bis weit ins Donautal. Auch zur anderen Seite hin fällt die Landschaft ab, doch sanfter, in ein üppig gestaltetes, romantisches Bergland.

Dichterstube und Schmalzlerglasl. Die Stadt ***Regen*** ist Sitz einer bedeutenden optischen Industrie. Brillengläser und feinoptische Linsen werden hier seit 1898 von der Firma Rodenstock geschliffen, die aber auch selbst die Maschinen zur Herstellung optischer Gläser konstruiert. Oberhalb des renovierten Regener Stadtplatzes thront seine *Pfarrkirche*. Nach mehrmaligen Umbauten wurde sie um 1965 von dem Zwieseler Maler H. Walter Mauder vollständig mit Glasfenstern ausgestattet.

»Ein Kranz blaubewaldeter Berge zog sich rings um den weiten Horizont. Braune Wiesen und dunkle Ackerstücke breiteten sich in der Tiefe aus. Auf den Höhen lag noch Schnee. Hier und dort leuchteten hingetupft die roten Dächer der Dörfer. Dünne Rauchsäulen kräuselten sich in der windstillen Luft.« So beschreibt Siegfried von Vegesack in seinem Roman ›Das fressende Haus‹ den Rundblick von der ***Burgruine Weißenstein.*** Einst von ihm erwählter Arbeitsplatz – die ›Dichterstube‹ ist hier noch zu sehen – hat sich der Dichterturm, ›das Fressende Haus‹, heute zu einer Insel der Kultur entwickelt, wo Lesungen stattfinden und wechselnde Ausstellungen zu sehen sind. Im ersten Stock des *Museums Burgkasten* erwartet den Glasliebhaber eine Sammlung erlesener, kurioser, seltener, aber auch unbedarft bunter Schnupftabakgläser – 1300 Stück an der Zahl. Sie lassen für Wissensdurstige die ganze Palette traditioneller glashandwerklicher Meisterschaft aufmarschieren.

Von Regen führt die Route in Richtung Viechtach entlang dem *Pfahl*, einer Quarzader, die eine etwa 150 Kilometer lange Verwerfungsspalte ausfüllt, und die mehrmals neben der Straße, vor allem aber über der Stadt ***Viechtach*** weithin sichtbar zutagetritt. Quarz war wichtigster Rohstoff der Waldglasindustrie, doch wegen seiner Verunreinigungen fand der Pfahlquarz wenig Verwendung, vielmehr wurde der Quarz ab dem 18. Jahrhundert in mehreren Steinbrüchen des oberen und mittleren Bayerischen Waldes bergmännisch abgebaut, wie beispielsweise am ›Hennenkobel‹ bei Rabenstein.

Unweit von Viechtach, in ***Rauhbühl***, hat der Glasmaler Rudolf Schmid eine *›Gläserne Scheune‹*, sein Lebenswerk, errichtet. Ihre aneinandergefügten, reichbemalten Einzelscheiben führen den Betrachter anhand der Weissagungen vom ›Mühlhiasl‹ nach Art der alten Moritatensänger durch die sagenumwobene Welt des alten Bayerischen Waldes.

Ein Mekka des Glases. Die Schauglashütte in ***Arnbruck*** kündigt wie ein Vorpo-

166 *Schloß Egg bei Deggendorf mit der Landschaft des Bayerischen Waldes aus Biedermeiersicht.*

167 *Burgruine Weißenstein in einem kolorierten Stich aus dem 18. Jahrhundert.*

168 *Die frühe Ansicht von Bodenmais (1569) zeigt auch die alte Paternosterhütte (Haus vorne über dem Ortsnamen).*

sten das nahe Glaszentrum an. Im benachbarten ***Drachselsried*** aber stoßen wir auf einen Ort besonderer Art: Seit etwa 1970 hat hier das Ehepaar Herrmann Objekte des *Studioglases*, vor allem Frühwerke aus dem Bayerischen Wald, zu einer einzigartigen Sammlung von über tausend Gefäßen und Plastiken zusammengetragen. Sie ist, gekoppelt mit einer Galerie, öffentlich zu besichtigen. ›Glas in Vollendung‹ findet der Liebhaber moderner Glasplastiken auch in einer Galerie in Bodenmais.

Bodenmais am Arber kann sich einer frühen Glasverbundenheit rühmen. Bereits im 15. Jahrhundert muß im nahen Mais eine Glashütte in Betrieb gewesen sein. In Bodenmais selbst wird 1532 eine Paternosterhütte erwähnt, die folglich schon einige Zeit bestanden hat. Sie existierte bis 1726 und ihre Erzeugnisse – ›Patterln‹ (Glasperlen), Apotheker- und Vorratsgläser wie auch Nuppenbecher – sind im Umkreis ihres ehemaligen Standortes gefunden worden. In den vergangenen drei Jahrzehnten wuchs das einst kleine Dorf zu beachtlicher Größe und zu einem Mekka der Glasreisenden heran. Auf keinen anderen Ort paßt das Bild einer Pilgerstätte auch nur annähernd so gut. Zwei *Schauglashütten* und eine Hauptstraße voller ›Glaspaläste‹ huldigen heute dem funkelnden, glitzernden und geschliffenen Bleikristall.

Leuchtende Farbenspiele. Weithin überragt ein roter, neugotischer Backsteinturm die Stadt ***Zwiesel.*** Er gehört der frisch renovierten *St.-Nikolaus-Kirche*, deren reiche, lückenlose Buntverglasung überrascht und staunen macht. Bald nach der Jahrhundertwende stifteten einflußreiche Familien und Verbände diese erzählerischen, vielfarbigen Fenster mit gotischen

169 *Zwiesel, die Stadt zwischen dem Flüsse-›Zweisal‹ auf einer Karte von circa 1580.*

170 *Diese gläserne Uhr von Josef Bayer aus Theresienthal (um 1900) ist heute verschollen.*

171 *Hauchdünne Kelche und Vasen stellen die Lampenglasbläser des Zwieseler Raumes her, dank einer aus Thüringen kommenden Glasverarbeitung.*

Stilanklängen, die uns zu einem Exkurs in die Zwieseler Glasgeschichte einladen: Seit dem Jahre 1872, als der Winterberger Hüttenmeister Anton Müller hier eine Glashütte errichtet hatte, war Zwiesel Sitz einer Tafelglasproduktion. Mehrmals erfolgte ein Besitzerwechsel. Nach der Jahrhundertwende gehörten die damals sogenannten ›Vereinigten Zwieseler und Pirnaer Farbenglaswerke‹ zu den Hauptlieferanten von Butzenscheiben, Antik- und Kathedralglas, sowie von Mosaik- und Opaleszentgläsern. Inzwischen ist diese seit jener Zeit ständig erweiterte Glasfabrik unter der Leitung des Schott-Konzerns zum größten Kelchglashersteller Europas herangewachsen.
Etwa hundert Meter von hier steht die äußerlich ganz bescheiden wirkende *evangelische Pfarrkirche*, in deren reinweißem Inneren farbenprächtige moderne Verglasungen leuchten. 1986 gestaltete die Münchner Künstlerin Elisabeth Schickling die vier Fenster der Apsis nach einem Sinnbild des ersten Psalms: »Der ist wie ein Baum, gepflanzt an den Wasserbächen, der seine Frucht bringt zu seiner Zeit, und seine Blätter verwelken nicht.«
Seit 1964 arbeitet in Zwiesel noch eine zweite Glasfabrik, die Bleikristall-Glashütte Klokotschnik, am östlichen Stadtrand, direkt neben der Umgehungsstraße gelegen. Karl Klokotschnik hatte bereits in Haida eine Glasraffinerie betrieben, bevor er 1951 im Bayerischen Wald mit einer Schleiferei neu begann.
Ebenfalls aus Nordböhmen – dem Zentrum der Glasveredelung – kam vor der Jahrhundertwende der Glasmaler Heinrich Ulbrich nach Zwiesel, um hier einen selbständigen Malereibetrieb zu begründen. Viele seiner Arbeiten lassen noch den böhmischen Stil erkennen, und er mag wohl seinerzeit einen gewissen Einfluß auf die Motivgestaltung im Bayerischen Wald ausgeübt haben. Zu seinen erfolgreichsten Artikeln gehörten bemalte Schnupftabakgläser, von denen das *Waldmuseum* in Zwiesel eine Reihe samt dazugehöriger Entwurfszeichnungen in seiner umfangreichen Schnupftabaksammlung auf-

bewahrt. Darüber hinaus zeigt das Museum manche Kuriosität, so die berühmte (leider defekte) erste gläserne Uhr aus Theresienthal. Ein raumgroßes Modell eines Glasmacherdorfes um 1600 vermittelt dem Besucher einen detaillierten Eindruck des Lebensraumes der Menschen im ›Glas-Wald‹. Wechselnde Ausstellungen greifen zudem aktuelle Themen aus dem Zwieseler Raum auf und präsentieren Erzeugnisse von Glashütten und Glasgestaltern aus dieser Stadt. Erwähnenswürdig ist die kleine Sammlung der überaus selten gewordenen Maudergläser aus den zwanziger Jahren.

Mit dem Einfluß Bruno Mauders und der durch ihn geprägten *Glasfachschule* wurde ein bedeutsames Glaskapitel der Stadt Zwiesel aufgeschlagen. Eng damit zusammen hängt auch die Verbreitung einer für Ostbayern neuen Art von Glasverarbeitung: des Lampenglasblasens. Ursprünglich in Thüringen zuhause, gehört seit der Nachkriegszeit das Verarbeiten von Glasröhren und Stäben vor dem Gasbrenner (›Lampe‹) zum Ausbildungsangebot der Fachschule. Wenn auch das Hauptbetätigungsfeld des ›Glasbläsers‹ (im Gegensatz zum ›Glasmacher‹, der vor dem Ofen arbeitet) im Bereich der chemisch-technischen Industrie liegt – die Firma Original Hanau arbeitet hier mit einer Gruppe hochspezialisierter Fachkräfte –, so sind im Schlepptau des Tourismus in und um Zwiesel in den vergangenen Jahrzehnten mehrere Werkstätten und Kleinbetriebe entstanden, die vor der Lampe gefälliges Kunstgewerbe, Vasen und zerbrechlich dünne Kelche, anfertigen, die heute aus dem Bild des Zwieseler Glases nicht mehr wegzudenken sind. Zu nennen sind hier vor allem die Firmen Krauspe und Schmid und die Werkstatt von Rudolf Weber in Zwiesel wie von Heinz Seemann in Rabenstein.

Das sonnig am Hennenkobel gelegene ***Rabenstein*** blickt auf eine frühe Glasgeschichte zurück. Bereits um 1420 stand dort eine Paternosterhütte, die sich auf Glasperlen verlegt hatte, wohl in der Hauptsache zur Anfertigung von Rosenkränzen. Im 19. Jahrhundert erwählte sich Wilhelm Steigerwald, der Glashüttenbesitzer von Schachtenbach, den höchsten Punkt des Ortes als ›Residenz‹ und ließ dort seine prachtvolle Villa erbauen, die bedauerlicherweise nicht mehr steht. Für Glasfreunde birgt die Rabensteiner *St.-Johann-Nepomuk-Kirche* transparente Pretiosen. Aus der gewagten Verbindung eines alten Forststadels mit

172 *›Die Wurzel Jesse‹ – ein Motiv aus dem Rabensteiner Glasfensterzyklus von Bernhard Schagemann.*

einem seitlich angesetzten spitzpyramidalen Glockenturm entstand Anfang der sechziger Jahre die neue Kirche. Ihrer außergewöhnlichen Verglasung von Bernhard Schagemann liegt die Symbolik der sieben O-Antiphonen zugrunde. Im Wechsel einfallender Sonnenstrahlen entfaltet der erhöhte lichtdurchflutete Altarraum seine ganze Faszination, so wie es in der Vision der Offenbarung heißt: »Und vor dem Thron war es wie ein gläsernes Meer, gleich dem Kristall.«

173 *Immer wieder malte Karl Alexander Flügel die Großartigkeit der Waldlandschaft. Im Bild ein Ausschnitt aus seinem verschollenen Gemälde ›Blick auf die Arberkette.‹*

Route 4
Von Neumarkt bis Waldsassen

Glasskulpturen und ein Schloßmuseum. Unsere Reise durch die Oberpfalz wollen wir, von Nürnberg kommend, bei Neumarkt beginnen. Unterhalb der großen Autobahnbrücke duckt sich die Ortschaft ***Pilsach.*** Dort spiegelt sich in einem regungslosen Wasserring das ›Kaspar-Hauser-Schloß‹, in dessen Gemäuern jener sagenumwobene Junge seine ›Kindheit‹ verbrachte. Heute werden hier in wechselnden wegweisenden Ausstellungen neben modernen Gemälden neueste Glasobjekte und Glasplastiken von Avantgarde-Künstlern aus dem Bayerischen Wald vorgestellt. Ein architektonisch noch weitaus imposanteres Schloß steht in ***Theuern,*** unserem nächsten Ziel. Als ehemaliges Hammerherrenschloß 1781 im französischen Stil erbaut, zeugt es von der Blüte des einstigen Oberpfälzer Eisenhandels. Das hierin untergebrachte *›Bergbau- und Industriemuseum Ostbayern‹* widmet sich der ostbayerischen Industrie, wobei auch das Glas aus dem Bayerischen Wald in einer Etage ständig vertreten ist. Sonderausstellungen befassen sich überdies mit ausgewählten, gestalterischen wie technologischen Aspekten dieses transparenten Materials. Besonders aufschlußreich sind die in der Glasabteilung gesammelten, sehr seltenen Ausgrabungsscherben aus den erloschenen Waldglashütten des Grenzgebirges, so aus Altglashütte, aus Voithenberg, der Lenkenhütte und der Perlhütte bei Waldmünchen, von der Seebachhütte und von Schachtenbach, wie auch aus Oberfrauenau und von der Lusenhütte. In bezug auf die vor allem im vergangenen Jahrhundert weithin verbreitete Flachglasveredelung demonstriert in den Außenanlagen des Museums ein historisches Polierwerk, wie ehemals die ostbayerischen Spiegelschleifereien die rohen Glasscheiben ebengeschliffen und blankpoliert haben. In der Oberpfalz arbeiteten zahlreiche derartige Betriebe. Daran erinnern noch vereinzelte Ortsnamen, wie beispielsweise ›Glaspolier‹, das einen Kilometer von Parkstein bei Weiden entfernt liegt.

Eine Glashütte als Architekturdenkmal. Im nicht weit entfernten ***Amberg,*** dem ehemaligen Sitz des pfälzischen Kurprinzen, lohnt sich schon wegen des histori-

174 *Glasplastiken in den Gartenanlagen des Pilsacher Schlosses.*

175 *Das renovierte Schloß zu Theuern bei Amberg birgt heute das Bergbau- und Industriemuseum.*

176 *Im Lichtspiel einfallender Sonnenstrahlen leuchten die Wandmosaike der Weidener Kirche nuancenreich auf.*

177 *Die Jugendstilausstattung von St. Josef in Weiden bildet ein einzigartiges Gesamtkunstwerk.*

schen Zentrums ein Aufenthalt. In seinem Randbereich arbeitet heute die Rosenthal-Glashütte. Viele Glasfabriken interessieren nur wegen ihrer Produkte. Doch das Amberger Rosenthal-Werk sollte man auch einmal wegen seines Bauwerkes aufsuchen. Erst 1969 errichtet, verkörpert es einen der letzten Entwürfe des epocheprägenden Architekten Walter Gropius. Industriebauten sind in den dreißiger Jahren vielfach von wegweisenden Architekten erdacht worden, doch mit der traditionsgebundenen Form der Glashütte hatte sich bisher keiner auseinandergesetzt. Gropius, in vielen seiner Projekte heute nicht unumstritten, hat hier zu einer Synthese gefunden zwischen traditioneller, sattelförmig überdachter Ofenhalle und einem arbeitsgerechten, modernen Industriebau im Zeitwerkstoff Stahlbeton, der sich harmonisch in die Landschaft fügt. Wie eine Kathedrale ruht dieses Bauwerk zwischen Himmel und Erde.

Von Amberg aus führt uns die Straße in Richtung ***Hirschau*** am Kaolintagebau vorbei. Dieser weißliche Porzellanrohstoff Kaolin steht auch in wichtigem Bezug zur ostbayerischen Glasindustrie: Als Nebenprodukt seines Abbaus fällt dabei nämlich, dank moderner Trennungsverfahren, ein feiner, verunreinigungsarmer Quarzsand an, der den strengen Qualitätsansprüchen heutiger Glasherstellung standhält. Vor allem die Firma Dorfner gewinnt hier diesen Glasrohstoff mittels ›Flotationsverfahren‹, wobei durch oberflächenaktive Mittel, sogenannte Schäumer, sogar feinste eisenhaltige Minerale – welche das Glas grünlich färben würden – abgetrennt werden.

Im schmucken historischen Zentrum von ***Schnaittenbach*** ist die Pfarrkirche einen Besuch wert. In ihr begegnen wir leuchtkräftigen Glasfenstern der Regensburger Hofglasmalerei Schneider und der Münchner Firma F. X. Zettler. Die um 1910 eingesetzten Scheiben – bemerkenswert die vier

Evangelisten – verweben Ornamentik des ›neuen Biedermeier‹ und Farbenpracht der Jahrhundertwende mit stilistischen Anklängen an die barocke Kirchenausstattung.

Zentrum des Flachglases. In ***Wernberg-Köblitz*** passieren wir das Oberpfälzer Flachglaszentrum. Mit den von der Flachglas AG in *Weiherhammer* erzeugten Glasscheiben wird in seinem Umkreis eine vielseitige weiterveredelnde Industrie beliefert. Wie das nahe *Luhe-Wildenau* ist auch Wernberg-Köblitz selbst Sitz einer Spiegelherstellung. Hier versieht die Firma Franz Appl ihre Spiegel zudem mit Kantenschliff und bringt verzierende Facettierungen an.
Die Hochstraße nach Pilsen bietet ferne, an Schönheit sich steigernde Ausblicke in die beiderseits abfallende, weit ausladende Landschaft. Links thront die Ruine Leuchtenberg als erhabener Spähposten über tief vorgelagertem Land und wenn wir nach ***Vohenstrauß*** hineinfahren, taucht ein mächtiges Satteldach mit sechs angelagerten Rundtürmen vor uns auf: das Renaissance-Schloß Friedrichsburg, von Pfalzgraf Friedrich gegen Ende des 16. Jahrhunderts errichtet. Nach dem Krieg ließ sich am Rande des Städtchens das aus Steinschönau stammende Unternehmen Alfred Taube nieder, dessen Egermann-Gravuren auf (rotgebeizten) mundgeblasenen Glasservicen noch an die böhmische Tradition erinnern. Die Firma Steiner & Vogel widmet sich hier hauptsächlich der Veredelung von Wirtschaftsglas. Mit Modellen von Glas-Schleif-Polierwerken verweist das dortige *Heimatmuseum* auf den ehemals so bedeutenden Oberpfälzer Industriezweig. Von Vohenstrauß aus erreichen wir durch eine ständig abfallende herrliche Mischlandschaft das Waldnaabtal.
Die Geschichte der Stadt ***Weiden*** reicht ins frühe Mittelalter zurück. 1241 erstmals genannt, deutet schon das zentral auf dem historischen Marktplatz stehende Rathaus auf die frühe Stadtgründung hin. Seine Geschichte der Glaserzeugung dagegen setzt erst mit dem Industriezeitalter ein. Im Jahr 1890 errichteten die Gebrüder Schulz in *Weiden-Moosbürg,* direkt neben dem Weidener Bahnhof, eine kohlebefeuerte Tafelglasfabrik. Als zwei Jahre später das Familienunternehmen E. & A. Kupfer die Hüttengebäude übernahm, stattete es diese mit einer Generatorenanlage aus. Der Gasregenerativofen der Firma Siemens setzte der unsicheren direkten Befeuerung ein Ende und erzeugte vollständig regulierbare Schmelztemperaturen. Die Familie Kupfer scheint eine überaus glückliche Hand für das Glasgeschäft besessen zu haben, denn Ende des Jahres 1898 betrieben sie insgesamt zehn Flachglashütten im ostbayerisch-böhmischen Raum.
Die Erzeugung von farblosem Fensterglas in Weiden gehört der Vergangenheit an, doch arbeitet seit 1984 in der bewaldeten Peripherie der Stadt das derzeit modernste Bleikristallwerk – ein Zweigwerk der Firma F. X. Nachtmann –, das aufgrund schadstoffarmer Elektroschmelze auch alle traditionellen Kennzeichen einer Glasfabrik, wie Schornstein und belüftetes Satteldach, vermissen läßt. Sein Erscheinungsbild wird durch das langgestreckte Hochregallager bestimmt.

Gesamtkunstwerk des Jugendstils. Weidens industrielle Blütezeit um die Jahrhundertwende hat im Stadtbild bemerkenswerte Spuren hinterlassen. Geprägt wird seine Silhouette heute noch von dem imposanten Turmpaar der *Stadtpfarrkirche St. Josef*. Nach dem Vorbild früher rheinischer Kirchen, wie der in Worms, errichtete Johann Baptist Schott in den Jahren 1899 bis 1900 diesen monumentalen Bau im neuromanischen Stil, der seinen einzigartigen Zeitgeist nach innen kehrt.

Den Eindruck des Kirchenraumes durch Details wiederzugeben, gelingt kaum. Man muß die Kirche erleben! Lichtgedämpft empfängt sie den Besucher, und wie ein silberglitzernder Nachthimmel schließt sich das Kreuzrippengewölbe über ihm. Aus dem Zentrum der Vierung sprühen goldene Flammen mit den vier Apokalyptischen Reitern. Während man wandelt, blitzen aus Wandmosaiken Lichtfunken wie Schneekristalle auf oder dunkle Mosaikflächen beginnen golden aufzuglühen. In dieser Kirche hat der ›Neue Stil‹ der Jahrhundertwende Gestalt angenommen.

Diese einzige Jugendstilkirche Ostbayerns verdankt ihr Dasein dem in der Baukunst seltenen Umstand, daß ein Gestalter ein begonnenes Werk abgebrochen, verändert und neu begonnen hat. Der Maler *Franz Hofstötter* (frühere Werke haben wir bereits in Ludwigsthal angetroffen) scheint durch eine Begegnung mit dem Stil der Wiener Secession künstlerisch ›erleuchtet‹ worden zu sein. Bei der Betrachtung der Kirche erinnert man sich an Gustav Klimts Gemälde ›Philosophie‹ von 1900 (Gewölbegestaltung), an dessen geometrisch-dekorative Bild-Details (Mosaikeinsprenkelungen) sowie an Ferdinand Andris Wandgemälde ›Mannesmut und Kampfesfreude‹ von 1902 (Apokalyptische Reiter im Vierungsgewölbe). Gestalterisch etwas strenger als die lodernde Malerei wirken Hofstötters Glasfenster in der Chorapsis von 1907, die die Heiligen Sebastian und Michael darstellen. Die in die Wände eingesprenkelten, aber auch die großflächigen Mosaike, so in der Taufkapelle, sind nach den Entwürfen Hofstötters von dem Weidener Kunstmaler Vierling und seiner Frau Theresia verlegt worden. Die farbenreichen Glasstücke stammen vermutlich aus der Buchenauer Glashütte. Hier offenbart sich wieder ein Zusammenhang mit der Kirche in Ludwigsthal. Insgesamt ist unter Hofstötters Hand, trotz mannigfaltiger Gestaltungsmittel, eine überwältigende Raumeinheit geschaffen worden, die zeitlos bleibt.

Das Bleikristallzentrum. Der Großraum Weiden hat sich zu einer Wiege des bayerischen Bleikristallglases entfaltet, und in Altenstadt sowie in Neustadt stoßen wir gleichsam auf das Herz dieser funkelnden Gattung. Beide Orte sehen sich über die Waldnaab hinweg an. Hier konzentrieren sich drei Glasfabriken, weithin erkennbar an ihren typischen hohen, schlanken Kaminen: In ***Altenstadt*** direkt neben der Bahnlinie die Firma Beyer & Co. – in den fünfziger Jahren von der Bleikristallfabrik (und früheren Spiegelglashütte) Ullersricht bei Weiden hierher verlegt – und das Bleikristallwerk Karl Hofbauer. Am anderen Ufer des Flusses in **Neustadt** produziert die Firma F. X. Nachtmann, die seit 1901 in Neustadt ansässig ist. Dort empfängt den Besucher ein lebhaftes Bleikristallzentrum mit zwei Schauglashütten und (bereits!) sommerlichem ›Christmas market‹, dort wird den Gästen zweisprachig alles erläutert, was glasig glitzert und glänzt.

Unverfälscht in seiner baulichen Geschlossenheit steigt Neustadts langgestreckter Marktplatz den Berg hinan. Engnachbarlich zusammengewachsene frühe Bürgerhäuser, in schlanken, vielgestaltigen Giebeln ausschwingend, lassen böhmischen Einfluß verspüren. Sie geleiten zum barocken Neuen Schloß im italienischen Stil am oberen Ende des Platzes, in dessen Schatten das Alte Schloß mit seiner arkadenüberdachten Freitreppe steht.

Auf einer schmalen Hochstraße erreicht man ***Windischeschenbach,*** eine weitere Station des funkelnden Bleikristallglases. Wie auch in Neustadt und Vohenstrauß hat die Glasindustrie hier keine lange Tradition, sondern ist ein Kind unseres Jahrhunderts. Um so stolzer hegt man ihre gegenwärtige Blüte. Unweit der dortigen Annahütte wird in einer alten Villa das *Bayerische Bleikristallmuseum* geplant.

Pläderlein und gläserne Knöpfe. Von Windischeschenbach führt die Bundesstraße nach Tirschenreuth. Wer ein wenig Zeit hat und einen Eindruck der Landschaft historischer Oberpfälzer Glashüttenstandorte gewinnen möchte, der sollte einen Umweg über Altglashütte nicht scheuen. Sobald die B 15 erreicht ist, biegt man rechts in Richtung Wildenau ab. Die enge Straße führt durch eine einsame Wald-Feld-Landschaft, aus der hie und da ein barocker

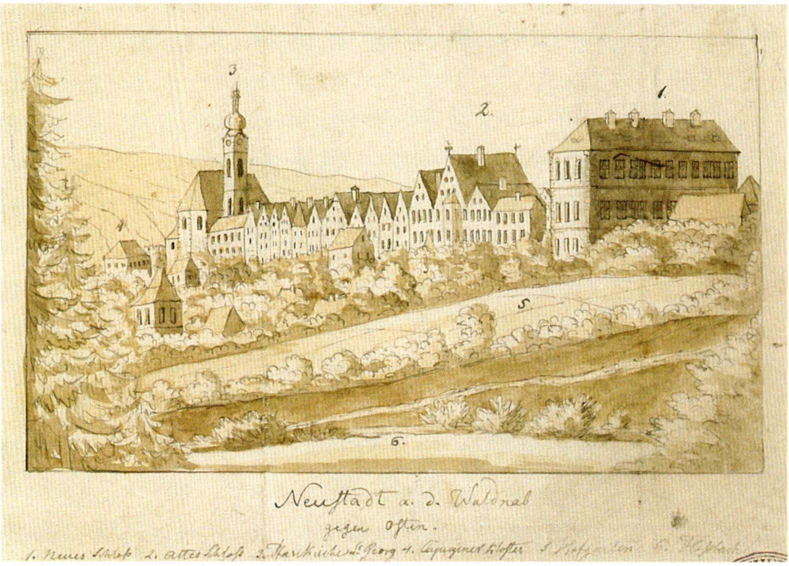

178 *Neustadt an der Waldnaab mit dem Lobkowitzer Schloß (1) in einer historischen Ansicht.*

Zwiebelturm vorspitzt. Über ***Plößberg,*** dem Zentrum des ostbayerischen Glasofenbaus, gelangt man nach Hohenthan, von wo aus die Straße nach ***Altglashütte*** ansteigt. Oberhalb der heutigen Ortschaft Altglashütte, bei den ›Drei Brunnen‹, hatte Pauluß Schierer im Jahre 1614 eine Glashütte »auf einem Platz dem Silberberg zu« erbaut. Hütte, Pocher, Hüttenmeister- und Arbeiterwohnungen sowie eine Mühle und eine Weißbierbrauerei gehörten zum Hüttengut. Keine Waldglashütte des ostbayerischen Raumes ist so gut erforscht wie diese, über deren bewegte Geschichte nahezu lückenlose Archivalien existieren. Ihre Historie – von Adalbert Busl zusammengetragen – steht somit beispielhaft für die Schwierigkeiten der Glaserzeugung in jener Zeit. Kriegswirren, hohe Erhaltungskosten und häufiger Besitzerwechsel haben das ›Silber-glashütten-Guetl‹ schließlich veröden lassen, so daß es 1707 auf Regierungsbefehl abgebrochen werden mußte. Sechzehn Jahre später wurde allen Erfahrungen zum Trotz einen Kilometer weiter südlich eine neue Glashütte gegründet, die heutige Silberhütte. Interessant sind die Aufzeichnungen jener alten Glashütte über ihre Jahresproduktion, die Löhne, Rohstoffquellen und den Glashandel. So verkaufte man Scheibenglas bis nach Bamberg, Schweinfurt und Frankfurt, Uhrgläser aber nach Nürnberg. Altglas zum Wiedereinschmelzen bezog man von den Glasern aus Tirschenreuth, Neustadt und Weiden. An dieser archivalisch gesicherten Stelle wagten Archäologen 1981 erstmals eine Glashüttengrabung – und waren erfolgreich! Butzenscheiben, Glasfläschchen (Pläderlein), Sanduhrgläser, Trinkgefäße und Perlen kamen zum Vorschein, ebenso Reste von Schmelzhafen. Sie vermitteln ein Bild von der farbigen Vielfalt der damaligen Waldglasproduktion im bayerisch-böhmischen Grenzgebirge.

Wenige Kilometer von Hohenthan entfernt liegt nahe der Grenze ***Bärnau.*** Nicht nur für Liebhaber ausgefallener Sammelgebiete ist das *Deutsche Knopfmuseum* einen Besuch wert. Ständige sowie wechselnde Sonderausstellungen führen den Gestaltungsreichtum dieser schmucken Nutzobjekte vor Augen. Bunte Glasknöpfe, vor der Lampe (einem Gasbrenner) geformt oder ›gequetscht‹ (gepreßt), bildeten einst, vor allem im Gablonzer Raum, einen bedeutendenden der Mode folgenden Gewerbezweig.

Verbindungen. Nach diesem Abstecher geht es über Schwarzenbach weiter in Richtung Tirschenreuth. Hier durchschneidet die Straße eine ausgedehnte Seenlandschaft, eingebettet in große Waldflächen mit niedrigem Baumbestand, die vor Mitterteich in eine sanft wogende Feldlandschaft überleiten. ***Mitterteich*** ist heute der Sitz zweier Glaswerke, die Spezialgläser für die weiter-

179 *Waldsassen mit seinem Glasberg im 16. Jahrhundert.*

180 *Die Glashütte in Waldsassen: glühende Öfen, Wasserdampf und Sonnenlicht gehen hier eine spannungsreiche Synthese ein.*

verarbeitende Industrie anfertigen: die Schott-Ruhrglas GmbH, in der maschinell Röhren, Stäbe und Kapillaren aus Spezialglas (zum Beispiel Duran) gezogen werden, und die Deutsche Spezialglas AG, ein Unternehmen der Schott-Gruppe, welches Sondergläser für medizinische und Verkehrstechnik, Optik und Bauwesen herstellt.

Wir nähern uns dem Ende unserer Glasreise und wählen den Weg zur tschechischen Grenze, jenseits derer das böhmische Eger liegt. Dort drüben beginnt das ehemalige *Nordböhmen,* das vor allem im vergangenen Jahrhundert bis in das erste Drittel unseres Jahrhunderts einen so weitreichenden Einfluß auf das ostbayerische Glas ausgeübt hat. Dort blühte die Glasveredelung, war einst das Zentrum des weltberühmten böhmischen Schliffglases. Diesseits und jenseits dieser nordbayerischen Grenzregion hat aber ein anderer Industriezweig immer die Oberhand behalten: die Porzellanindustrie. Hierin unterscheidet sich die Oberpfalz so gravierend vom Bayerischen Wald, welcher nahezu ausschließlich dem Glas verbunden bleibt. So wie der grenzüberschreitende Böhmerwald im Süden Ostbayerns gemeinsame Merkmale aufwies, so lassen sich im Norden gänzlich andere grenzüberschreitende Gemeinsamkeiten finden. Auslösendes Moment waren gleichgeartete Bodenschätze, die bestimmte Industriezweige förderten, aber auch Handelsstraßen, die enge Kontakte zwischen den angrenzenden Orten und Städten schufen. Auch heute noch lassen sich die lagebedingten Unterschiede feststellen: Im Norden Ostbayerns konzentriert sich das vom Schliffdekor geprägte Bleikristallglas, im Süden hingegen das in erster Linie meisterlich geblasene Glas. Abweichungen von dieser Regel lassen sich durch Zuwanderungen aus dem anderen Gebiet erklären.

Wenige Kilometer vor der Grenze liegt in der weiten Senke des Wondrebtals das geschichtsträchtige Stift ***Waldsassen,*** das bereits 1133 als Zisterzienserabtei gegründet wurde. Klöster waren in der Regel wegen ihrer einsiedlerischen Lage weitgehend autark. So gab es im Mittelalter in Verbindung mit ihren Bautätigkeiten auch klostereigene Glasmalerwerkstätten und Glasereien. In Waldsassen ließen sich jedoch hierüber keine Archivalien auffinden, obwohl die dreischiffige Basilika von 1179 immer wieder Gegenstand von Umbauten war. Man lasse sich nicht durch die in der heutigen – 1704 geweihten – Barockkirche eingefaßten Butzenscheiben zu historischen Rückschlüssen verführen: Diese in höchstem Maße stilwidrige Verglasung ist erst wenige Jahre alt. Rätselhaft bleibt jedoch

der ›*Glasperg*‹, der schon 1579 in einer Landkarte oberhalb des Stifts verzeichnet ist. Weder Urkunde noch Aktennotiz deuten auf eine einstmalige Glashütte hin, obwohl das nahe Fichtelgebirge frühe Glasererzeugung kennt. Nicht einmal Erzählungen beschäftigen sich mit jenem mythischen Berg, nur Fragmente einer vor Zeiten vielleicht zusammenhängenden Sage geistern durch die mündlichen Erzählungen der Alten: Riesige Quarzfindlinge (ein Glasrohstoff!) liegen auf der Erhebung des Glasbergs. Der größte heißt das ›Schloß‹, ein anderer der ›Kammerwagen‹.

Die Glasgeschichte Waldsassens ist demnach noch recht jung. So hatte im Jahre 1884 in der ›Alten Hütte‹, wie man sie später nannte, die Produktion von Tafelglas begonnen, als 1907 eine neue an anderem Standort errichtet wurde, wo jetzt die Firma Lamberts auf traditionelle Weise Antikglasscheiben herstellt. Diese ungewöhnliche, aus Holz erbaute Halle, eine ehemalige Ausstellungshalle der Nürnberger Landwirtschaftsausstellung, erinnert mit ihrer tonnenförmigen, balkengetragenen Dachkonstruktion mehr an die filigrane Eisengerüst-Bauweise früher Bahnhöfe als an eine Glashütte. Sie muß heute zu den seltenen erhaltungswürdigen Industriedenkmalen der Jahrhundertwende gerechnet werden. Nur eine zweite bayerische Glashütte – die Poschinger-Hütte in Frauenau – vermittelt wie diese hier immer noch jene urelementhafte Lichtatmosphäre aus einer Mischung von zwischen altem Gebälk einfallenden Lichtbündeln und rot an der Pfeife glühenden Glasmassen. Da spürt man noch den mystischen Reiz einer alten handwerklichen Glasproduktion, die allem technischen Fortschritt zum Trotz unverändert geblieben ist. Viele Tafelglasmacher sind damals aus der ›Jugendstilglashütte‹ Buchenau (bei Zwiesel) nach Waldsassen gekommen – und hier schließt sich der Kreis, denn das Glas verbindet eine große Familie von Hüttenherren, Glasmachern und Glasveredelern. Mannigfaltig sind die Beziehungen zwischen den Glashüttenorten in Ostbayern, Böhmen, ja bis hin nach England, Schweden, Amerika. Mit der Neugründung von Hütten, der Einführung eines Verfahrens oder der Übernahme eines Stils wanderten die Glasleute und knüpften ein weltweites Netz von Wegen, dessen Verdichtungen im Bereich des bayerisch-böhmischen Grenzwaldes liegen.

Viele Glaswege führen durch Ostbayern. Vier Reiserouten wurden aufgeführt. Doch möge jeder selbst seine eigene, persönliche ›Glasstraße‹ finden und erleben. Denn keine Gegend Deutschlands ist so reich an Glas, an Glastradition und an Glasgegenwart.

Museen

Glasmuseen

FRAUENAU

Glasmuseum Frauenau, Am Museumspark 1, PLZ 8377, Tel. (0 99 26) 7 18; ÖZ: 20. Dez. bis 14. Mai tägl. 10–16, 15. Mai bis 31. Okt. tägl. 9–17; Nov. bis 19. Dez. geschl. (ausgen. Reisegruppen nach tel. Anm.).
Das Frauenauer Glasmuseum ist das Museum der Studioglasbewegung mit einzigartiger Sammlung von Studiogläsern (Gefäßen und Plastiken) aus der ganzen Welt.
Gläser der vorrömischen und römischen Antike, fränkische, islamische und venezianische Gläser, verbleite Fragmentslg. mittelaltl. Glasmalereien, Waldglasfunde, Technologien der Waldglashütten und Lehrmodelle traditioneller Glasmacher- und Veredelungstechniken, rekonstruierter Glasofen aus dem 16. Jh.; Erzeugnisse des 19. Jhs. aus Böhmen und den bedeutenden Glashütten des Bay. Waldes (Poschinger, Steigerwald), Lithographien von Römisch/Steinschönau, Gefäße und Entwurfszeichnungen von Prof. Bruno Mauder, Slg. Kermer mit wertvollen Gläsern der 50er Jahre (Barovier u. a.);
wechselnde Ausstellungen von neuen Gläsern derzeitiger Werkstätten und Glashütten im Bay. Wald; lehrreiche techn. Abt. mit geschichtl. Daten u. Erläuterungen von Sondergläsern aus Wissenschaft u. Technik (Glaskeramik, Lichtleitfasern etc.); Glasbibliothek; wechselnde Sonderausstellungen;
Aktionsort von internationalen Glassymposien, »Bayerwald-Glaspreis«;
s. Abbn. 9, 10, 24, 41, 57, 79, 91, 93, 96, 100, 104, 135, 138, 152, 154 und 181.

PASSAU

Passauer Glasmuseum (im ›Wilden Mann‹), Am Rathausplatz, PLZ 8390, Tel. (08 51) 3 50 71; ÖZ: täglich 9–17.

Es beherbergt die weltweit größte Sammlung von Gläsern des 19. Jhs. aus Ostbayern, Böhmen und Österreich (17 000 Exponate).
Wertvolle Biedermeiergläser: Hyalith- und Lithyalin-Gläser der Buquoy'schen Hütte, Glasmalereien von Kothgasser, Mildner und Mohn, Gravuren von Biemann etc., seltene Glasperlenarbeiten; bemalte Gefäße der Romantik (Porträtmedaillons); weiße und farbige, reichveredelte Alabastergläser aus Böhmen und Schachtenbach (z. T. mit Glassteinauflagen); herausragende Historismusgläser u. a. aus Theresienthal und Haida; Prunkgefäße von Lobmeyr/Wien; Slg. früher Preßgläser; Glaslampen der Jahrhundertwende; Slgn. von Krügen, Karaffen und Kelchgläsern des 19. Jhs.;
einzigartige und größte Sammlung von irisierenden Gläsern der Hütte Loetz' Witwe/Klostermühle aus dem Jugendstil, sowie Produktion der 20er Jahre; seltene Jugendstilgläser der Poschingerhütten in Buchenau-Spiegelhütte, Oberzwieselau und Frauenau; Jugendstilgläser der Hütten Kralik/Eleonorenhain und Pallme-König u. a.; Jahrhundertwende- u. Art-Déco-Glas aus Steinschönau (Massanetz u. a.), Haida und der Glasfachschule Zwiesel (Bruno Mauder); geschliffene Gefäße von Moser/Karlsbad; Steinglasslg. der Firmen Hoffmann und C. Schlevogt/Gablonz;
Glas-Veranstaltungen im Biedermeiersaal, Sonderausstellungen.
Sonst.: größte deutschsprachige Kochbuchsammlung, Slg. böhmischer Madonnen aus Přibram.
s. Abbn. 1, 26, 27, 30, 31, 32, 33, 34, 48, 49, 50, 51, 67, 71, 83, 84, 101, 148, 149, 156, 157, 160 und 183 sowie Titelbild.

THERESIENTHAL

Theresienthaler Glasmuseum (ehemaliges Herrenhaus), PLZ 8371, Tel. (0 99 22) 10 30; ÖZ: Mo–Fr 10–14.

Das Museum zeigt einen Querschnitt durch die Produktion der Hütte Theresienthal Mitte des 19. Jhs. bis in das frühe 20. Jh.
Schwerpunkt reichveredeltes Historismusglas, 2 große Tafelaufsätze, Service Prinzregent Luitpold; prunkvolle Alabastergläser aus Schachtenbach, teils mit feinen Dekoren in Art der Porzellanmalerei; geschliffenes und bemaltes Jugendstilglas, Theresienthaler Ausführungen für Lobmeyr/Wien und nach Bruno-Mauder-Entwürfen;
historische Räume im Stil der Neorenaissance.
s. Abbn. 36, 37, 40, 42, 43.

181 *Glasmuseum Frauenau, Studioglas*

182 *Weißenstein, Museum Burgkasten*

183 *Passauer Glasmuseum, Böhmen um 1860*

184 *Stadtmuseum Deggendorf, Fund 6. Jh.*

185 *Mus. der Stadt Regensburg, Buchenau-Vase*

186 *Stadtmuseum Landshut, Zunftzeichen*

187 *Waldmuseum Zwiesel, Krug aus Beinglas*

181

182

183

184

185

186

187

Museen mit Glasabteilungen

DEGGENDORF

Stadtmuseum Deggendorf, Östlicher Stadtgraben 28, PLZ 8360, Tel. (0991) 380175; ÖZ: Di–So 10–16, Do bis 20, Mo geschl.

Glasfunde der Frühzeit; Slg. sehr bedeutender Hinterglasbilder, v. a. der Malerfamilie Wittmann aus Neukirchen b. Hl. Blut, seltener ›Kreuzweg‹; volkstümliches Glas;
Sonst.: umfangreiche vor- und frühgeschichtl. Abt., Stadtgeschichte, Volkskunst.
s. Abb. 184.

FREYUNG

Wolfsteiner Heimatmuseum (›Schramlhaus‹), Abteistraße, PLZ 8393, Tel. (08551) 1276; ÖZ: 16. Juni bis 15. Sept. Di–Fr 14–17, 16. Sept. bis 15. Juni Di und Fr 14–17, 1. Nov. bis 15. Dez. geschlossen;

umfangreiche Hinterglasbildersammlung, v. a. aus Raimundsreut und Außergefild/Böhmen; Zier- und Gebrauchsglas aus dem Bayer- und Böhmerwald;
Sonst.: sakrale und bäuerliche Volkskunst, altes Handwerk.
s. Abb. 188.

FURTH IM WALD

Stadtmuseum, Schloßplatz 4, PLZ 8491, Tel. (09973) 2011; ÖZ: 15. Mai bis 15. Sept. Di und Do 14–17, So 10–12 und nach Vereinb.;

Hinterglasbildersammlung, v. a. aus Neukirchen b. Hl. Blut (Malerfamilie Wittmann); Gläser aus der Voigthenberghütte und Furth i. Wald.
Sonst.: Heimat- und Stadtgeschichte, umfangreiche Slg. aus dem kirchl. Bereich, bäuerliches Kulturgut.

GRAFENAU

Schnupftabakmuseum / Stadtmuseum, Spitalstr. 4, PLZ 8352, Tel. (08552) 2085; ÖZ: tägl. 14–17, 1. Nov. bis 15. Dez. geschlossen;

Schnupftabakgläser aus dem Bay. Wald;
Sonst: Schnupftabakabteilung, Stadtgeschichte.
s. Abb. 189.

LANDSHUT

Stadt- und Kreismuseum, Altstadt 79, Stadtresidenz, PLZ 8300, Tel. (0871) 22638; ÖZ: nur Führungen! 1. Apr. bis 30. Sept. tägl. 9–12 und 13–17, 1. Okt. bis 31. März tägl. 13–16.30, Mo geschl.;

gravierte und bemalte Gläser aus dem Bay. Wald, böhmische Gläser des 17. und 18. Jhs., Hinterglasbilder, Zunftzeichen in Glasgehäusen; frühgeschichtl. Glasfunde;
Sonst.: sehr umfangreiche Sammlungen in Bereichen der Vor- und Frühgeschichte, sakralen Plastik, Stadtgeschichte; Kunsthandwerk des 13. bis 19. Jhs.; prunkvolle Innenräume der Residenz.
s. Abb. 186.

OBERVIECHTACH

Heimatmuseum, Marktplatz 11, PLZ 8474 (Ldkr. Schwandorf), Tel. (09671) 1507; ÖZ: 15. Mai – 15. Sept. Di, Do, Sa 10–12, So 11–12;
Slg. von Hinterglasbildern der Malerschule Ruff, Winklarn.

REGENSBURG

Museen der Stadt Regensburg mit:
Kunst- und kulturgeschichtliche Sammlungen, Dachauplatz 2–4, und Städtische Galerie »Leerer Beutel«, Bertoldstr. 9, PLZ 8400, Tel. (0941) 5072944; ÖZ: Di–Sa 10–16, So 10–13;

Umfangreiche Sammlung antiker (syrisch, römisch) und fränkischer Gläser sowie von Waldgläsern (teils aus Regensburger Funden, seltener Vogelnestpokal); venezianische Gläser, Flaschen, Form- und Scherzgläser aus dem 17./18. Jh.; Goldrubingläser 17. Jh., wertvolle Emailgläser des 18. Jhs.; einzigartige Trinkgefäße mit Glasschnitt aus Nürnberg, Böhmen, Schlesien, Potsdam, Dresden u. a., Zwischengoldgläser; weitgefächerte Slg. von Biedermeiergläsern (u. a. von Mohn, Kothgasser, Egermann, Buquoy'sche Hütte); Spiegel aus dem Bay. Wald; Jugendstilgläser aus Buchenau mit Weltausstellungsstücken von 1900; Bruno-Mauder-Gläser; modernes Glas-Kunsthandwerk und »Narziß-Interieur« im »Leeren Beutel«.
Sonst.: große Römerabteilung, umfangreiche Abteilungen mittelalterlicher Kunst, bis zum 19. Jh.; Moderne im »Leeren Beutel«.
s. Abbn. 11, 25, 46, 70, 77, 86, 98, 99, 164, 165, 166, 178 und 185.

ST. OSWALD

Waldgeschichtliches Museum, Klosterallee, PLZ 8351, Tel. (08552) 750; ÖZ: tägl. 9–17, 1. Nov. bis 15. Dez. geschlossen;

Waldgläser, Ausgrabungsdokumentation Lusenhütte, histor. Ofenmodell; Schauglasofen in Betrieb mit Möglichkeit des Selberblasens (Sa, So, Di, Do 10–12, für Gruppen nach Vereinb.);
Sonderausstellungen;
Sonst.: Waldkundliche Dokumentation.

THEUERN

Bergbau- und Industriemuseum Ostbayern, Portnerstr. 1, PLZ 8451, Tel. (09624) 832; ÖZ: Di–Sa 9–17, So 10–17;

Sammlung von Glasfunden aus ostbay. (Wald-) Glashütten; Glas des 19. Jhs. aus dem Bay. Wald und Böhmen; Modelle zu Herstellungsverfahren (z. B. Flaschenpresse); Spiegelglasschleife Baumhof mit Polierwerk in den Außenstellen des Museums;
wechselnde Sonderausstellungen; jährliches »Ostbayerisches Glassymposium«;
Sonst.: umfangreiche ostbay. Mineraliensammlung und Bergbauabteilung; Oberpfälzer und nordböhm. Keramik (Porzellan etc.).
s. Abbn. 6, 8, 45, 161, 175 und 191.

188 *Freyung, Wolfsteiner Heimatmuseum*

189 *Grafenau, Schnupftabakmuseum*

190 *Museumsdorf Tittling, Bauernsilber*

191 *Theuern, Bergbau- und Industriemuseum*

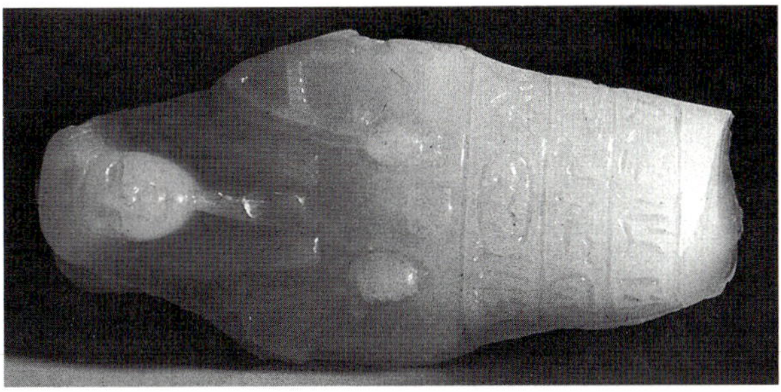

192 *Bärnau, Knopfmuseum*

193 *Museumsdorf Bayer. Wald Tittling*

TITTLING

Museumsdorf Bayerischer Wald, 8391 Tittling, Tel. (0 85 01) 81 82 und 10 10; ÖZ: täglich 8–18;

umfangreiche Silberglassammlung, Gebrauchs- und Zierglas aus dem 19. Jh., Hinterglasbilder, geschundenes Glas aus Böhmen und dem Bay. Wald; Jugendstil-Glasfenster im wiedererrichteten Loetz-Glashüttengebäude;
Sonst.: einzigartige Sammlung und Aufstellung historischer Bauernanwesen aus dem ostbayerischen Raum.
s. Abbn. 59, 190 und 193.

ZWIESEL

Waldmuseum, Stadtplatz 29, PLZ 8372, Tel. (0 99 22) 96 40; ÖZ: 15. Mai bis 15. Okt. Mo–Fr 9–17, Sa und So 10–12 und 14–16, übrige Zeit Mo–Fr 10–12 und 14–17, Sa und So 10–12, im Nov. geschl., ausgen. Reisegruppen;

Glas aus dem Bay. Wald: volkstümliches Glas, Schnupftabakglas-Slg., Dokumente zur Glasgesch. des Zwieseler Raumes, Gläser des 19. Jhs., Gefäße der Glasmalerei Ulbrich, bemerkenswerte Slg. von Bruno-Mauder-Gläsern der 20er Jahre; moderne lampengeblasene Gläser; Produkte der Zwieseler Glashütten und Veredelungsbetriebe; großes Modell »Glasmacherdorf«; Sonderausstellungen.
Sonst: zahlreiche Abteilungen zur Geschichte, Volkskunst, den Pflanzen und Tieren des Waldes.
s. Abbn. 19, 53, 102 und 187.

WEISSENSTEIN

Museum Burgkasten im »Fressenden Haus«, PLZ 8370 (bei Regen), Tel. (0 99 21) 51 06; ÖZ: Ende Mai bis Mitte Sept. tägl. 10–12 und 13–17;

größte Schnupftabakglas-Slg. mit derzeit 1300 Exponaten (Privatslg. Alois Raitbauer, aufgenommen ins Guiness-Buch der Rekorde 1988);
Sonst.: Dichterstube von Siegfried von Vegesack; moderne Malerei und Graphik, Sonderausstellungen, Dichterlesungen.
s. Abbn. 167 und 182.

Weitere Museen mit Glasexponaten in ihren Sammlungen:

AMBERG

Museum der Stadt Amberg (Heimatmuseum), Eichenforstgasse, PLZ 8450, Tel. (0 96 21) 1 02 33 und 1 02 51; spätgotische Farbglasfenster in der Hauskapelle.

BÄRNAU

Dt. Knopf-Museum, Bahnhofstr. 19, PLZ 8591, Tel. (0 96 35) 2 01; Knöpfe u. a. aus Glas mit Hinweis auf ihre Herstellung;
s. Abb. 192.

BERCHING

Heimatmuseum, Johannesbrücke 2, PLZ 8431, Tel. (0 84 62) 13 25; Gläser aus dem volkskundlichen Bereich.

NEUNBURG VORM WALD

Schwarzachtaler Heimatmuseum, Im Berg 17, PLZ 8462, Tel. (0 96 72) 6 79; Hinterglasbilder.

NITTENAU

Stadtmuseum, Kirchplatz, PLZ 8415 (Ldkr. Schwandorf), Tel. (0 94 36) 5 76 und 5 77; Gläser aus dem Bayerischen Wald.

PASSAU

Oberhausmuseum, Veste Oberhaus, PLZ 8390, Tel. (08 51) 39 63 12; ÖZ: im März und 1. Okt. bis 31. Jan. 10–16, 1. Apr. bis 30. Sept. 9–17, Febr. geschl., Mo geschl.;
mittelalterliche Glasfenster, Hinterglasbilder;
Sonst: wertvolle Kunstsammlungen des Mittelalters bis zur Gegenwart, Vor-, Früh- und Stadtgeschichte, Passauer Porzellan, Sonderausstellungen;
s. Abb. 150.

Rathaussaal, Schrottgasse 1, Tel. (08 51) 39 61, nur Führungen; beeindruckende Verglasungen aus dem Historismus;
s. Abbn. 146, 147.

SCHWANDORF

Heimatmuseum, Rathausstraße 1, PLZ 8460, Tel. (0 94 31) 4 15 53; Hinterglasbilder.

STRAUBING

Gäubodenmuseum, Fraunhoferstr. 9, PLZ 8440, Tel. (0 94 21) 1 63 26; ÖZ: Di–So 10–16; Glasfunde der Frühzeit, Hinterglasbilder, Sonderausstellungen; Sonst.: bedeutende Römerabteilung, sakrale Kunst.

VOHENSTRAUSS

Heimatmuseum, Marktplatz 8 (im Rathaus), PLZ 8483, Tel. (0 96 51) 17 66; Modelle zur Glasverarbeitung.

WEIDEN/OPF.

Stadtmuseum, Pfarrplatz 4, PLZ 8480, Tel. (09 61) 8 14 71; Hinterglasbilder.

Abbildungsverzeichnis

Quellenangaben und Zusatzinformationen zu den Bildlegenden.
Exponate aus Museumssammlungen s. Museumskapitel S. 148 ff.
»s. Lit:« gibt Hinweise auf die entsprechende Literatur im Literaturverzeichnis.
Fotografen sind auf S. 160 aufgeführt.

1 Seite 6: formgeblasene Vasen mit Kammzugtechnik (gesponnen u. gerissen) und Hütteniris.
2 R. Wagner: Glasmacher vor der Josephinenhütte/Schreiberhau, 1983; nach einem Entwurf von Alexander Pfohl; Slg. Sellner.
3 Antikglasherstellung, Glashütte Lamberts Waldsassen.
4/5 Aufnahmen in der Freiherr von Poschinger'schen Kristallglasfabrik Frauenau.
7 Fundort: Hofman, Gem. Eching, Ldkr. Landshut; s. Lit: G. Spitzlberger; Prähistorische Staatsslg. München.
10 von links: Henkelnapf (H: 5,3 cm), Hohlbalusterschaft und Stielfragment à la façon de Venice; um 1650.
11 s. Lit: Mus.führer Regensburg, Kat. Nrn. 25 u. 30; Deckelnuppenbecher; H: 23 cm; 16. Jh.
13 Slg. Dr. Haller, Zwiesel.
14/15 Ofentypen aus dem 16. Jh. und 17. Jh.; Wilhelm Mertens: »Fabrikation und Raffinierung des Glases«, Wien–Leipzig 1889.
16 R. Schmid: Detail aus der »Gläsernen Scheune«.
17 Grabungsdokumentation, Archiv Bergbau- und Ind.mus. Theuern.
18 Herrenhaus des Oberfrauenauer Gutes, Ölgemälde, um 1750; Privatbes. Frhr. Hippolyt von Poschinger, Oberfrauenau.
19 Modell von Josef Schmidt, Rabenstein.
20 Neufassung 1789 einer Karte von 1764, Ausschnitt; Bay. Hauptstaatsarchiv München PlS. 1938 b.
21 Bay. Hauptstaatsarchiv, PlS. 1086.
22 Ausschnitt, Ges.länge: 4,25 m; Bay. Hauptstaatsarchiv München, PlS. 1427.
23 Kristallglasbecher mit Emailbemalung, um 1730, mit dazugehörigem strohgeflochtenem Etui; Privatbes. Frhr. Hippolyt von Poschinger, Oberfrauenau.
24 Rezepte des Johann C. Poschinger für Rotes und Gelbes Glas (Rückseite); jedoch nicht für Goldrubinglas, sondern für ein Kupferrubinglas mit Mangananteil; letzterer ahmte den charakterist. Violettstich des Goldrubins nach.
25 Bay. Wald, um 1840; s. Lit: Mus.führer Regensburg, Kat. Nrn. 386, 389 u. 381.
26 Überfangbecher, geschliffen u. bemalt, Böhmen, vermutl. Harrach/Neuwelt, um 1840.
28 Lithographie um 1832, Slg. Antoine Stenger, Strasbourg.
30 wohl Schmitzberger, Grafenau: Überfang–Tiefschnitt, 1855–60 (zeitl. Zuordng. aufgrund der Kleidung).
31 Vasenpaar (Kaminstücke), Böhmen, um 1880–90.
32 Salzfaßl im Theresienthaler Typus, um 1900.
33 Joh. Loetz' Witwe, Klostermühle, mit »Candia Silberiris«, um 1903.
34 Ferdinand v. Poschinger, Buchenau-Spiegelhütte, um 1900.
35 Paar Deckelpokale, Kristallglas geschliffen, Gravur nach Gemälden von Josef Stieler, wohl Theresienthal, um 1837; Münchner Stadtmuseum, Foto: Stadtmuseum.
36 Lithographie mit Therese von Bayern, um 1830.
38 Theresienthal, Vase oder Weißbierglas, Rocaille im Hochemail, H: 27 cm; Slg. Sellner.
42 Bowle mit Beerennuppen, 1880–90, H: 47 cm.
43 Vase mit Auflagen, Emailmalerei u. Vergoldung, um 1880, H: 29 cm.
44 Simon Warnberger (1769–1847): Aquarell, 1802; Graphische Slg. München.
46 Wandspiegel, Bay. Wald. 1. H. 18. Jh., H: 137 cm; s. Lit: Mus.führer Regensburg, Kat. Nr. 400.
47 Steigerwald-Verkaufsbasar in der Galeriestraße in München, aus: »Illustrierte Zeitung«, Leipzig 1853; Staatsbibliothek München, Ingeborg Seyfert.
48 Franz Steigerwald, München; Gläser vermutl. Schachtenbach.
49 Ampel, um 1855, vermutl. Schachtenbach
50 Grabungsfunde der Glashütte Schachtenbach, ca. 1850–1860.
51 Weinservice, Schachtenbach oder Böhmen, um 1860.
52 Glasfabrik Schwarzenthal, Lithographische Anstalt von G. W. Faber in Nürnberg, um 1850; im Bes. von Gasthof Ortner, Bischofsreut.
53 Bay. Wald, 3. Viertel 19. Jh.
54 Hermann Erbe-Vogel: »Alte Flanitzhütte«, 1959, Öltempera, im Bes. der IG Chemie Zwiesel.
55 Alois Eckardt, München: Inneres einer Glashütte im Bay. Wald, um 1880; Verkehrsamt Zwiesel; Umschlagbild des Buches »Glasmacherbrauch« von R. Haller.
56 Falkensteinglashütte Lindbergmühle.
57 Glasfachschule Zwiesel, Glasmacherarbeit, 1976.
58 Gartenkugeln und Becher, Frhr. v. Poschinger'sche Kristallglasfabrik Frauenau.
59 Kaminstücke, H: 22 cm, Frauenau, um 1925.
60/61 Frhr. v. Poschinger'sche Kristallglasfabrik Frauenau.
64 Falkensteinglashütte Lindbergmühle.
67 Wein-Set, Alabasterglas mit Goldbemalung, vermutl. Schachtenbach, um 1860.
68 Blatt aus dem Inventurbüchlein der Steigerwaldglashütte Regenhütte von 1913; Slg. Sellner.
69 Frhr. von Poschinger'sche Kristallglasfabrik Frauenau.
71 Römer graviert, Bayer. Wald, um 1900.
72/73/74 Glashütte Lamberts, Waldsassen.
75 Wandmosaik, Rusel-Kraftwerke Deggendorf, 1979, H × B 7,2 m × 3,6 m.
76 Ausschnitt aus einer Pokalwandung, 1977; die Wiederentdeckung dieser Technik ist das Verdienst von Max Kannegießer, Zwiesel.
77 von links: Krug mit hl. Therese, 1799; Pokal mit Ansicht von Kloster Asbach und Wappen, 1725, H: 24 cm; Becher mit Wappen des Abtes von Fürstenzell, um 1800.
79 Georg Hirtreiter »Persische Motive«, 1948.
80 1981 (links) und Mitte 70er Jahre; s. Lit: Chr. Sellner, Studioglas, Abb. Nrn. 81–83; Slg. Herrmann, Drachselried.
81 Glasschleiferei Rankl, Röhrnbach.
82 Bleikristallschale, um 1970; Slg. Helmut Blach, Kirchdorf.
84 Alabasterglas (mattgeätzt), Ausbrucharbeit am Rand, Goldbemalung.
85 Fa. Nachtmann Bleikristallwerke, Riedlhütte.
86 Alpenveilchen nachgraviert, um 1900; s. Lit: Mus.katalog Regensburg Abb. 410.
87 H. Frisch, Theresienthal, 1983; H: 50 cm.
88 Frhr. von Poschinger'sche Kristallglasfabrik Frauenau.
89 Rosenthal-Glashütte, Amberg, Service »Zauberflöte«.
90 Foto 1904, Archiv Glasfachschule Zwiesel.
91 Bruno Mauder 1915, Fotomappe Archiv Museum Frauenau.
92 Schülerarbeit nach Entwurf von Bruno Mauder, nach 1945; Slg. Glasfachschule Zwiesel.
93 Schale, 60er Jahre.
94 Vase geschliffen u. mit Schmirgel mattiert, 1987.
95 Foto Slg. Mauder-Mörl, Zwiesel.
97 Krüge: H. Mauder, um 1960; Br. Mauder, um 1938, H: 59 u. 51 cm; Slg. Glasfachschule Zwiesel.
98 Blaue Deckelvase, weiß-gold. Bemalung, 1918, H: 45 cm; s. Lit: Mus. Kat. Regensburg Abb. 418.
99 Fachschule Zwiesel, Entwurf: Br. Mauder, um 1928, H: 13,5 cm; s. Lit: Mus. Kat. Regensburg Abb. 419.
100 Bruno Mauder, Musterzeichnung, 1921, sign.
101 Bruno Mauder, Vase, 1921.
102 Bruno Mauder, 1922, sign.; Slg. Mauder-Mörl im Waldmus. Zwiesel.
103 Reinhold Koeppel, Riedlhütte 1924; Bes. Fa. Nachtmann Bleikristallwerke, Riedlhütte – Neustadt a. W.
104 Gistl Kristallglasfabrik: Baubeginn 4. 4. 1923, Foto vom 20. 10. 1924.
105/106/107 s. Lit: Flachglas AG, Abbn. S. 133, 90 u. 196; Firmenarchiv Gelsenkirchen.
108/109/110 Frhr. von Poschinger'sche Kristallglasfabrik. Frauenau.
111 Einfahren des vorgetemperten (erhitzten) Hafens in den Glasofen; Glashütte Lamberts, Waldsassen.
112/113 Glashütte Valentin Eisch, Frauenau; Archiv Bergbau- u. Ind.mus. Theuern.
114 Elektroschmelzwanne, Fa. Nachtmann Riedlhütte; Firmenarchiv.
115 Prospektblatt; Archiv Fa. Nachtmann Bleikristallwerke.
117 Archiv Fa. F. X. Nachtmann Bleikristallwerke, Neustadt a. W.
118 Gläser der Fa. F. X. Nachtmann Bleikristallwerke.
119 geschliffener Teller der Fa. Joska (Josef Kagerbauer).
120 Entwurf Karl Riedl, Riedlhütte; Archiv Fa. F. X. Nachtmann.
121 Archiv Fa. F. X. Nachtmann Bleikristallwerke.
122/123 Glasröhrenherstellung, Fa. Schott Ruhrglas GmbH, Mitterteich; Firmenarchiv.
124 Kognak-Gläser, Schott-Zwiesel-Glaswerke; Firmenarchiv.
125 s. Lit: H. Pfaender, Abb. 50; Archiv Fa. Schott & Gen. Mainz.
126 s. Lit: Flachglas AG, Abb. S. 194 (umgezeichnet).
127/128 s. Lit: Flachglas AG, Abb. S. 201 u. 193.
129 s. Lit: H. Pfaender, Abb. 18 (umgezeichnet).
130/131 Archiv Fa. Schott & Gen. Mainz.
132 Fa. Ultrakust, Zweigwerk Zwiesel.
133 Nachtmann Bleikristallwerk, Riedlhütte.
134 s. Lit: B. Siepen, S. 5.
135 Glas in die Form geblasen und verformt, Goldbemalung.
136 H: 51 cm; Slg. Herrmann, Drachselsried.
138 H: 50 cm.
139 1982; s. Lit: Chr. Sellner, Studioglas, Abb. 84.
140 1985; H: 44 cm; s. Lit: J. Kruse, Kat. Nr. 48 c.

141 Entstehungsjahr: 1986.
142/143 s. Lit: G. Bahmann, Abb. 39 (H: 75 cm) und Abb. 36 (H × B: 48 cm × 58 cm).
144 Objektlänge: 49 cm.
145 Objekt aus gelbem optischem Glas, 1987, H × B: 24 cm × 18 cm.
150 s. Lit: R. Schuster, Raimundsreut. H., Abb. S. 109; neben der Jahreszahl 1764 besitzt das Bild noch eine weitere (1822), wohl Datum der Restaurierung (u. rechts).
151 Karl Alexander Flügel: »Rachelsee«, um 1925; im Besitz von Fr. Helma Fritsche-Flügel.
152 Archivfoto (Ausschnitt) des Glasmacherbrunnens in der Gistl-Hütte, 1924.
153 Richard von Poschinger (1839–1915): »Schloß Frauenau«, Ölgemälde, um 1910; Privatbes. Frhr. Hippolyt von Poschinger, Oberfrauenau.
155 Archiv Kunstmuseum Düsseldorf.
156 Formgeblasen, umsponnen, mit aufgeschmolzenen Glastropfen, um 1905.
157 Archiv Slg. Georg Höltl, Foto aus dem Nachlaß von Josef Membarth, ehem. Dir. der Glashütte Ferd. v. Poschinger, Buchenau.
158 Archiv Fa. Nachtmann, Neustadt a. W., Riedlhütte.
160 Umlaufende Schrift: »Passionsspiele Oberammergau 1930«.
161 Hans Neudecker: »Künisches Gebirge«, Ölgemälde, vor 1945.
162 M. Sillner: »Über Regensburg«, Ölgemälde, 1976/77 (Ausschnitt); Kulturamt der Stadt Regensburg.
165 Wappenbecher des »Meisters Aldrevandin«, um 1260–90; s. Lit: Mus.Kat. Regensburg, Abb. 116.
166 F. W. van Couven: »Schloß Egg«, 1828, sign., Ausschnitt.
168 Michael Ersinger: Gebiet Bodenmais/Zwiesel (Ausschnitt); Bay. Hauptstaatsarchiv München PlS. 1916 a.
169 Joachim Österle: Karte um 1580 (Ausschnitt); Bay. Hauptstaatsarchiv München, PlS. 1891.
170 s. Lit: R. Haller, Geschundenes Glas, Abb. 73.
171 Gläser von Gerhard Krauspe, Zwiesel, nach Entwürfen von H. Walter Mauder (links) und der Fa. Schmidt, Zwiesel.
173 Karl Alex. Flügel, um 1925, Ausschnitt; Wiechmann-Bildkarte, Ende 20er Jahre.
174 Plastiken im Vordergrund von Theodor G. Sellner (1984, linke) und Erwin Eisch (2 rechte); Slg. Kurzendörfer, Pilsach.
177 s. Lit: Kirchenführer Weiden, S. 33.
178 Sepia-Zeichnung, Ende 18. Jh.
179 Stephan Poeder: Stiftsgebiet Waldsassen, 1579, Ausschnitt; Bay. Hauptstaatsarchiv München PlS 3121.
180 Lothar Sperl: Glashütte Lamberts in Waldsassen, 1943.
181 Objekte von Erwin und Gretl Eisch, 1972.
184 Glasgefäß aus Künzing/Ndbyn., 6. Jh. n. Chr.
185 Das Glas aus Buchenau-Spiegelhütte gehört zu den preisgekrönten Exponaten der Pariser Weltausstellung 1900; s. Lit: Mus.Kat. Regensburg, Abb. 409.
186 Zunftzeichen im Glaskasten, 19. Jh., aus dem Geisenhauserbräu (Seb. Steinhuber), Landshut; Tafelglasscheiben verm. aus dem Bayer. Wald.
187 verm. Schachtenbach, um 1850.
188 Raimundsreuter Hinterglasmalerei: Der auferstandene Heiland, 1. H. 19. Jh.; s. Lit: R. Schuster, Raimundr. H., Abb. 33.
189 Schnupftabakglas, Überfanggravur von Alois Schmid, Spiegelau, 1985 (Dreifachüberfang).
191 Uschebti, gepreßtes Beinglas aus der Hütte Schachtenbach, ca. 3. Viert. 19. Jh., Fund vom ehemaligen Hüttenstandort; s. Lit: Chr. Sellner, Preßglas, Abb. 278.

Literaturverzeichnis

Bahmann, Gabriele. *Theodor G. Sellner – Eine Werkanalyse* (dt.-franz.). Grafenau 1987.

Bergbau- und Industriemuseum Ostbayern (Hrsg.). *Neue Technologien in Ostbayern.* Schriftenreihe Bd. 11, Theuern 1987.

Blau, Josef. *Die Glasmacher im Böhmer- und Bayerwald in Volkskunde und Kulturgeschichte.* Grafenau 1983 (Reprint).

Blau, Josef. *Die Glasmacher im Böhmer- und Bayerwald – Familienkunde.* Grafenau 1984 (Reprint).

Busl, Adalbert. *Altglashütte – Eine Glashütte aus dem 17. Jh.* Oberpfälzer Heimat, 27, 1983, S. 137–149.

Cording, Burkhart. *Volkskunst und Vergangenheit in den Museen des Bayerischen Waldes.* Grafenau 1976, Neuauflage 1988.

Endres, Werner. *Silberglas – Bauernsilber: Formen, Technik und Geschichte.* München 1983.

Endres, Werner. *Bauernsilber – Silberglas.* Ausst.Kat., Gäubodenmuseum Straubing, Straubing 1985.

Flachglas AG (Hrsg.). *500 Jahre Flachglas, 1487–1987.* Von der Waldglashütte zum Konzern. Fürth – Gelsenkirchen – Schorndorf 1987.

Friedl, Hans. *Warum? Weshalb? Wieso?* – 100 Fragen über Glas (Wirtschaftsglas). Eigenverlag (4. Auflage), Marktredwitz 1980.

Friedl, Paul. *Glasmachergeschichten und Glashüttensagen aus dem Bayerischen Wald und Böhmerwald.* Grafenau 1973.

Gropplero di Troppenburg, Elianna. *Das bayerische Glas des Historismus, dargestellt an der Hütte Theresienthal.* Kunst und Kunsttheorie im 19. Jahrhundert. Dissertation München 1978, erscheint im Frühjahr 1988 als Buch.

Gümbel, Miryam. *Theresienthaler Gläser erfreuten Kaiser und Könige.* Charivari, Febr. 1983, S. 17–22.

Haller, Reinhard. *Geschundenes Glas.* Brauchtümliches Glasmachen, Volkstümliche Gläser im Bayerischen Wald. Grafenau 1985.

Haller, Reinhard. *Historische Glashütten in den Bodenmaiser Wäldern.* (2. Auflage), Grafenau 1981.

Haller, Reinhard. *Glasmacherbrauch im Bayerischen Wald.* Grafenau 1987.

Haller, Reinhard. *Armenseelentaferl* – Hinterglasbilder aus Bayern, Österreich, Böhmen. Grafenau 1980.

Haller, Reinhard (Hrsg.). *Der Landkreis Regen.* Grafenau 1982.

Hannes, Alfons. *Der Glasschnitt und sein Meister Georg Hirtreiter.* Grafenau 1982.

Hannes, Alfons. *Glas aus dem Bayerischen Wald.* Grafenau 1975.

Hannes, Alfons. *Erster Bayerwald-Glaspreis.* Grafenau 1984.

Holl, Friedrich. *Schnupfer, Schmai und Schmalzlerglas.* Zwiesel 1969.

Jankovsky, Anton. *Die Entwicklung der Glasindustrie im Eisensteiner Tal.* Ostbayerische Grenzmarken, Passauer Jahrbuch. Passau 1984, S. 207–220.

Kirchenführer zu den Kirchen: St. Martin/Landshut, Dom/Regensburg mit Domglasmalereien/Regensburg, Ruhstorf a. d. Rott, St. Jakob/Straubing, St. Josef/Weiden u. a., sowie zum Rathaus/Passau. Verlag Schnell & Steiner, München.

Kobbe, Peter. *Beschauliches Fleisch* – Bemerkungen zur Kunst von Erwin Eisch. Neues Glas 2/86, S. 70–81.

Kruse, Joachim (Hrsg.) und Kunstsammlungen der Veste Coburg. *Zweiter Coburger Glaspreis für moderne Glasgestaltung in Europa* 1985, Coburg 1985.

Marschner, Hannelore und York Langenstein (Hrsg.). *Glaskonservierung* – Historische Glasfenster und ihre Erhaltung. Bayerisches Landesamt für Denkmalpflege, Arbeitsheft 32, München 1985.

Mauder, Bruno und Ludwig Springer. *Lehrbuch der Glastechnik* Bd. II. Dresden 1937.

Merker, Gernot. *Glasgravur.* Grafenau 1981.

Merker, Gernot. *Glaswelt Ostbayern.* Bergbau- und Industriemuseum Ostbayern Bd. 14, Theuern 1987.

Museum der Stadt Regensburg (Hrsg.). *Erwin Eisch – Glas, Gemälde, Grafik,* 1959–1979, Ausst.Kat. 1980.

Neumann, Hermann. *Die Geschichte der Glashütten zwischen Rachel und Lusen.* Ostbairische Grenzmarken, Passauer Jahrbuch, Passau 1972, S. 223–255.

Neuwirth, Waltraud. *Das Glas des Jugendstils* – Sammlung des Österreichischen Museums für angewandte Kunst, Wien, München 1973.

Nicola, Günther. *Theodor G. Sellner – Ironische Animation oder magische Objekte?* Neues Glas 1/87, S. 20–23, Düsseldorf.

Nordend, Glasgalerie (Hrsg.). *Glaskunst der Gegenwart.* Ausst. Kat., München 1981.

Pazaurek, Gustav E. und Eugen von Philippovich. *Gläser der Empire- und Biedermeierzeit.* (2. überarb. Aufl.), Braunschweig 1976.

Pfaender, Heinz G. und H. Schröder, *Schott – Glaslexikon.* München 1980.

Pongratz, Adalbert. *Waldlerisches Lesebuch.* (3. Auflage), Grafenau 1976.

Poschinger-Buchenau, K. von. *Die Entstehung der Glashütten in der Umgebung von Zwiesel und Grafenau.* Monatsschrift für die Ostbay. Grenzmarken, 10. Jg. 1921, S. 53–55.

Praxl, Paul. *Die Geschichte. Der Landkreis Wolfstein,* S. 31–169. Wolfstein 1968.

Praxl, Paul. *Die ältesten Glashütten des Böhmerwaldes.* Ostbayerische Grenzmarken, Passauer Jahrbuch 1983, S. 71–79.

Reiner, L. *Ein Beitrag zur Geschichte des Bleikristalls.* Archiv Fa. Nachtmann, Riedlhütte o. J. (unveröff.).

Ricke, Helmut. *Neues Glas in Deutschland* (dt.-engl.). Katalog Kunstmuseum Düsseldorf, Düsseldorf 1983.

Ricke, Helmut und Helga Hilschenz-Mlynek. *Glas – Historismus, Jugendstil, Art Déco.* Kunstmuseum Düsseldorf, München 1985.

Root, Fin. *Realität, Empfindung, Traum.* – Künstler im Bayerischen Wald. (2. Aufl.), Grafenau 1979.

Schack von Wittenau, Clementine. *Die Glaskunst.* München 1976.

Schaefer, Heiner. *Brasilflasche und Tabakbüchsl* – Schnupftabakgläser aus vier Jahrhunderten, Grafenau 1978.

Schindler, Herbert. *Reisen in Niederbayern.* München 1985.

Schmitt, Peter. *Deutsche Glaskünstler.* Katalog der Galerie Veltheim, Braunschweig 1984.

Schuster, Raimund. *Hinterglasbilder der Neukirchener Schule.* Grafenau 1970, 3. Auflage 1983.

Schuster, Raimund. *Hinterglasbilder aus Außergefild im Böhmerwald.* Grafenau 1980.

Schuster, Raimund. *Das Raimundsreuter Hinterglasbild.* Grafenau 1984.

Schuster, Raimund. *Auf Glas gemalt* – Hinterglasmalerei aus Winklarn. Regensburg 1973, 3. Auflage 1979.

Schuster, Raimund. *Risse zu Hinterglasbildern.* Rosenheim 1978.

Sellner, Christiane. *Geschichte des Studioglases,* mit Katalog zur Ausst. »Zwei Jahrzehnte Studioglas«. Bergbau- und Industriemuseum Ostbayern Bd. 3, Theuern 1984 (vergriff.).

Sellner, Christiane. *Glas in der Vervielfältigung* – Gepreßtes Glas vom Gebrauchsgegenstand zum Kunstobjekt. Bergbau- und Industriemuseum Ostbayern Bd. 8, Theuern 1986.

Seyfert, Ingeborg. *Die Poschinger von Frauenau als Glashüttenherren im Bayerischen Wald.* Beiträge zur Heimatkunde von Niederbayern Bd. III, Landshut 1976, S. 201–222.

Siepen, Bernhard. *Die Lage im Kunstglas und ein Beispiel der Tat.* Glas im Raum, 2. Jg. Nr. 3, März 1954, S. 2–5.

Spiegl, Walter. *Glas des Historismus.* Braunschweig 1980.

Spiegl, Walter. *Das schönste Glashaus der Welt* – Das Glasmuseum in Passau. Die Kunst, Okt. 1987, S. 804–807.

Spitzlberger, Georg. *Ein Latènegrabfund aus Hofham* (Ndbn.). Bayerische Vorgeschichtsblätter Bd. 29, 1964, S. 236–240.

Springer, Ludwig. *Lehrbuch der Glastechnik,* Dresden 1935 und Düsseldorf 1963.

Steckbauer, Erwin. *Kleine Rabensteiner Chronik.* Fremdenverkehrsverein Rabenstein, Zwiesel 1971.

Süssmuth-Mitarbeiter-Stiftung (Hrsg.). *Glaskunst 81* – Internationale Ausstellung zur Studioglasbewegung der Gegenwart, Kassel 1981.

Wagner, Hermann. *Die Anfänge der Glashütten um Grafenau.* Ostbayerische Grenzmarken, Passauer Jahrbuch 1960, S. 107–113.

Wersin, Wolfgang von. *Bruno Mauder – Glaserzeugung und Glasveredelung.* Berlin 1941.

Wichmann, Siegfried. *Internationales Jugendstilglas*– Vorformen moderner Kunst. Katalog Museum Stuck-Villa, München 1969.

Winkler, Ulrich. *Zwischen Arber und Osser* – Historische Bilder vom Lamer Winkel im Bayerischen Wald aus 7 Jahrhunderten. Grafenau 1981.

Museumsführer:

Hannes, Alfons. *Glasmuseum Frauenau* – Ein Führer durch die Sammlungen. Grafenau 1980.

Spiegl, Walter. *Passauer Glasmuseum im Wilden Mann* – Museumsführer. Eigenverlag Georg Höltl, Tittling 1985.

Museum der Stadt Regensburg (Hrsg.). *Gläser – Antike, Mittelalter, Neuere Zeit.* Katalog der Glassammlung, Slg. Brauser. Regensburg 1977.

Die halbfett gesetzten Seitenzahlen verweisen auf das Stichwort erläuternde Abbildungen.

Sachregister

Marktredwitz
n. Hof
BAYREUTH
Nagel
Naturpark
Plößberg
Platte 946
820
Steinwald
Waldsassen
Neualbenreuth
Mitterteich
Stiftland
Marien
Wondreb
Mähring
Tirschenreuth
Weidenberg
Kemnath
Erbendorf
Waldnaab
Falkenberg
Creußen
Heidenaab
Naturpark
Hessenreuth
Windischeschenbach
Bärnau
Steinberg 802
Schnabelwaid
Plößberg
Altglashütte
Eschenbach
Pressath
901 Entenbühl
Pegnitz
und
Neustadt a. d. Waldnaab
Altenstadt
Floß
Flossenbürg
Grafenwöhr
Manteler
Wald
WEIDEN
Naturpark
Nördlicher
Oberpfälzer Wald
Auerbach
Pegnitz
Mantel
Pleystein
Waidhaus
Vilseck
Weiherhammer
Friedrichsburg
Vohenstrauß
Kohlberg
Freihung
Luhe-Wildenau
Eslarn
Hirschau
Schnaittenbach
Wernberg-Köblitz
Tännesberg
Sulzbach-Rosenberg
Monte Kaolino
Pfreimd
Pfreimd
Weigendorf
AMBERG
Nabburg
Tiefen
Alfeld
Oberviechtach
Naturpark
Winklarn
Schwarzenfeld
Schwarzach
Oberpfälzer
Wald
Kastl
Neunburg v. Wald
Rötz
Theuern
n. Nürnberg
Pilsach
Schwandorf
Wackersdorf
Grafenkirch
Vils
Klardorf
Neukirchen-Balbini
Hohenburg
Neumarkt
Schmidmühlen
Teublitz
Bruck Opf.
Velburg
Burglengenfeld
Regen
Hohenfels
Naab
Maxhütte-Haidhof
Nittenau
Walderbach
Bayerischer
Seubersdorf
Parsberg
Kallmünz
Regenstauf
Fränkische Alb
Falkenstein
Breitenbrunn
REGENSBURG
Dietfurt
Hemau
Donaustauf
Wiesenfelden
Wörth a. d. Donau
Laaber
Donau
Riedenburg
Ihrlerstein
Pfatter
Neutraubling
Altmühl
Kelheim
Bad Abbach
Mintraching
Saal
Mindelstetten
Weltenburg
Eggmühl
Geiselhöring
STRAUBING
Abensberg
Kl. Laaber
Neustadt a. d. Donau
Langquaid
Laberweinting
Siegenburg
Donau
Vohburg
Neufahrn
Mallersdorf
Münchsmünster
Mengkofen
Rottenburg
Manching
Ergoldsbach
Elsendorf
Geisenfeld
Pfeffenhausen
Mainburg
Essenbach
Dingolfing
Volkenschwand
Wörth a. d. Isar
Ergolding
Isar
Ilm
Au i. d. Hallertau
LANDSHUT
Pfaffenhofen
Frontenhausen
Schweitenkirchen
Vils
n. München
Moosburg

Zeichenerklärung:

Glasindustrie-Orte

Spiegelindustrie und sonstige Flachglasveredelung

Veredelungsbetriebe für Hohlglas

Sehenswerte Glasfenster

Glasmuseum

Museum mit Glasabteilung

„Schauglashütten sind aus Abb. 116 ersichtlich."

Autobahn mit Anschlußstelle

Bundesstraße

Maßstab 1:750 000

Route 1 (Passau–Spiegelau)

Route 2 (Frauenau–Waldmünchen)

Route 3 (Regensburg–Zwiesel)

Route 4 (Neumarkt–Waldsassen)

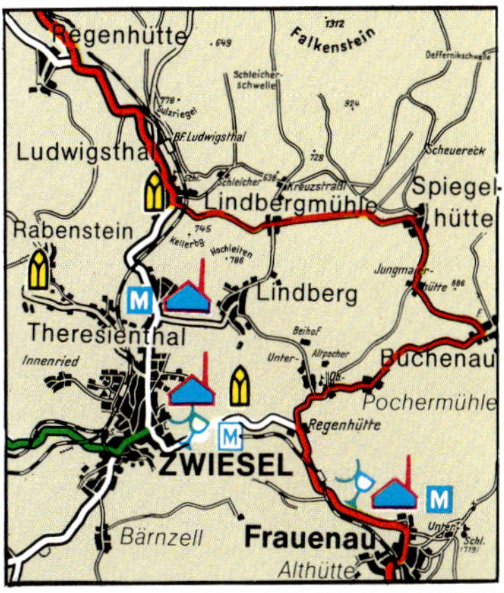

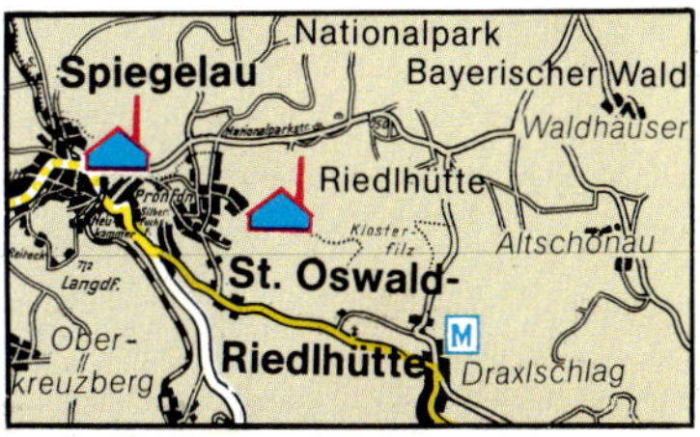

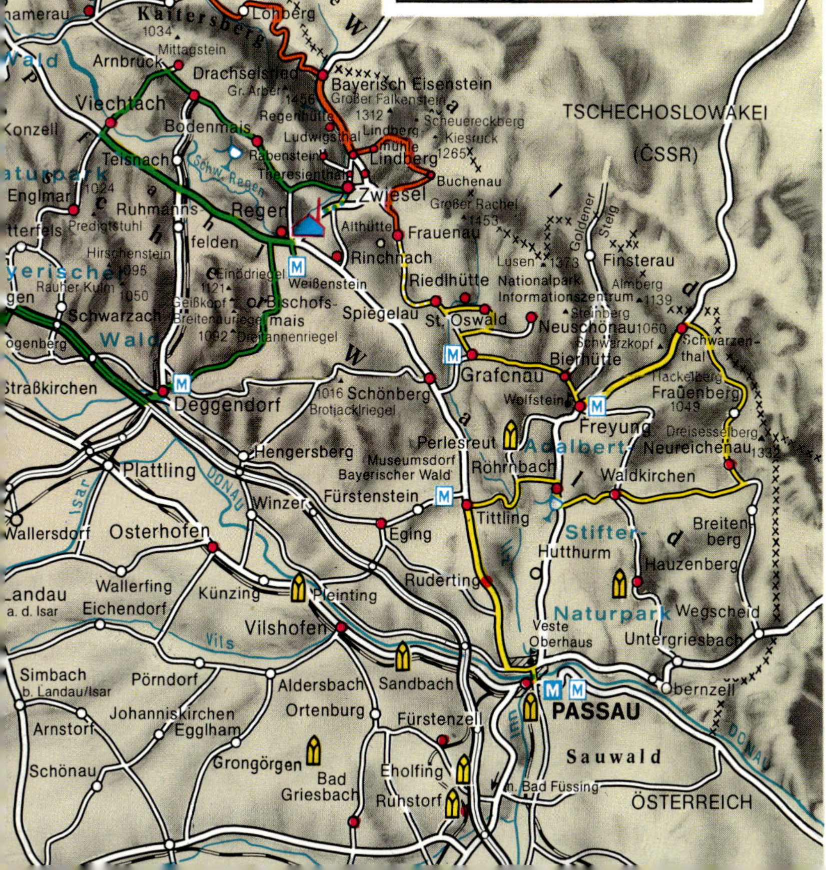

Die Herausgeberin

Christiane Sellner, geboren in Hamburg, studierte Werkstoffwissenschaften an der Universität Erlangen, widmete sich der Untersuchung von Waldgläsern und während ihrer Industrietätigkeit u. a. den optischen Eigenschaften von Farbgläsern sowie Entwicklungsprojekten im Glasveredelungssektor (Veröffentlichungen im glaswissenschaftlichen Bereich). Seit 1980 arbeitet sie mit Museen zusammen, organisiert Glasausstellungen, schreibt Kataloge sowie kunstwissenschaftliche Veröffentlichungen für Fachzeitschriften, darunter die grundlegenden Publikationen »Geschichte des Studioglases« und »Glas in der Vervielfältigung«.

Die Autoren

Gabriele Bahmann widmete sich nach dem Studium einer freien Schriftstellertätigkeit in Bamberg und befaßt sich unter anderem mit kunstgeschichtlichen und kunsttheoretischen Aspekten der modernen Glasskulptur. 1987 verfaßte sie das Buch ›Theodor G. Sellner – Eine Werkanalyse‹.

Elianna Gropplero di Troppenburg stammt aus der berühmten bayerischen Glasmacher- und Hüttenherrenfamilie von Poschinger. Sie studierte in München und den USA Kunstgeschichte und Archäologie. 1978 promovierte sie in München mit der Arbeit »Das bayerische Glas des Historismus. Dargestellt an der Hütte Theresienthal. Kunstgewerbe und Kunsttheorie im 19. Jh.« (erscheint gedruckt im Frühjahr 1988). Die Autorin war u. a. am Bayerischen Nationalmuseum München wie an den Kunstsammlungen der Veste Coburg tätig und lebt heute in Bélâbre/Frankreich.

Alfons Hannes ist Museumsdirektor des Glasmuseums Frauenau (dessen Bau er initiierte), Bürgermeister von Frauenau sowie Gewerkschaftssekretär und hat sich in diesen Funktionen vorrangig um das Glas und das Hüttenwesen des Bayerischen Waldes verdient gemacht. Er organisierte mehrere internationale Glassymposien und ist ein exzellenter Kenner modernen Glases. Unter zahlreichen Veröffentlichungen seien v. a. seine Bücher über den Maler Erbe-Vogel, den Graveur Hirtreiter und das »Glas aus dem Bayerischen Wald« hervorgehoben.

Karl-Heinz Horina studierte an den Technischen Universitäten Wien und Graz Chemie, war Assistent u. a. an der Montan-Universität in Leoben und promovierte 1962 an der Universität Aachen über »Wasserbeständigkeit von Gläsern«. Nach Industrietätigkeit v. a. auf dem Sektor des Feuerfestmaterials und im Glasfaserbereich sowie als Betriebsleiter in Düsseldorf übernahm er die Laborleitung und eine Lehrtätigkeit für glastechnologische Fächer an der Glasfachschule Zwiesel. Seither wirkte er außerdem beim »Glashütten-Handbuch« mit, bei Patenten, Prüfungskommissionen und Projektplanungen in Afrika und fungiert als Industrieberater im Glasbereich.

Gernot Merker lebt in Kelheim und führt ein Familienunternehmen weiter, das seit den zwanziger Jahren die Glasindustrie und die Glasveredeler mit Werkzeugen versorgt. Somit ist er mit allen technischen Vorgängen und Gestaltungsarten des Glases, insbesondere dessen Veredelung, engstens vertraut. 1981 veröffentlichte er sein grundlegendes Buch »Glas-Gravur« und organisierte 1987 für das Bergbau- und Industriemuseum in Theuern die Ausstellung »Glaswelt Ostbayern« mit Katalogbearbeitung.

Otto Moritz studierte an der Universität Regensburg Wirtschaftswiss. und Geographie und beschäftigte sich in jahrelanger Forschungsarbeit mit der Entwicklung der Glasindustrie Deutschlands und des ostbayerischen Raumes. Diese Thematik ist auch der Inhalt seiner Dissertationsarbeit. Seit 1987 lehrt er an der Europaschule in Karlsruhe.

Adalbert Pongratz ist Redakteur der »Passauer Neuen Presse« in Zwiesel. Seit 1972 hat er die Schriftleitung für die Zeitschrift »Der Bayerwald« inne und ist Mitarbeiter der Zeitschrift »Schöner Bayerischer Wald«. Er schrieb zahlreiche Veröffentlichungen, u. a. 1976 das Buch »Waldlerisches Lesebuch«, ein erzählerisches Spiegelbild von Land und Leuten im Bayerischen Wald.

Bernhard Schagemann, Leiter der Glasfachschule in Zwiesel, hat an der Akademie der Bildenden Künste München in der Glasklasse bei Prof. A. F. Gangkofner studiert. Nach freiberuflicher Tätigkeit unterrichtet er seit 1964 Glasgestaltung in Zwiesel und betreut die Lehr- und Versuchsglashütte der Schule. Für seine Glasgußarbeiten und Hohlgläser erhielt er den Bayerischen Staatspreis und einen Ehrenpreis der Veste Coburg.

Ingeborg Seyfert, geboren in Würzburg, ist Archivpflegerin des Alt-Landkreises Regen. Seit 1962 arbeitet sie als freiberufliche Schriftstellerin in Lindberg bei Zwiesel. Als freie Mitarbeiterin des Bayerischen Rundfunks und als Verfasserin zahlreicher Fachartikel widmete sie sich intensiv der Glashüttengeschichte des Bayerischen Waldes, schrieb mehrere Firmenchroniken und das Buch »Die Schachten des Bayerischen Waldes«.

Walter Spiegl ist stellvertretender Chefredakteur der Zeitschrift »Die Kunst« (München) und hat seit zwei Jahrzehnten unzählige Artikel über das Glas des 19. Jhs. in Fachzeitschriften (»Antiquitätenzeitung«, »Weltkunst« u. a.) veröffentlicht. Sein Buch »Glas des Historismus« (1980) gehört zu den herausragenden Standardwerken der Glasliteratur.

Ulrich Winkler hat in zehnjähriger Forschungsarbeit die Besiedlungsgeschichte des Lamer Winkels lückenlos aufgearbeitet und darüber das Buch »Zwischen Arber und Osser« verfaßt (1981). Während seiner Tätigkeit als Vermessungsdirektor in Zwiesel konnte er mit der Aufdeckung von grundlegendem Urkunden- und Kartenmaterial das Wissen über die Glashüttengeschichte des Bayerischen Waldes um viele neue Einblicke erweitern und falsche Ansichten widerlegen.

Fotonachweis:

K. Berg/Wegscheid 145, *Foto Hackl/LA* 186, *K.-H. Hermann/Drachselsried* 137, *F. X. Hoeller/Zwiesel* 144, *Foto-Jahn/Zwiesel* 13, 29, 55, 94, 188, *P. Kadic/M* 3, 72, 73, 74, 111, *D. Kansy/M* 4, 5, 58, 60, 61, 69, 88, 108, 109, 110, *M. Lumber/Lindberg* 132, *Foto-Leidl/R* 117, 118, *Fr. Ostermann/M* 75, *Gr. Peda/PA* 146, 148, 149, 177, 193, *R. Schaffner/PA* 147, *Foto-Schneider/PA* 97, *Foto-Scholz/DEG* 184, *Chr. Sellner/Regenhütte* Frontispiz, 2, 9, 10, 18, 19, 23, 24, 36, 37, 38, 40, 41, 42, 43, 52, 53, 54, 56, 62, 63, 64, 66, 68, 76, 79, 80, 82, 87, 92, 96, 100, 102, 120, 136, 139, 141, 142, 143, 151, 153, 159, 167, 172, 173, 174, 176, 180, 181, 182, 187, 191, *W. Spitta/R* 46, 86,98, 163, 185, *Foto-Wagmüller/R* 166, *H. Wolf/R* 112, 113, *Foto-Studio Zink/R* Titelbild, 1, 8, 11, 25, 26, 27, 30, 31, 32, 33, 34, 48, 49, 50, 51, 59, 67, 70, 71, 77, 83, 84, 89, 99, 101, 119, 135, 138, 156,160, 164, 165, 171, 178, 183, 190.